1．文化创意产业大背景下陕西风景园林设计研究，陕西省社会科学基金项目，编号2015J031。

2．全媒体时代背景下陕西新形象建构与传播研究，陕西省社科界年度重大理论与现实问题研究项目，编号2019C105。

3．中国形象的体现与对外传播——视听作品的译介模式研究，西安理工大学博士科研启动基金，编号110-256081804。

| 光明社科文库 |

# 影响大学生英语自主学习的课程因素

崔小清◎著

光明日报出版社

**图书在版编目（CIP）数据**

影响大学生英语自主学习的课程因素 / 崔小清著. --
北京：光明日报出版社，2019.12
（光明社科文库）
ISBN 978-7-5194-5108-0

Ⅰ.①影… Ⅱ.①崔… Ⅲ.①大学生—英语—学习方法—研究 Ⅳ.①H319.3

中国版本图书馆 CIP 数据核字（2019）第 269197 号

**影响大学生英语自主学习的课程因素**

**YINGXIANG DAXUESHENG YINGYU ZIZHU XUEXI DE KECHENG YINSU**

著　　者：崔小清

责任编辑：陆希宇　　责任校对：姚　红
封面设计：中联学林　　特约编辑：田　军
责任印制：曹　净

出版发行：光明日报出版社
地　　址：北京市西城区永安路 106 号，100050
电　　话：010-63139890（咨询），010-63131930（邮购）
传　　真：010-63131930
网　　址：http://book.gmw.cn
E - mail：luxiyu@gmw.cn
法律顾问：北京德恒律师事务所龚柳方律师

印　　刷：三河市华东印刷有限公司
装　　订：三河市华东印刷有限公司
本书如有破损、缺页、装订错误，请与本社联系调换，电话：010-63131930

开　　本：170mm×240mm
字　　数：252 千字　　印　　张：16
版　　次：2020 年 1 月第 1 版　　印　　次：2020 年 1 月第 1 次印刷
书　　号：ISBN 978-7-5194-5108-0

定　　价：95.00 元

# 序

看着我的又一名学生即将出版专著，我感到非常欣慰。在此，我要祝贺我的学生崔小清，祝贺她博士研读终有所成！

崔小清的《影响大学生英语自主学习的课程因素》源于其博士论文，涉及3个研究问题：第一，大学生英语自主学习现状如何；第二，大学英语课程中有哪些影响学生自主学习的因素；第三，这些影响因素如何影响了大学生的英语自主学习。这本专著对这3个研究问题进行了充分的阐述和分析，层层递进、严密合理，具有相当的理论意义与实践价值。

第一，专著从教育学的角度考察大学英语教学，认为英语教育不仅是一个语言学的问题，更是一个教育学的问题。大学英语课程既是语言课程，又是高等教育的一个重要组成部分，因此它具有语言课程和高等教育的双重特征。在高等教育和课程论的领域内研究大学英语课程，研究大学英语课程中影响自主学习的因素，可以使大学英语教学的研究拥有更多样的视角、更广阔的理论背景。

第二，专著在对自主学习的理论进行了系统梳理的前提下，结合课程论的理论架构，形成了该书的概念框架，清楚地解析了课程中可能影响学生自主学习的因素，从而为后面的实证研究搭好坚固的框架。

第三，专著的实证研究部分由先导研究和正式研究两个部分构成。先导研究清晰地展示了作者研究的脉络，给后面的正式研究做了严密的铺垫；正式研究依次铺排，详细展示了人文社会科学中常用的各种研究方法，如访谈法、问卷调查法等，用社会科学统计软件进行了相关性分析、多元回归分析，并对所得数据进行分析、解释，引导读者了解研究过程。

综上所述，崔小清的研究虽然借鉴了该领域已有的研究成果，但她结合中国外语教学的现状，对影响我国大学生英语自主学习的课程因素进行了全面的解读和探讨，并提出了相应的建议，在一定程度上为外语的有效教育提供了富有价值的理论和实际参考。

崔小清在学期间潜心研读、踏实肯学、虚心求教、乐于助人，毕业后她在英语教学领域仍然不懈探索。虽然她在出版前数次修改书稿，但不可避免还留有一些遗憾和值得商榷之处，学术研究的价值也大抵在此。

作为导师，我衷心希望我的学生崔小清能够在学术生涯中继续努力，踏踏实实地为中国的外语教学做一份贡献！

作为师生间先前的约定，是为序。

**陈坚林**

2019 年 4 月

于上海外国语大学

# 前 言

本书可供从事语言学理论和应用研究的工作者使用，包括专业研究人员、大学教师，以及从事语言学和应用语言学方向学习和研究的博士生、硕士生。通过研读本书，读者不仅可以清楚地了解关于自主学习的相关理论，课程论视角下影响大学生英语自主学习的因素，以及这些影响因素是怎样影响学生的自主学习能力；还可以借助书中的实例掌握社会科学研究使用的一般研究方法，如调查问卷的编制与使用、访谈的步骤及细节，以及社会社学统计软件的操作使用方法等。此外，读者还能学到博士论文的写作思路、方法和程序。

本书从英语在中国的现状入手，以自主学习的相关理论和模型为基础，采用文献分析法、问卷调查法、访谈法等研究方法，对非英语专业大学生的英语自主学习能力的现状展开调查和研究，并在此基础上研究大学英语课程中影响学生自主学习的因素及影响机制。具体研究问题包括：大学生英语自主学习现状如何；大学英语课程中有哪些影响学生自主学习的因素；这些影响因素如何影响了大学生的英语自主学习。

综合文献研究结果，本书提出自主性学习是学习者头脑中的一种学习意识，具体表现为学习者的一种学习过程和在学习过程中体现出的学习能力。在自主学习的过程中，学习者能够按照自己的学习需求制订相应的学习目标、合理的学习计划，选择适合自己的学习内容、能够运用相应的学习策略进行有效地学习，并能够对自己的学习过程进行监控；在学习过程结束后可以对自己的学习进行反思与改进。与此同时，学习者所在的学习环境会影响其自主学习的效果，本书中的学习环境指的是大学英语课程。因此，学习意识、学习过程或能力、学习环境构成了英语自主学习三要素。

在对自主性英语学习概念进行界定的基础上，本书借鉴了国内外相关研究成果，结合对部分师、生的访谈，初步获取了大学英语课程中影响自主性英语学习的因素。根据学生自主学习的特点，结合对教师和学生的咨询，选取具有一定信度和效度的维度和条目，形成自主学习的调查问卷。

问卷调查的结果发现，大学生英语自主学习能力普遍较差。其中，在制订目标和计划方面，大部分学生的目标性和计划性较差，而在有自己制订目标和计划的学生里面，以考试为目的导向的短期学习行为居多，且其学习行为随着考试结束而结束。在选择学习内容方面，大部分学生是按照老师的要求或者安排进行学习，而自己主动安排的学习内容基本上都是为了考试而进行的复习和准备。在策略使用方面，如果在教学内容、教材中设计相关策略培训环节，加上教师在教学过程中的引导，学生在这方面的能力应该会相应提高。在学习过程方面，学生学习的主动性很差，既不自己主动学习，也不主动与他人一起学习。总之，学生基本能够使用现有资源，但是在选择有效途径使帮助自己学习好英语，以成为一个更好的语言学习者方面做得比较差。其中，学生最欠缺对自己学习的反思。一方面，学生基本没有反思的意识，另一方面，所谓的反思就是针对考试成绩所反映的某一方面问题的技能练习。

进一步的相关分析和多元回归分析结果发现，课程各维度与大学生英语自主学习能力之间都呈显著相关性。大学英语课程中从4个（次）维度对学生自主学习能力进行预测，其一共解释了学生自主学习能力变异的43.4%。为了进一步考察多元回归结果的4个预测因素具体影响的是学生英语自主学习的哪些方面，本研究又以4个预测因素作为自变量，以大学生英语自主学习能力的5个维度分别作为因变量来进行多元回归分析，结果表明大学生英语自主学习能力的不同方面会受到不同的预测因素的影响。

对部分教师和学生的跟踪访谈表明，信息技术、教学评估方式、课程设置因素对自主学习有较大的影响（与多元回归结果相同）。信息技术为自主学习提供了条件和保障，评估方式为自主学习提供了方向，课程设置为自主学习提供了学习内容。另外，教师因素对自主学习也有较大的影响（与多元回归结果不同），这说明教师在学生自主学习过程中的作用没有得到正确的发挥。而教材因素对自主学习影响较小，说明目前的教材建设已落后于学生的自主学习需求。

基于研究结果和分析，本书构建了影响大学生自主学习能力的课程因素框架，并从教师、课程设置、教材、信息技术和教学评估5个方面对当前大学英语教学提出了建议。

# 目　录
## CONTENTS

# 第一章

# 绪 论

## 一、研究背景

当今世界多极化、经济全球化深入发展，科技进步日新月异，人才竞争日趋激烈。根据《国家中长期教育改革和发展规划纲要》（2010—2020），创新已经成为我国经济社会发展的主要驱动力，知识创新成为国家竞争力的核心要素。在这种大背景下，各国为掌握国际竞争主动权，纷纷把深度开发人力资源、实现创新驱动发展作为战略选择。我国目前正处在改革开放发展的关键阶段，经济发展方式加快转变，经济建设、文化建设、政治建设、社会建设以及生态文明建设全面推进，凸显了提高国民素质、培养具有国际视野的创新人才的重要性和紧迫性。

### （一）国家教育政策中对学生自主学习的要求

2010 年 6 月我国《国家中长期人才发展规划纲要》（2010—2020）正式出台，提出人才培养战略目标：到 2020 年“培养和造就规模宏大、结构优化、布局合理、素质优良的人才队伍，确立国家人才竞争比较优势，进入世界人才强国行列，为在 21 世纪中叶基本实现社会主义现代化奠定人才基础”。这是我国第一个中长期人才发展规划，是今后一段时期我国人才工作的纲领性文件，充分体现出我国从战略高度上对人才培养的重视。

高等教育肩负着培养我国目前经济、社会发展所亟需的创新型人才的直接任务，2010 年 7 月我国教育部正式颁布了《国家中长期教育改革和发展规划纲要》（2010—2020）（以下简称《纲要》），提出把“育人为本”作为教育工作的根本要求，指出教育“要以学生为主体，以教师为主导，充分发挥学生的主动性，把促进学生健康成长作为学校一切工作的出发点和落脚点。关心每个学生，促进每个学生主动地、生动活泼地发展，尊重教育规律和学生身心发展规律，为每个学生提供适合的教育。努力培养造就数以亿计的高素质劳动者、数以千万计的专门人才和一大批拔尖创新人才”。在这个总体指导思想的指引下，《纲要》第十一章“人才培养体制改革”从更新人才培养观念、创新人才培养模式、改革教育质量评价和人才评价制度 3 个方面进行了详尽的论述。在人才培养观念上，要“树立人人成才观念，面向全体学生，促进学生成长成才；树立多样化人才观念，尊重个人选择，鼓励个性发展，不拘一格培养人才；树立终身学习观念，为持续发展奠定基础”。在人才培养模式上，要“注重学思结合，倡导启发式、探究式、讨论式、参与式教学，帮助学生学会学习；激发学生的好奇心，培养学生的兴趣爱好，营造独立思考、自由探索、勇于创新的良好环境；适应经济社会发展和科技进步的要求，推进课程改革，加强教材建设，建立健全教材质量监管制度；深入研究、确定不同教育阶段学生必须掌握的核心内容，形成教学内容更新机制；充分发挥现代信息技术作用，促进优质教学资源共享”。在人才评价方面，要改进教育教学评价，“根据培养目标和人才理念，建立科学、多样的评价标准；开展由政府、学校、家长及社会各方面参与的教育质量评价活动；做好学生成长记录，完善综合素质评价；探索促进学生发展的多种评价方式，激励学生乐观向上、自主自立、努力成才”。综上，我国高等教育已经从对人才培养的战略意识发展到了具体的、操作层面上的实际措施。

为了进一步贯彻落实《纲要》，大力提升人才培养水平，教育部 2012 年 4 月出台了《教育部关于全面提高高等教育质量的若干意见》，文件指出：“鼓励因校制宜，探索科学基础、实践能力和人文素养融合发展的人才培养模式。改革教学管理，探索在教师指导下，学生自主选择专业、自主选择课程等自主学习模式。创新教育教学方法，倡导启发式、探究式、讨论式、参与式教学。改革考试方法，注重学习过程考查和学生能力评价。”可以看出，高等教育中人才培养方案落实到具体的措施上时，学生的自主性显得尤为重要。

大学英语教育是高等教育至关重要的一部分，这是由外语的地位和重要性决定的，因为外语是沟通中国和世界的桥梁和工具。早在 1978 年改革开放之初，许国璋先生就在外语界倡导外语教学应该担当起重任，“培养各行各业既懂专业又懂外语的科学文化大军”。而在今天经济全球化、科技一体化、文化多元化的时代背景下，培养大学生的外语自主学习能力，提高其外语综合应用能力，以满足我国社会发展对人才的需求就成为大学外语教学中一项亟待解决的任务。那么大学英语教学究竟怎样才能培养出符合我国经济、社会发展需求的创新型人才，怎样才能更好地培养学生的英语自主学习能力，我国大学生英语自主学习现状到底如何，影响大学生英语自主学习能力的因素有哪些等问题，就成为本研究将要探索的内容。

（二）大学英语课程教学改革对学生自主学习的实际需要

霍力克（Holec）（1981）最早将“自主学习”这一概念引入外语教学，他指出，外语教学的目标就是既要帮助学生获取语言和交际技能，又要帮助他们获得自主，即学会如何独立学习。在我国教育部高教司 2004 年 1 月颁布的《大学英语课程教学要求（试行）》（以下简称《课程要求》）中对大学英语教学改革提出了以下几项要求：大学英语的教学目标是培养学生的英语综合应用能力，特别是听说能力，使他们在今后学习、工作和社会交往中能用英语有效地进行交际；实施基于计算机和课堂的大学英语教学新模式；将形成性评估和终结性评估相结合；促进学生个性化学习方法的形成、增强其自主学习能力、提高综合文化素养，以适应我国社会发展和国际交流的需要。此外，我国大学英语教学改革历经数十载，培养了大量的英语人才，在我国社会和国际化接轨的进程中起到了很重要的作用，但是在实际英语教学中依然存在着很多问题，主要表现在：应试教育导向注重分数，学生外语应用能力依然低下；传统外语教学质量下降，教学方法和形式落后；目的语环境缺失，外语教学停留在知识传授的层面上；计算机和外语课程的整合不到位，新的教学模式实施情况不太理想。

1. 应试教育导向注重分数，学生外语应用能力依然低下。

多年来，高考以及大学英语四、六级考试无形间充当着我国英语教学的指挥棒，导致许多教师的教学和学生的学习都是以分数为导向。在大学英语教学中，许多学校都存在比四级通过率、比四级通过优秀率的现象，而且拿这个作为对教师奖励的指标，从而造成教师教学以怎样提高四级通过率为标准、学生学习以怎样考个不错的分数为判断自己学习好坏的标准。其实这导致了学生英语实际应用能力普遍低下。学生知道要怎么准备考试，在考试中游刃有余，但是在真正需要和外语国家人士沟通时，还处于“茶壶煮饺子——有口到（倒）不出”的状态。学生所理解的英语学习就是考试，怎么准备四、六级考试，怎么才能把分数考高一些，这是学生经常思考的问题；当考试行为结束，学习行为也随之结束。这是因为学生为了考试而学习的动机结束了，学习目的变得模糊了，即不知道为什么而学、学到怎样才是好的标准，其结果只能是随波逐流。因而，要真正使学生掌握语言，同时又了解语言所承载的英、美国家文化，就要改变目前以考试为导向的教学评估模式，关注学生的学习过程，让学生参与到课堂中，变为学习的主人，发挥其学习的自主性。

2. 传统外语教学质量下降，教学方式和形式落后。

1999年，我国大学急剧扩招给大学英语教学带来了巨大的压力。用传统的教学方法，需要多少师资才能满足教学需要，完成教学任务？在校生不断增加是社会经济发展到一定阶段的自然诉求，但是我们的教师不能以同等速度无限制增长（吴启迪，2004）。一方面，高校师生配比严重失衡，王建新（2002）对北京邮电大学的调查发现，英语百人以上大班高达35个，其中78%的班级（27个班）在大学英语综合课实行三个班（约150人）合班上课，使得教学无法有效展开。另一方面，由于师资水平、考试压力等原因，相当一部分老师在教学中依然使用传统的语法、翻译法教学模式，使得学生丧失了学习英语的兴趣，缺乏学习英语的动力，同时也导致了聋哑英语等现象出现。因此，长期以来在这种教师“一家言”的大学英语教学模式下，学生很少能够进行语言的交流。接受型的教学模式不但使得学生失去了使用语言的机会和进行创造性思维的习惯，而且还会助长学生的消极、被动和对教师的依赖，认为学习知识就是教师教给学生，学生只要听取就可以。所以，要改变这种情况，只能改变传统的教学模式，变“教师中心”为“学生中心”，教师转变为资源提供者、出谋划策者、学习策略使用帮助者等角色，同时充分发挥学生自主学习的作用。

3. 目的语环境缺失，外语教学仍然依赖课堂教学。

由于外语环境的缺失，目前我国的英语教学仍然是依赖课堂来完成的。英语教学被当作一项任务，教师和学生依然遵循着“预习—讲解—练习—复习”这个循环往复的流程，教师的教和学生的学只是对知识的一种传授和记忆行为，知识记住了，但英语的交流和运用能力无法得到锻炼，更谈不上学生自己对知识进行建构。而且由于大学英语学分的压缩、课时安排不充分，教师为了完成教学任务，在课堂上都没有足够的时间让学生展开讨论、交流和发言，知识的学习停留在理念的层面上。课堂教学本身的局限性使得学生无法只通过有限的课堂获取知识、增强能力。所以，大学英语教学的成果展开更多要依靠学生课下自主学习活动的开展。

4. 计算机和外语课程的整合不到位，新的教学模式实施情况不理想。

根据《课程要求》（试行），21 世纪最初 10 年里大学英语教学改革的一个重要方面是以推进教育信息化进程为特征，建立以计算机网络技术为支撑的大学英语教学新模式，重视培养学生的听说能力和自主学习能力。然而，在实际的英语教学中，新模式的实施情况并不理想。陈坚林等（2010）在对全国十几所高校进行调研的基础上，把大学英语教学模式归纳为 3 类：传统的教学模式、多媒体辅助英语教学模式和网络化自主学习模式。他认为这些模式都是“基于计算机与课堂的英语教学模式”的变体形式。其中，以东南大学的大学英语教学模式最具代表性，包括传统英语教学模式（传统的精读课、听说课和泛读课）、多媒体大小班结合的英语教学模式（多媒体大班精读课和普通小班听说、泛读课）、网络英语学习模式（课内精读课和课内外学生自主学习）。对这三种模式分析发现，在本质上，它们仍然属于传统的教学模式，教学框架仍然是以“教师为中心”；计算机网络没有得到充分的使用，只是充当了教学的配角；具有现代理念的立体式教材得不到充分开发和利用。因而，在这种旧框架模式下，学生的自主学习能力自然不会有多少提高。

（三）信息时代的发展对学生自主学习的要求

进入 21 世纪后，随着科学技术的迅猛发展，人类社会进入了信息时代。时代的变化和发展赋予了教育和人才更高的要求。知识更新的周期缩短使得整个社会进入终身教育和终身学习的模式，学生必须具备自主学习的能力，才能掌握新的技术和知识，适应未来工作和生活的需求。

知识的快速更新使得学生要掌握自主学习的方式。信息时代最显著的特点就是变化，知识更新的速度不断加快，知识的半衰期不断缩短。美国教育心理学家巴斯（Barth，1997）指出，在半个世纪以前，人们从大学毕业后，大约有 70% 的所学知识一直可以在其退休前使用；而在当今时代，这个数字缩减为

2%。也就是说，大学生在大学毕业后从事某项职业所需要的知识技能有98%需要从社会这个大课堂中来获得（庞维国，2003）。因此，对大学生来说，以教师为定向的接受型学习方式已远远不能满足知识更新换代的需求；相反，大学生应该更多地采用自主学习方式充实自己，以适应信息时代知识更新的要求。

终身学习要求学生具有自主学习的能力。信息时代的到来使得整个社会步入学习型社会的模式，终身教育和终身学习成为21世纪的生存理念。在这种社会背景下，一方面自主学习成为教育的终极目标，是促进学生各项能力发展的保证。学生在教师的指导下进行自主学习的过程，就是学会学习、培养终身学习能力的过程。另一方面，学生应该成为孜孜不倦的自主学习者，从而获得未来工作和生活所需的知识和技能，正如维尼（Winne）所描述的“当为学生的终身学习做准备的号召提出时，各种形式的自主学习就被追加到业已冗长的教育目标的清单上”（庞维国，2003）。

个体自身发展的必备能力是自主学习能力。美国教育心理学家罗杰斯认为：“无论在工作还是学习上，每个学习者都有潜在的能量，教育的任务就是挖掘并释放这种潜能。而学习者的学习应以自主学习的潜能发挥为基础”（Rogers，1969）。自主学习是学生走出学校后所采用的主要学习方式，是个体自身发展的必备能力。无论是科技进步的要求还是职业发展的需要，个体必须通过自主学习来不断掌握新的知识、新的技能，这样才能适应社会的发展，完善自己的生活。没有自主学习能力，个体的发展将受到极大的限制。

信息技术在教育上的使用使得学生要具备自主学习能力。20世纪50年代末，由于计算机的出现和逐步普及，信息对整个社会的影响上升到一种至关重要的地位。信息技术的飞速发展引发了学习领域的变革，人们在学习观念上已经不满足于单纯获取知识、文凭，而是转向提高自身综合能力、追求全面发展；学习方式从接受型、被动型逐渐转向主动型、探究型；学习媒体从线性的文字媒体转向非线性的超文本。现代信息技术应用于教育，把传统意义上的学校教育拓展为开放性的空间；学习不再局限于课堂，而是随时、随地，以自身的需求为中心，自主地选取合适的材料进行各种科学文化知识学习。

综上所述，大学生英语自主学习既是国家人才培养政策的宏观要求，也是大学英语教学实践的客观需要，同时又是信息时代发展的必然结果。国家的发展需要创新型人才，而创新型人才一项必备的能力就是自主学习能力。然而当前大学英语教学实践中依然存在应试教育导向、注重分数，学生外语应用能力依然低下；传统外语教学质量下降，教学方法和形式落后；目的语环境缺失，外语教学仍然依赖课堂教学；计算机和外语课程整合不到位，新的教学模式实施情况不太理想等现实问题。加上信息时代对学生自主学习能力的必然要求，这一切就使得我们在教学中要改变传统观念，变教师中心为学生中心；关注学生的学习过程，改革教学评估方式；使计算机和外语真正整合，从而实现提高学生的英语综合应用能力，特别是听说能力，提高学生的自主学习能力的目的。

## 二、研究目的和意义

（一）研究目的

基于前人的研究成果，本研究试图从以下两个方面来研究自主学习。

1. 从大学英语课程的角度来研究影响大学生自主学习的因素。

目前关于自主学习影响因素的研究多从内因出发，如从学习者的动机、态度、归因、学习策略等方面探讨其在学习者自主的过程中所起的作用，以及促进学习者自主的方法和措施。相比之下，从外在影响因素出发对学习者自主进行的研究从数量、广度、深度上都需要进一步的研究。大学英语课程是我国非英语专业大学生的一门必修课，在我国大学英语教学中起着至关重要的作用。2004 年的《课程要求（试行）》中一项重要内容是将大学英语课程分为 5 个部分，即教学目标、教学要求、课程设置、教学模式、教学评估，这标志着课程开始逐渐成为改革的重要内容；另外一项重要内容是提出培养学生的自主学习能力。因此，在当前大学英语改革的大背景下，如何结合中国大学生英语学习的实际情况，从大学英语课程的角度研究对学生自主学习的影响就成为我们要关注的问题。

2. 进行影响大学生自主学习的课程因素实证研究。

考虑到研究是为教学实践服务的，所以本研究结合文献分析和对部分外语教师、学生的访谈共同建构了大学英语课程中跟自主学习相关的因素，编制了“大学生英语自主学习情况调查问卷”。在全国选取不同类型、不同层次的高校进行实证研究，用多元回归方法探寻大学英语课程中影响自主学习的因素，并结合质性访谈数据给予解释，探索大学英语课程中影响自主学习的积极因素和消极因素，为促进学生自主学习能力提供有效的建议，进而有利于更完整地引导教师教学的一般方向及大学英语课程的建设，引导教学向促进学生自主的轨道上发展。

（二）研究意义

20 世纪 80 年代以来，很多国家，特别是发达国家把教育改革作为跨世纪战略的重要组成部分，列入其政府议事日程。在这些教育改革计划中，课程改革被摆在十分重要的地位，成为各国教育界的热点之一。好的课程结构，能给学生提供较为全面、合理的教育内容，从而更加有效、顺利地实施教育目标。针对大学英语教学中存在的诸多问题，如何设计合理的课程模式、提高大学英语教学效果关系到培养新一代高素质创新型人才、提高我国综合国力和国际竞争力。而研究大学英语课程对学生自主学习的影响，找出促进或者阻碍学生自主学习能力的因素，构建更为合理的大学英语课程设计模式，从而帮助学生提高自主学习能力就成了重中之重。

英语教育在我国属于外语教育。长期以来，对大学英语的研究局限在语言学的层面上，研究的主要理论基础是第二语言习得理论和外语教学法。英语教育不仅是一个语言学的问题，更是一个教育学的问题，应该从教育学的角度，对它进行全方位考察。在承认语言教学研究反映了语言教育的一些本质规律的同时，也应该想到，英语教学是在社会环境和学校环境里进行的，受到来自整个教育系统诸多因素的制约与影响。大学英语课程既是语言课程，又是高等教育的一个重要组成部分。因此，它具有语言课程和高等教育的双重特征。高等教育是教育这个系统向社会大系统输入人才的“接口”。作为高等教育核心的课程设计的模式更直接地受到来自社会的影响，大学英语课程也是如此。因此，在高等教育和课程论的领域内研究大学英语课程、研究大学英语课程中影响自主学习的因素，可以使大学英语教学的研究拥有更多样的视角和更广阔的理论背景。

## 三、研究思路和方法

本研究的 3 个问题为：大学生英语自主学习能力现状如何？大学英语课程

中影响学生自主学习的因素有哪些？这些影响因素如何影响学生的自主学习？围绕研究问题，研究的思路如下。

（一）研究思路

通过对自主学习相关概念、理论、国内外研究的综述界定本研究中自主学习的工作定义，作为整个研究的理论基础；结合课程、大学英语课程相关文献的综述，初步构建大学英语课程中影响自主学习的因素；根据对部分教师、学生的访谈，对比前期文献整理的结果，确定研究使用的调查问卷；经过多次修改、试测后，选取国内部分高校进行问卷调查；用社会科学统计软件对问卷进行量化分析，并对部分教师、学生进行跟踪访谈，所得资料作为质性数据；用描述统计法和访谈资料呈现大学生英语自主学习现状；通过多元回归法探查大学英语课程中影响自主学习的因素；用描述统计法和访谈法解释影响大学生英语自主学习的因素；以社会学习理论、建构主义理论、人本主义理论等为指导，根据文献综述、实证研究过程、研究结论等构建影响大学生英语自主学习能力因素框架，探究促进学生自主学习的课程因素建议。整个研究思路的概念框架图见图 1 - 1。

（二）研究方法

本研究主要采用的研究方法有：文献研究法、问卷调查法、访谈法、经验总结法等。

1. 文献研究法

文献研究法也称历史文献法，就是搜集和分析研究各种现存的有关文献资料，从中选取信息，以达到某种调查研究目的的方法。任何研究都要基于前人已有研究的思想与观点。在本研究中，笔者通过学校的网络资源及图书馆提供的资料等，广泛地搜集了关于大学英语课程、大学英语教学、自主学习等方面的中外文期刊、书籍、硕博士论文等资料，并进行了详细的阅读。在阅读的基础上对其进行系统地分类整理，选择跟研究主题契合度较高的资料进一步阅读，比较分析各种观点，并在此基础上形成自己的观点。这是本研究使用的主要研究方法之一。

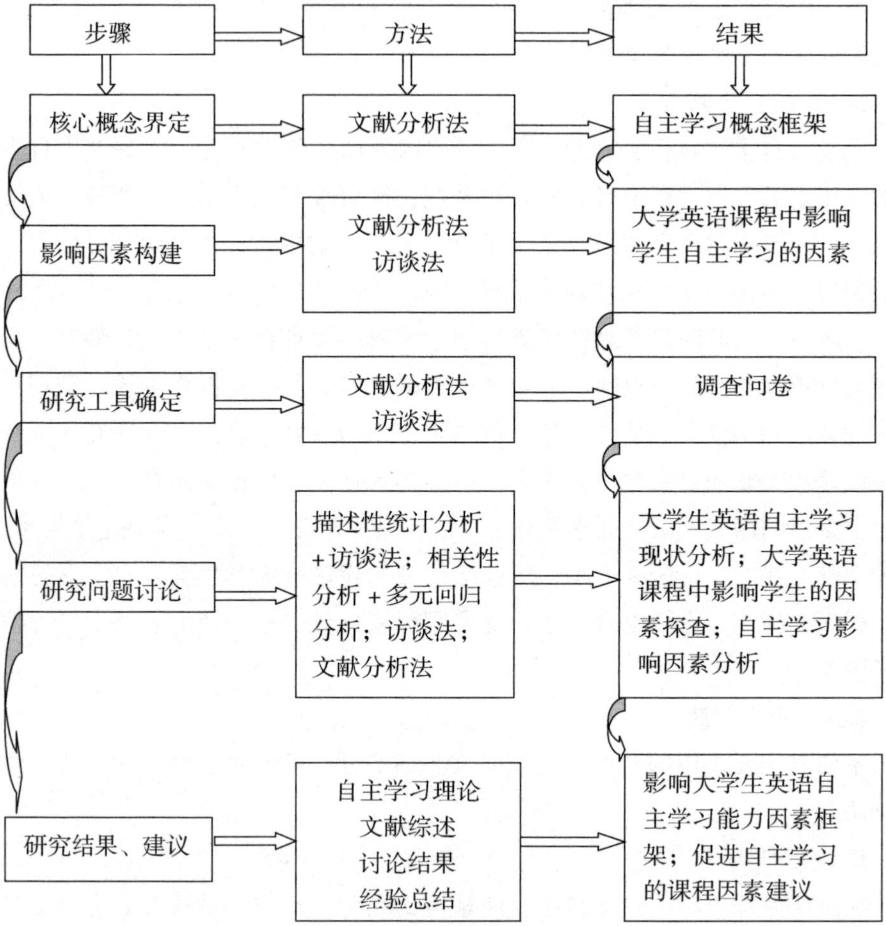


**图 1－1　研究思路图**

2. 问卷调查法

问卷调查法是外语教学研究中一种重要的数据收集手段，广泛使用于第一手研究。本研究所使用调查问卷是根据研究选题“影响学生自主学习的课程因素研究”，并在文献综述的基础上初建框架，然后比对先导研究中半结构访谈的资料，借鉴前人的相关成果之后确立维度和子维度编制的。问卷主要调查 2 个方面的内容：大学生的自主学习能力现状，大学英语课程中影响学生自主学习的因素。问卷调查法是本研究主要使用的研究方法。

3. 访谈法

由于问卷调查方法有一定的局限性，比如，问卷中的维度、题项不可能涵盖所要研究问题的全部，在进行语言描述时不可能包括所有场景，再加上受试者总有不认真作答的学生，这些因素都会对研究数据产生影响。所以，质性访谈在研究中是不可或缺的存在，它和问卷的量化数据分析起到了相互印证的作用。本研究在先导研究部分通过半结构访谈采访部分外语专家、一线教师及部分学生了解影响大学生英语自主学习的因素。在正式研究部分对部分所调查高校的教师、学生进行访谈时，采用的是个别访谈和集体访谈相结合的方式，对部分教师和学生进行了深度访谈；访谈内容主要围绕 3 个研究问题，以及问卷分析结果中呈现出的“异常”问题，其目的旨在了解现象背后的原因，通过质性的方法对量化数据加以解释、补充、说明。

4. 经验总结法

英语教学是一项在实践中进行的工作。英语教师在教学活动过程中时刻都在了解、把握学生的学习状况。因此，不管是传统的英语教学活动，还是课程改革中的尝试与探索，其中都不乏有效的、成功的方式或方法，同时也不乏一些低效的、失败的教训。在本研究中，批判地分析这些经验和教训，使之上升到理论的高度，对于揭示英语学习的策略，指导英语学习实践，无疑是大有裨益的。

## 四、研究内容和论文框架

本书研究内容包括两个重要概念，一个是大学英语课程，另一个是学习者自主学习。因而，在第一章介绍了整个研究的大框架后，第二章对自主学习的概念、理论基础、国内外研究状况进行了阐述，第三章对课程及大学英语课程的概念、设计模式、大学英语课程中自主学习的变迁，以及大学英语课程中与自主学习有关的因素等问题进行了厘定，第四章为研究设计，第五章是结果与讨论，第六章呈现研究发现。每一章之间互相承接，既紧密联系又各自相对独立，共同服务于研究问题。

第一章是绪论，概要介绍研究背景、研究目的和意义、研究方法，以及整个论文简要内容和架构。

第二章是关于自主学习相关概念和理论文献回顾，阐述了自主学习概念的来龙去脉、有关自主学习的理论基础，以及自主学习的国内外研究概况。在综述自主学习的相关文献后，提出本研究的研究问题，并给出自主学习的工作定义和概念图。

第三章首先介绍了课程的概念、课程的设计模式，大学英语课程的概念、大学英语课程的设计模式；然后从历时的角度分析了大学英语课程的演变历程中，教学目标要求的改变、课程设置的变化、教学模式的调整、所用教材的变迁，以及教学过程中所体现出学习者的自主学习的变化情况；在此基础上初步构建大学英语课程中影响学生自主学习的因素框架。

第四章是研究设计部分，包括先导研究和正式研究。先导研究为正式研究提供了方法论支持；通过对部分外语专家、教师和学生的访谈，比照文献分析的结果，确定大学英语课程中影响学生自主学习的因素；初步编制正式研究所用的调查问卷和访谈提纲。正式研究包括研究问题、研究对象、研究方法和数据收集 4 个部分。

第五章呈现的是本研究结果和讨论部分，根据三个研究问题的顺序来设立章节。第一节回答第一个研究问题“非英语专业大学生自主学习能力现状”，主要是对调查问卷的第一个子问卷进行描述性统计分析，结合师、生访谈数据进行进一步的分析和解释。第二节回答第二个研究问题“大学英语课程中影响学生自主学习的因素”，主要使用相关性分析和多元回归分析来探查大学英语课程中影响学生自主学习的因素。第三节回答第三个研究问题“这些影响因素如何影响了学生的自主学习”，主要使用调查问卷的第二个子问卷的描述性统计分析、结合多元回归的结果，加上质性访谈数据来进行讨论、分析。第四节是根据讨论和分析的结果，结合自主学习的理论、前期文献综述，以及整个实证研究，构建影响学生自主学习能力的课程因素框架，并对如何促进大学生英语自主学习提出相关的建议。

第六章是研究发现，对全书的总结、本研究的贡献和不足之处进行了说明和反思。

# 第二章

# 自主学习相关概念及理论综述

近年来，在语言学习领域关于自主学习的研究越来越多。在课程论领域，培养学生的自主学习能力被作为一项重要的课程目标；在教学论领域，自主学习被视为一种重要的教学方法；在学习论领域，自主学习被看成一种有效的学习方式。（庞维国，2003）也就是说，无论从课程的角度、教学者的角度，还是学习者的角度都展开了对“自主学习”这一理念的诠释和研究。那么到底什么是自主学习，它是怎样产生的，有什么样的理论基础来做支撑，国内外研究现状如何，本研究对自主学习的理解和研究角度又是如何，等等，本章将会对这些问题逐一论述。

## 一、自主学习的缘起

### （一）早期的自主学习思想

自主学习的研究有着非常悠久的历史，国外最早的自主学习思想起源于古代，从古希腊时期的哲学家苏格拉底（Socrates）、柏拉图（Plato）、亚里士多德（Aristotle），到捷克著名的教育家夸美纽斯（Comenius），法国著名哲学家、自然主义教育思想家卢梭（Rousseau），德国著名师范教育家第斯多惠（Diesterweg），英语著名教育家斯宾塞（Spencer）和美国著名教育家杜威（Dewey）都是自主学习教育思想的倡导者。

苏格拉底（前469—前399）是国外最早提出自主学习思想的哲学家。他发明和使用了师生共同谈话、共商问题而获得知识的教学方法。也就是说，他认为知识不能通过教学传授给学生，而是要通过在共同谈话中由教师引导学生积极主动地思考、自觉地寻求答案。柏拉图和亚里士多德也继承了苏格拉底自主

学习的思想理念，柏拉图强调学习中自我反思的重要性，亚里士多德则强调在阅读中的自我监控和自我调节。(庞维国，2003)

夸美纽斯是17世纪捷克著名的教育家，他的自主学习思想主要体现在他主张用启发式教学法来教导学生。他认为要启发学生的学习愿望和主动性，因为人的天性是渴求知识的，因此，应该采取一切可能的方法激发学生的求知欲望，引发学生的好奇心和学习兴趣，从而充分发挥学生学习的主动性。

卢梭（1712—1778）从教学论和学习论两个角度提出了培养自主学习的原则。从教学的角度，卢梭反对填鸭式和命令式的教学，认为教师应当给学生设置学习场景，启发、引导学生，激发其学习兴趣，让他们自觉地去学习，并养成独立判断、独立思考的学习习惯。从学习的角度，他认为学生应该对自己的学习负责任，不依附于他人，具有独立思考的能力。

第斯多惠（1790—1866）终身从事师范教育，在教学方法上，他反对教条式的教学方法，主张教育要遵从儿童的本性，发展其主动性。他非常重视儿童的个性差异，认为教师应该因材施教，促进儿童智力持续、循序渐进地自由发展。在教学任务方面，第斯多惠认为教师不仅要传授知识技能，更要重视学生智力的发展；要采用启发式方法引导学生进行积极的思考；主张儿童应该进行发现式的学习。(徐锦芬，2007)

斯宾塞（1820—1903）反对传统的死记硬背的教学方法，推崇从特殊到一般、从具体到抽象的归纳教学方法。他强调培养学生的自主学习能力，认为在教学工作中教师讲的应该尽量少些，引导学生去发现的要尽量多些，要引导学生自己进行讨论和推论，提高其学习主动性。他在1854年发表的《智育》一文中明确地表达了这种观点："人类完全是从自我教育中取得进步的，而为了取得最好的效果，每个人的心智必须多少照同样的方式取得进步。"

杜威（1859—1952）反对传统教育的"教师中心"，提出了"儿童中心"的思想，这可以看作是杜威教育理论，甚至是现代派教育理论的核心。他认为，在教育中应该以儿童为中心，教育措施要围绕着儿童组织，教学过程要充分考虑儿童的心理特点，探索适合儿童身心发展的教学方式方法，增强儿童的独立性和创造性。另外，杜威认为学生在面临问题时才会产生解决问题的动机，即他们会研究问题、提出解决问题的假设并实际解决问题，在《学校与社会》

(1957) 一书中他明确提出了“从做中学”的观点。杜威认为，应该在教学活动中设计问题，让儿童通过探究以前从未接触过的问题来锻炼思维能力，儿童通过解决问题不仅获得有关该问题的知识和经验，更重要的是获得了思维策略；如果没有思维，就不可能产生有意义的经验。因此，学校要提供可以培养学生思维能力的真实的教育情景。(徐锦芬，2007) 此外，杜威和他的学生把这些教育理论应用到教学实践中，开发了一系列促进自主学习的教学方法，突出学生的主体地位、激发学生的学校兴趣和动机、促进学生学习的自主性，然而，由于这些教学方法太过突出学生的作用，而忽视教师的作用，在教育教学实践中以失败告终。

虽然以上学者所持的理论和关注的视角各不相同，但是都体现出了自主学习的思想，强调发挥人的主动性和积极性。这些都为系统地研究自主学习的理论与实践奠定了坚实的思想基础。

(二) 自主学习产生的社会历史背景

自主学习在西方社会的产生有着深刻的社会历史背景。概括起来，主要表现在以下几个方面：教育的政治诉求为自主学习提供了社会条件，经济的快速发展促进了外语人才需求的增加，科学技术的进步为自主学习提供了物质条件，学术理论的不断发展为自主学习提供了理论基础。

政治格局的变化导致了教育的政治诉求。第二次世界大战之后，女权运动、种族运动、创建绿色家园等少数派的权利运动不断涌现，他们用自主的概念表达对自由的向往，认为可以通过教育向人们灌输自由的意识，这对欧洲成人教育的发展带来了直接影响。霍力克认为，成人教育的目的就是使学习者能够参与到民主活动中来，应该成为唤醒和解放人类意识的工具，在某些情况下，能够成为改变环境本身的工具。(Holec，1981) 成立于1971年的欧洲现代语言委员会也能够很好地说明教育的政治性。该委员会一直关注移民者的语言需求，创始人香农 (Chalon) 就“自主”和“自我指导”提出了一系列调查实施方案；而霍力克作为现任主任及专家委员会终身委员对这些调查继续大力开展。他们主张每个人对于规划自我及他人生活都可以发挥积极主动的作用。因此，教育应该使学习者具备自主能力，包括教给他们一些必备技能，使其更好地把握学习内容，掌握学习过程。

经济的快速发展促进外语人才需求增加。第二次世界大战之后，各国经济复苏与发展的愿望和需求刺激各类外语人才急剧增加。加上国际政治的发展、跨国公司的出现，许多国际团体组织机构、国际性的财团和跨国公司等急需大量各种外语人才。由于学习目标的不同和对成人学习者要求的不同，就需要有更为灵活的教学方式，包括以学习者为中心的教学和自主学习。语言学习者也相应地由先前的被动接受者变为有选择权的主动消费者。

科学技术的飞速进步提供了自主学习所需的物质条件。随着电子技术的问世、信息化时代的来临，许多电子产品，如收录机、录像机、电视机、电脑、电子资源等，为成人的个性化学习提供了丰富的学习材料和良好的设备（刘向红，2010），欧美普遍建立的自主学习中心主要依托于这些设备，学习者可以根据自己的个性化学习需求选择不同的学习模式，如课堂学习、远程教育学习、课外自主学习等。

学术理论的不断发展为自主学习的产生提供理论依据。我们在本章第一节中介绍了早期的自主学习思想，进入 20 世纪中叶以后，行为主义学习理论盛行，传统教育的弊端再次显现。新行为主义理论的代表人物斯金纳（Skinner）的操作主义理论认为自主学习本质上是一种操作性行为，是基于外部强化或自我强化而做出的一种应答性反应。自主学习能力的形成，本质上是个体的学习调控反应与邻近的强化物建立联系。随着信息加工心理学理论的诞生与快速发展，维果斯基（Vygotsky）的言语自我指导理论得到了西方学术界广泛认可，后来人本主义心理学、认知心理学及建构主义心理学的问世与发展均为自主学习理论的研究与发展奠定了厚实的基础。

## 二、自主学习的定义

了解了自主学习产生的社会历史背景后，我们知道自主学习的产生有着政治方面的诉求，而经济的快速发展促进社会对各类外语人才的需求急剧增加，科学技术的飞速发展为自主学习的产生提供了物质保障，学习理论的发展又为自主学习提供了理论依据。在这种合力的推动下，学者们基于各种理论，从不同的角度展开了对自主学习的研究。霍力克（1981）在 20 世纪 80 年代将“自主学习”这一概念引入外语教学领域，引起了国内外外语教育界的普遍关注，并展开积极探究。学术界也因此出现了许多与自主学习相关的名词，如自主性学习（autonomous learning）、学习者自主（learner autonomy）、开放式学习（open learning）、自我为导向的学习（self - directed learning）、自导学习（self - access learning）、个别化学习（individualized instruction）、自控学习（self - regulated learning）、非传统式学习（non - traditional learning）、参与式学习（participatory learning）、学习者控制的教学（learner - controlled instruction）、独立学习（independent learning）、主动学习（active learning）、自我组织的学习（self - organized learning）、自我计划学习（self - planned learning）、自我管理学习（self - management learning）、自我监控学习（self - monitored learning）、自我教学（self - teaching）、自学（self - study）、自我接触（self - access）等。（束定芳，2004；徐锦芬，2007；刘向红，2010）这些关于自主学习的多样化的名称，体现了不同学者从不同的理论立场和视角对自主学习的研究和解读，有的研究强调学习者的主动性，有的强调学习者的独立性，有的强调对学习的自我监督，有的强调对学习的自我定向，有的从与传统学习的关系解读，等等。（Zimmerman，1994）因此，对自主学习的定义也体现了学者们不同的学术见解和多样化特点。本研究根据所查阅的文献，总结出比较有代表性的关于自主学习的定义（表 2 - 1）。

**表 2 - 1　相关研究关于自主学习的定义**

| 年份 | 学者 | 自主学习定义 |
| --- | --- | --- |
| 1981 | Holec | 能负责自己学习的能力，不是天生的，而是要通过自然途径或系统的正式学习才能获得。自主学习能力包括 5 个方面：确定学习目标；决定学习内容和进程；选择学习方法和技巧；监控学习过程；评估学习效果 |
| 1987<br>1995 | Dickinson | 学习者自行决定学习的各个方面，如自我决定学习内容，自我掌握学习进度，并根据需要调整学习计划等；<br>自主学习既是一种学习态度，又是一种独立学习的能力 |
| 1992<br>1996 | Dickinson & Esch | 自主学习者在任何环境下都要对自己的学习负责，环境对学习者自主起着决定的作用 |

续表

| 年份 | 学者 | 自主学习定义 |
|---|---|---|
| 1991 | D. Little | 一种独立的、进行批评性思考、做出决定并能实施独立学习行为的能力 |
| 1996<br>1999 | Littlewood | 学习者自主可以界定为三种基本能力：客观的、批判性反思的能力；做出决策的能力；采取独立行动的能力。<br>学习者独立做出选择的愿望和能力。<br>学习者不依靠老师而使用所学知识的能力 |
| 1991 | Ryan | 自主学习是“自我决定、自我调控”的学习过程。在此过程中，如果学习者与他人的关系表现为互动性，那么其自主性将得以发展 |
| 1991 | Candy | 本质上是个人学习的意愿、能力与自我管理 |
| 1989<br>1990 | Zimmerman | 自主学习共有的3个明显特征：强调学习者的元认知、学习动机和学习行为等方面的自我调节和策略的有效运用；强调自主学习是一种学习者自我定向的反馈循环过程，认为自主学习者能够监控自己的学习方法或学习策略的效果，并能根据这些反馈不断调整自己的学习活动；强调自主学习者知道何时、怎样使用某种特定的学习策略，或者知道如何做出合适的反应 |
| 1995 | Dam | 自主学习既依赖于个体，也依赖于群体，合作学习可以提高自主学习能力 |
| 1995 | McGarry | 对自己学习负责的学习者，如果能自主决定所学的内容、学习方式和学习时间，他们就能自行确定真实的学习目标和学习计划、制定相应学习策略来应付新的未知的局面，并能评估自己的学习结果，借鉴自己的学习成果经验、总结失败教训，帮助自己未来更有效地学习 |
| 1997 | Nunan | 不同的学习者所能达到的自主程度不一样，学习者的个性、学习目标、教学理念、文化背景都是其影响因素。学习者在不同时间、不同的语言技能、甚至同一语言技能中的不同侧面所体现出来的自主学习能力也可能不一样 |
| 1997 | Trim | 自主学习是个人意愿并且能够负责和有效地承担起自己学习的事物 |

续表

| 年份 | 学者 | 自主学习定义 |
|---|---|---|
| 1997 | Benson | 自主学习是一种独立学习的行为和技能，是一种对自己学习内容的控制。语言学习的自主性包括3个方面的内容：进行语言独立性学习的行为和技能；指导自己进行语言学习的内在心理机能；对自己语言学习内容的控制和调节 |
| 1997 | Sinclair | 广义的学习者自主性包括：学习者有能力和意愿承担有关学习决策的责任；这种能力和意愿不一定是天生的；存在不同程度的自主性；自主性的程度是可变的；自主性的发展需要学习者了解学习过程；教师可以促进学习者发展自主性所需要的能力和对其积极意义的态度；自主性可以在课堂内和课堂外的活动中得以形成；不同文化对自主性有不同的解释；不同教学环境需要采用不同的方法促进学习者发展其自主性 |
| 2001 | Benson | 对自己的学习进行控制的能力 |
| 2003 | 庞维国 | 能学：自我意识；想学：内在学习动机；会学：掌握一定的学习策略；坚持学：意志力 |
| 2003 | 何莲珍 | 指学习者可以确定自己的学习目标、学习内容、学习方法、学习时间和自己的一整套评估体系 |
| 2004 | 束定芳 | 自主学习的内涵包括3个方面：态度、能力、环境 |
| 2007 | 徐锦芬 | 了解教师的教学目的和要求，确立学习目标与制订学习计划，有效使用学习策略，监控学习策略的使用情况，监控与评估学习过程 |

从表2－1可以看出，大多数许多学者都认为自主学习是一种能力（Holec、Dickinson、D. Little、Littlewood、Candy、Benson、庞维国、徐锦芬、何莲珍、束定芳等），有的学者认为自主学习既是一种能力，也是一种意愿（Trim、Candy、Dickinson、Sinclair、Zimmerman、Wood、束定芳）；有的学者认为自主学习是一个学习过程（Ryan）；有的学者从合作学习的角度来界定自主学习（Dam），认为自主学习不仅依赖于个体也依赖于群体，合作学习可以促进学习者的自主学习能力；有的学者认为自主学习受到环境因素的影响（Dickinson、Esch、Nunan、束定芳）；有的学者认为自主学习是一种想学的意识、学习的过程或学习中的一种能力（庞维国）。

## 三、自主学习的理论基础

本书在该章第一节与第二节中分别阐述了自主学习的缘起和定义，我们对自主学习有了一个基本的了解。下面我们要对自主学习的理论基础做一个综述，主要从当代教育心理学的 4 大流派，即行为主义心理学、认知主义心理学、建构主义心理学和人本主义心理学来详细论述自主学习的理论依据。

（一）行为主义心理学

行为主义分为早期行为主义和新行为主义。早期行为主义的代表人物主要是美国心理学家华生（Watson），新行为主义代表人物主要是斯金纳、班杜拉（Bandura）。华生于 1913 年首先提出行为主义心理学，他认为学习就是以一种刺激替代另一种刺激建立条件反射的过程，主张心理学应该摒弃意识、意象等太多主观的东西，只研究所观察到的并能客观地加以测量的刺激和反应。华生过分简化的“刺激—反应”公式不能解释行为的最显著特点，即选择性和适应性。20 世纪 30 年代以后，他的一些后继人在操作主义的指引下试图克服这一致命缺点，从而形成多种形式的新行为主义，其中最具有代表性的有斯金纳的操作主义理论和班杜拉的社会学习理论。

1. 操作主义理论

斯金纳及其追随者从学习者的外部、可观察的行为、表现来探讨和研究学生的自主性学习行为。主要是把自主学习看成是学习与自我强化之间建立起的一种相依关系。操作主义理论认为，自主学习是人类一种重要的操作性行为，其最初的行为出现只是学习者对外部某些刺激所做出的偶尔的反应。随着反应不断地加以强化，学习者的自主学习行为与这些外部刺激之间慢慢就可以建立一种稳固的联系。发展到后来，即使在这种外部刺激逐渐减弱的情况下，自主学习也能出现，最后形成了可完全脱离于外部刺激的自主学习行为。它包含 3 个子过程：自我监控、自我指导和自我强化。该理论强调外部环境对自主学习的制约作用。

2. 社会学习理论

社会学习理论是由美国心理学家班杜拉于 1971 年提出的。它着眼于观察学习和自我调节在引发人的行为中的作用，重视人的行为和环境的相互作用。班杜拉主张在自然的社会情境中而不是在实验室里研究人的行为。所谓社会学习理论，班杜拉认为是探讨个人的认知、行为与环境因素三者及其交互作用对人类行为的影响。而自主学习，本质上是基于学习行为的预期、计划与行为现实之间的对比、评价来对学习进行调节和控制的过程。

社会学习理论主要包括以下 4 个基本观点：观察学习、交互决定论、自我调节理论、自我效能理论。

（1）观察学习

班杜拉认为，人的行为特别是复杂的行为主要是后天习得的。行为的习得既受遗传因素和生理因素的制约，又受后天经验环境的影响。这两者的影响在决定行为上微妙地交织在一起，很难分开。行为习得也有两种不同的过程，一种是通过直接经验获得行为反应模式的过程，即我们所说的直接经验的学习；另一种是通过观察示范者的行为而习得行为的过程，即我们所说的间接经验的学习。社会学习理论所强调的是这种观察学习或模仿学习。在观察学习的过程中，人们获得了示范活动的象征性表象，并引导适当的操作。

（2）交互决定论

班杜拉对环境决定论和个人决定论提出批判，并提出了“交互决定论”的观点，强调在社会学习过程中行为、认知和环境三者的交互作用。班杜拉指出，行为、个体（主要指认知和其他个人的因素）和环境是“你中有我，我中有你”的关系，不能把某一个因素放在比其他因素重要的位置，尽管在有些情境中，某一个因素可能起支配作用。

（3）自我调节理论

班杜拉认为自我调节是个人的内在强化过程，是个体通过将自己对行为的计划和预期与行为的现实成果加以对比和评价，来调节自己行为的过程。人能依照自我确立的内部标准来调节自己的行为。他认为人的行为不仅要受外在因素的影响，也受通过自我生成的内在因素的调节。自我调节由自我观察、自我判断和自我反应 3 个过程组成，经过上述 3 个过程，个体完成内在因素对行为的调节。

（4）自我效能理论

自我效能是指个体对自己能否在一定水平上完成某一活动所具有的能力判

断、信念或主体自我把握与感受，即个体在面临某一任务活动时的胜任感及其自信、自珍、自尊等方面的感受。自我效能也可称作“自我效能感”“自我信念”“自我效能期待”等。

通过对以上两种理论的介绍，我们发现，操作主义理论认识到了个体所受刺激与行为反应之间的中间变量（包括需求变量和认知变量），认为它们是行为的实际决定因子，这个认识为自主学习理论的发展奠定了坚实的认识论基础。而社会学习理论突破了旧的理论框架，把行为主义、认知心理学和人本主义加以融合，主张在自然情景中而不是实验室里研究人；把社会因素引入研究中，认为人的行为、认知和环境之间是相互影响的；重视学习者的学习自我调节、自我效能感。这几个方面更关注学习过程中学习者的表现，为自主学习理论的进一步发展奠定了坚实的理论基础。

（二）认知主义心理学

认知主义心理学分为早期的认知心理学和现代认知心理学。由于早期的理论建立在动物心理学研究的基础上，所以在实际教学中意义不大。现代认知心理学的流派众多，其中最具有代表性的有布鲁纳（Bruner）的“认知发现说”、奥苏伯尔（Ausubel）的“意义—同化论”，以及加涅（Gagne）的“学习条件论”。

1. 布鲁纳的认知发现说

布鲁纳是美国当代著名认知心理学家，反对仅仅从外部的刺激这一角度来研究相关学习问题，认为学习的过程是学习者形成和完成认知构建的过程，在这个过程中，学习者对输入的知识信息进行处理、编码、储存，直至接受和应用。其理论的基本观点表现在以下 4 个方面。

第一，学习实质上是认知结构是由低层次向高层次递进发展的表现，是多层次的。与皮亚杰（Piaget）的观点相同，布鲁纳也认为学习者的认知结构是基于其过去已有的知识经验而形成的，并在学习过程中逐渐发生变化。在整个学习过程中，布鲁纳认为学习者的学习主动性和学习动机非常重要。具体表现为在学习中对已存经验加以充分利用。

第二，学习过程是新知识获得的过程，是新知识和已存旧知识或已有的认知结构发生联系的过程，也是主体通过“同化”或“顺应”将新知识纳入已有的知识结构并主动参与新知识理解的过程。

第三，学习应当是对各门学科的基本结构的掌握。不论教师教的是什么学科，都应使学生理解并掌握该学科的基本结构。他提出，学校在进行课程设计时要强调学生对基本知识结构的学习，因为对基本原理的掌握可帮助学生更好地理解这一学科、记忆和提取相关的学习内容，并帮助学生增进学习中的迁移，激发他们的内在学习动机和学习兴趣。

第四，提倡学生运用发现学习的学习方法，主张学生独立去探索知识，掌握知识中所涉及的原理和原则，使学生主动地去构建自己的思想。这样有利于学生脱离学校教育之后更加独立地发展。

布鲁纳强调学习者在学习过程中主动性的同时却忽视了学生学习的特殊性，把学生的学习与科学家的发明创造等同起来是不对的；同时，发现学习在时间与经费上也是不经济的，对全部的学习进行发现是有困难的；因此，接受学习是必要的。

2. 奥苏伯尔的“意义—同化”理论

奥苏伯尔是美国著名教育心理学教授。他认为有意义的学习是学习者将认知结构中合理利用已存的知识通过“类属学习”“总括学习”和“并列结合学习”3 种不同学习形式对新知识内容进行同化。他对认知结构的看法与布鲁纳的观点相同，认为“学习是认知结构的重组”，既强调已存旧认知结构的作用，也重视学习材料本身的内在逻辑关系，认为学习是指学习者的新知识和已存知识相互作用，新的内在逻辑关系与旧知识内容发生同化和改组，在学习者的头脑中产生新的意义。奥苏伯尔提出的“意义—同化”理论主要有以下两个观点。

第一，有意义学习的过程就是新意义被同化的过程。他把认知方面的学习主要分为机械的学习和有意义的学习，机械的学习是要形成文字符号的表面联系；有意义的学习是主体得到具有一定逻辑意义的文字符号的意义。在有意义的学习中，学习者利用头脑中某种已存结构去吸收新的认知信息、同化新材料，原来的已存旧知识观念随之发生一定变化，在这个过程中，学习者要积极主动地将新旧知识有效地联系起来。

第二，接受学习的方式可以进行知识的同化。接受学习的方式是指学习中的主要内容基本上以定论的形式被学生接受。对于学生来讲，学习只是把所接收的新知识内容糅合进自己的认知结构内，也就是加以内化，便于将来使用。

他认为教师在教学过程中应该给学生提供完整的、有组织的材料，以便于学生有效地使用和吸收。课堂教学一定要引导学生展开积极、充分的思维，这才是有意义学习的关键所在。采用恰当的教学方法可以扩展学生的思路，锻炼学生的思维；而当学生展开思维时，才能获得真知，实现有意义的学习。此外，教师要对学生进行有意义学习的激发和培养。教师一方面要注意对语言、动作等教学与非教学语言的配合；另一方面要积极调控课堂气氛，运用自己的情感因素调动、引导学生对学习的积极情感，激发学生对学习的主观能动性，从而促进有意义的学习。

此外，奥苏伯尔理论的局限性在于它适合陈述性知识的学习，更专注“听老师讲述”的接受学习，强调老师对课堂的设计、对教学材料的选择，偏重对知识的学习和教学，忽略了对学生智力的开发和能力的培养。

3. 加涅的学习条件论

加涅是美国著名的教育心理学家和学习实验心理学家。他的理论代表着现代认知派学习理论的新动向和新发展。1974 年，加涅根据现代信息加工理论提出了学习过程的基本模式。他的学习条件论把学习比喻为一种输出过程，认为学习是把外部输入的新信息转换为记忆结构。学习主要受到外部和内部两类条件的制约。外部条件是指输入刺激的结构和形式，内部条件是指学习者已有的相关知识技能、学习能力和动机等。按照加涅的观点，主体能够有效利用和发挥内部条件是学习成功的保证，他认为人类的学习复杂多样，简单的低级学习是复杂高级学习的前提基础。他提出学习主体通过“动机→领会→习得→保持→回忆→概括→操作→反馈”的有机联系系统来完成学习行为，指出每一个阶段的有机联系系统都有各自的内部心理过程和影响它的外部因素。在教学的过程中，教师就是要知晓这些过程和阶段，并遵循学习者在不同学习过程中的不同特点，安排合适的外部学习条件，最大限度地激发、维持和提高学生的学习活动。教师担负着一定的教学任务，不仅是教学的设计者和管理者，也是学习的评价者。教师在教学过程中要将学习者的内部条件和外部条件良好地结合起来，为学习者的学习创造良好的教学、学习环境和条件，这样才能有效提高教学质量。

加涅的学习条件论明确地指出学习受到外部条件和内部条件的制约，内部条件是学习者自身已有的能力、技能或者动机，老师要根据学习者的不同情况输入适当的外部条件。

可以看出，无论是布鲁纳的“认知发现说”，奥苏伯尔的“意义—同化”学习理论，还是加涅的“学习条件论”都反对简单地从外部刺激的角度来研究学习问题，而是更加强调学习者的能动性，认为学习是学习者运用已有知识同化新信息的认知过程。

（三）建构主义心理学

建构主义心理学是目前教育心理学最为热门的理论之一，认为教育就是赋予受教育者独立思考的能力，强调将自身经验带进学习过程，是积极的意义建构者和问题解决者。建构主义的观点主要表现在师生关系、学习观、学生观及能力观，主要代表人物是皮亚杰和维果斯基。

建构主义对师生关系表述为：它既强调学习者的认知主体作用，又不忽视教师的主导作用；认为教师是意义建构的帮助者、促进者，而不是知识的传授者与灌输者；学生是信息加工的主体，是意义的主动建构者，而不是外部刺激的被动接受者和被灌输的对象。建构主义理论对学习的理解为：学习不是简单地由教师把知识传递给学生，而是学习者在一定的社会文化背景下借助他人的帮助，利用必要的学习资料，通过学习者意义建构的方式来获得的。建构主义理论认为学生不仅能够建构关于世界的认知图式，而且能够建构自我图式；学生认知发展水平的提高，对于增强他们的自主学习能力具有极为关键的作用。而自主学习理论的形成，在很大程度上受到学生认知发展水平的限制。

1. 皮亚杰的理论

皮亚杰是发生认识论的创始人，也是现代建构主义的先驱之一。他的《发生认识论原理》重点在于研究和讨论知识形成和发展的过程，主要贡献在于提出了建构主义观点的核心，也就是认识的新定义——在主体已有知识和经验背景之上的主动建构，主要内容是从认识的发生和发展角度对儿童心理进行了进一步系统地研究。皮亚杰重点强调个体在认知生长过程中所起到的积极作用，而反对认识的生长仅仅是经验的结果的说法。相比之下，学习从属于发展。决定学习的因素是内因与外因的交流作用。皮亚杰坚持学习者只有在认真主动思考时才能获得有意义的建构学习，认为学生的学习水平取决于其自身的发展水平；学生犯错误是正常的，犯错误是一个使学生起到自我调节、自我平衡的过程。学生的错误会使学生更好地规整并修正自己的知识结构。

2. 维果斯基的理论

维果斯基是前苏联的心理学家和社会文化历史学派的创始人，因在心理学领域做出重要贡献而被誉为“心理学中的莫扎特”。维果斯基的基本观点主要包括4个方面：心理发展观、文化—历史发展观、教学与发展的关系及“内化”学说理论。在心理发展观的研究中，维果斯基创立了“文化—历史发展”理论，用来解释人类不同于动物的高级心理本质。维果斯基探讨了“发展”的实质，他认为心理的发展是指在社会环境和知识教育的影响下一个人从出生到成年的心理变化过程。维果斯基强调社会交往在人的心理发展中的突出作用，因为个体学习是在一定的社会历史文化背景下进行的。在研究教学与发展的关系上，维果斯基提出的重要观点之一是“最近发展区”思想。维果斯基划分出了学习者在学习过程中现实的发展水平和潜在的发展水平；前者是学习者在学习过程中所能达到的水平，后者是学习者在他人的协助下达到的水平；两者之间的区域（差异）被称作“最近发展区”。在“内化”学说理论研究方面，维果斯基是“内化”学说最早推出人之一，他坚持人类的精神生产工具就是由不同的符号组成的。维果斯基的理论既提出了独到的见解，又创造性地对实际问题进行研究。

建构主义理论强调以学习者为中心，突显了学习过程中的主动性、社会性、情景性和调控性，明确了知识获得的途径，即认为知识是意义的建构。该理论对教学过程中的师生关系进行了明确的界定：教师是意义建构过程中的帮助者和促进者，而不是知识的传授者；学生是意义的主动建构者，而不是外部刺激的被动接受者和被灌输者。建构主义者认为，学习者对世界和自己的图式都可以进行建构，学习者认知水平的高低会影响其自主学习能力的高低。

（四）人本主义心理学

人本主义心理学大约出现在20世纪五六十年代，与行为主义心理学形成了对立。它注重“以人的发展为本”，强调学习者在学习过程中的自主性、自我发展、自主建构知识意义，以及学习者之间互相协助学习。其主要代表人物有马斯洛（Maslow）、罗杰斯（Rogers），主要观点表现在5个方面：潜能观、自我实现观、创造观、情感因素观以及师生观。

人本主义认为，潜能主要指以往遗留、沉淀、储备的能量。人本主义理论认为，无论是学习还是工作，每个学习者都有潜在的能力或能量，而教育的任务就是试图挖掘并释放每一个学习者的潜在能力，这也是人本主义学习理论研究的重点所在。从这个观点出发，人本主义在强调学习过程以“学生为主体”的同时，也要重视教师发掘学生潜能的“引导作用”，这二者相互联系，紧密配合，缺一不可。

自我实现观也被称为自我发展观。此观点高度重视学习者的个性差异和相异的价值观，认为教师在教学过程中不应千篇一律地教授，而应该根据学习者不同的知识水平、接受能力以及学习习惯等因材施教，满足不同的个性需求，为不同的学习者创设不同的学习情境，使学习者认识到自身价值，实现自我发展。

创造观认为，创造力不应该被看成是某些专家的特权。每一个人都有自己的创造力，或者至少具有创造力的潜能，因此，每个人应该主动地发展这些潜能。这句话指出了教学的核心问题，即在知识与能力之间，加强学习者自我能力的培养，重视创造力。这也是人本主义与建构主义的相通之处。

人本主义理论非常重视学习过程中倾注的情感因素，包括发掘学习者的潜能、鼓励学习者的创造力。情感因素对学习者在学习中的学习兴趣、学习动机，以及对学习的投入程度起着十分重要的作用和影响。此时学习者并不是被动地接受等待刺激，而是个人主动发起的。要使这种情感因素的作用能够一直持续，教师的引导作用不容忽视。另外，教师还应对学习者进行不断鼓励，积极采取不同方式创设良好的学习环境，把学习者吸引到学习的情境中来，并持之以恒地坚持下去。

人本主义理论更重视师生的定位观。传统的学习理论认为师生之间的关系是教与被教的关系，教师以威严取胜，是课堂中的主宰者，教授的知识即是权威。而人本主义理论则提倡建立起亲密的师生关系，营造出一种和谐、平等、民主的学习氛围；教师不仅是学习者的良师，也是益友。教学相长，由传统的“教”变为“导”，使学生成为主体，真正地参与到学习之中。教师只有平等的对待每一位学生，相信学生并尊重学生，学生才能真正学会融会贯通、主动积极去学习。

1. 马斯洛的理论

马斯洛（1970）在其著述中，阐述了对人性的基本看法。表述出了人性中两股潜在力量，即防卫的力量（主要表现为主体依恋过去、逃避现实等）和进取的力量（敢于接受挑战，乐观积极，自我推动成长等）。马斯洛提倡教师对学习者加以适当的引导，为学习者创造出良好的学习环境，而不是利用外界力量来胁迫学生学习；同时，马斯洛认为学习者生而具有学习潜力，学习者可以对所需知识内容进行自主构建。

2. 罗杰斯的理论

罗杰斯的基本观点主要有两方面。首先，以学习者为中心的教育理念。在教育上，罗杰斯一直秉承他特有的理念，即视学习者为教育的核心。其次，以自由为基础的学习原则。在罗杰斯所著的《学习的自由》（Rogers，1969）一书中详细解释了以自由为基础的学习原则。第一点，人类都有学习的天赋，也具备学习的潜能，因此创立良好的外部环境对学生学习非常重要。第二点，教材必须符合学生的生活经验，能够引起学习者的兴趣，并具有一定实际意义。好的教材能够使学生自信倍增，对教材浓厚的兴趣可以提高自身修养，有助于实现学生的生活目的。第三点，学生只有处于较少威胁的教育情境下才能得到有效学习。此处提到的威胁主要指的是来自外界与自身不同因素所导致的心理压力，如学习成绩不如别人、家庭环境比别人差、不善言辞常感到的窘迫、胆怯敏感丧失自我发展提升的机会，等等。这都会滋生自卑心理终而自暴自弃。这种情况是无法完全避免的，也就要求学生能够自我积极调节，为师者也需因材施教，在理解学生的基础上给予每个学生展现自我的机会。第四点，良好的学习效果出自学生积极、主动、全身心地投入。有效的学习来自学生的主动自发安排，而非教师这样外界力量的逼迫，因为能够真正影响主体行为的知识，是自身探索并加以同化得来的，而非老师所能简单教授的。第五点，提倡自评学习结果。此原则下学习者可形成独立思维能力。这样的教育方法打破了传统教育标准，学生不再是被动地接受教师所灌输的知识内容，而是主动地改进自己和提高自己，自我评量，真正做到为自己负责。第六点，知识要与时俱进，跟随社会发展的脚步。学校教育要随时代进行改革，培养学生的自我求知能力，能够自我吸收和更新新知识力与兴趣，还要使学生多参与社会活动，培养多种爱好，加深个人与社会的关系。

人本主义理论在建构主义理论的基础上更进一步，也就是更强调以人为本，重视学习者的自主性和自我发展、自主建构知识意义，强调学习者之间互相协助学习，以及“情感教育”的重要作用。

（五）自主学习理论小结

本书在该章第三节中分别介绍了行为主义、认知主义、建构主义和人本主义理论的概要、代表人物的思想观点，以及它们各自与自主学习相关联的内容。新行为主义者修正了华生的极端观点，认识到了个体所受刺激与行为反应之间的中间变量（包括需求变量和认知变量），认为它们是行为的实际决定因子。这种认识给自主学习理论的发展奠定了坚实的认识论基础。操作主义理论把自主学习看作是学习和不断自我强化之后的自然结果，包括 3 个子过程：自我监控、自我指导、自我强化。操作主义学习理论在自主学习理论领域是一个巨大的突破，但究其本质，这种自主学习还是通过“刺激—反应”从而让学习者形成自主学习的行为。社会学习理论对自主学习理论的贡献在于它认为学习不光包括直接学习，还包括间接经验的学习，即观察学习；它的交互决定论认为人的行为、主体和环境之间是相互影响的；自我调节理论认为自我调节是个人的内在自我强化过程，由自我观察、自我判断和自我反应 3 个过程组成；自我效能理论关注个体在完成某活动时对自己能力、信念、感受等方面的判断。社会学习理论使得学习导向更关注学习过程中的学习者行为。

认知主义理论反对简单地从外部刺激的角度来研究学习问题，认为学习是学习者运用已有知识同化新信息的认知过程。其中，布鲁纳的“认知发现”学习理论强调学习者在学习过程中的主动性的同时却忽视了学生学习的特殊性，其主张的“发现学习”在时间与经费上是不经济的，因为对全部的学习进行发现是有困难的，所以接受学习是必要的。奥苏伯尔的“意义—同化”理论同样强调有意义学习中学习者的积极主动性，但是它更注重接受学习，强调老师在课堂中的重要作用，偏重对知识的学习和教学，没有重视对学生智力的开发和能力培养的方面。加涅的“学习条件论”对自主学习理论的贡献在于它明确地指出学习受到外部条件和内部条件的制约，内部条件是学习者自身已有的能力、技能或者动机，老师要根据学习者的不同情况输入适当的外部条件。

建构主义理论认为学习是知识的有意义建构，教育要培养受教育者独立思考的能力。在教学过程中，既强调学习者的主体作用，也不忽视教师的主导作用；认为教师是意义建构过程中的帮助者、促进者，不是知识的传授者和灌输者。学生是意义的主动建构者，不是外部刺激的被动接受者和被灌输的对象。在学生的认知能力方面，建构主义理论认为学生不仅可以建构关于世界的认知图式，还可以构建自我图式；而认知水平的提高对于增强学生的自主学习能力有关键的作用。为了提高学生的认知水平，他们提供了 3 种可采用的方法，即直接教学法、同伴辅导与学习问题讨论法、合作学习法来帮助学生学习、了解、丰富自己的学习理论，提高自主学习能力。建构主义的灵魂人物皮亚杰提出了建构主义观点的核心，即认识的新定义——在主体已有知识和经验背景之上的主动建构；他强调个体在认知生长过程中所起到的积极作用，反对认识的生长仅仅是经验的结果的说法。维果斯基“最近发展区”理论提出了学生现有学习水平和可达成学习水平之间就是学生要学习解决的问题的观点。至此，自主学习理论已经呈现出比较成熟的状态。

人本主义理论与建构主义理论相似，不同的是它更加注重“以人的发展为本”，重视学习者在学习过程中的自主性和自我发展，自主建构知识意义，强调学习者之间互相协助学习，强调“情感教育”。人本主义的潜能观认为每个学习者都有潜在的能力，教育的任务就是要挖掘并释放出这种潜在的力量。因此，在学习过程中既要重视学生的主体地位，也要重视教师的引导作用，两者紧密配合，缺一不可。人本主义自我实现观认为教师在教学过程中应该考虑到学习者的个性、知识水平、能力、学习习惯等差异因材施教，为不同的学习者创设不同的学习情境，使学习者认识到自我价值。人本主义创造观认为每个人都有创造力或者创造力的潜能，因此在教学中我们应该加强学习者自我能力的培养。人本主义情感因素观认为情感因素在学习者的学习兴趣、动机、投入程度方面有十分重要的作用，教师应该对学习者进行鼓励，采取不同方式为学习者创设良好的学习环境。在师生关系方面，人本主义提倡建立亲密的师生关系；营造和谐、平等、民主的学习氛围；教师要平等对待每一位学生；师生之间教学相长。

## 四、自主学习国内外研究概况

（一）国外研究综述

20 世纪中叶以来，建构主义和人本主义理论的出现使“以学习者为中心”的教育理念深入人心，第二次世界大战后各国经济的快速复苏需要各层次的外语人才，而科学技术的发展又为自主学习提供了必备的物质基础，于是外语自主学习开始在全球范围推广并成为语言教学和语言学习领域的流行语。（Little，1991）1981 年，霍力克把自主学习的概念正式引入外语教学后，国外外语界出版了一系列关于自主学习概念、理论基础以及如何培养学习者自主能力等方面的专著（Benson&Voller，1997；Boud，1988；Candy，1991；Dam，1995；Dickinson，1987，1992；Gardner&Miller，1999；Holec，1981；Little，1991；McGarry，1995；Pembertonetal，2001；Wenden，1998）。这些专著对学习者自主学习这一概念的理论背景、与学习者自主学习相关的各种因素（如态度、信念、策略和角色），以及如何在教学实践中促进学习者自主进行了详尽的探讨和分析。此外，国外还有一些学者在期刊上发表文章，对自主学习的定义、影响因素以及如何培养学习者自主等方面都有较为全面的论述。（徐锦芬，2007）

1. 关于自主学习概念的研究

自从自主学习的概念提出以来，学者们根据不同的理论依据对它有着不同的理解和定义。我们在第二节中列出了国内外关于自主学习具有代表性的定义，其中在认为自主学习是一种能力的观点中，霍力克（1981）的定义最常被人引用，他认为自主学习具体包括 5 个方面：确定学习目标；决定学习内容和进程；选择学习方法和技巧；监控学习过程；评估学习效果。我国学者何莲珍的定义跟霍力克的定义最为接近（见表 2 - 1）。

里特（Little）（1991）认为自主学习就是学习者能够独立地确定自己的学习目的、学习目标、学习内容和方法，并确定自己的一套评估体系。

狄金森（Dickinson）（1995）指出，“自主学习既是一种态度，又是一种独立的学习能力”，态度是愿意为自己学习负责任的意识，能力就是对学习过程的决策和反思。

里特伍德（Littlewood）（1996）认为，自主学习意味着学习者能独立做出并实施影响他行动选择的能力和意愿；能力既指学习者为自己的学习做出选择的知识，又指实施这些选择的必备技能；意愿指的是学习者为自己学习负责任的态度和信心。

本森（Benson）和沃勒尔（Voller）（1997）认为，自主学习的概念应该涵盖以下5个方面的内容：学习者的学习完全依靠自己；在自我指导的学习过程中可以学到或用到的一整套技能；一种与生俱来的却被单调而重复的学校教育方式所抑制的能力；学习者对自己的学习所行使的责任；学习者确定自己学习目标的权利。可以看出，研究者从不同的角度对自主学习进行了定义，更详细的内容请参见本章第二节。

2. 关于自主学习影响因素的研究

从国外学者们给自主学习下的定义来看，自主学习既是一种学习过程或者学习活动，也是一种学习能力和学习态度。影响自主学习效果的因素有很多，既有内部因素，也有外部因素。根据徐锦芬（2007）的研究，影响自主学习的内部因素可以概括为6个方面，外部因素可以概括为5个方面。

首先，影响自主学习的内部因素具体分为6个方面。

第一，自我效能感。自我效能感是社会学习理论的创始人班杜拉最早提出的，主要通过对学生的任务选择、目标设定、适应能力、情感、学习策略等中介过程的影响而对自主学习产生影响。

第二，归因。归因是个体对自己成功或失败做出的因果解释。美国心理学家韦纳（Weiner）（1979）认为，学生一般将自己学习的成败归因于能力、努力、任务难度和运气4个因素。研究表明归因对学习动机会产生影响：成功被归因于能力、任务难度等稳定的、内部的、可控制的原因，将会进一步强化动机；若归因于运气好或任务容易等不稳定的、外部的、不可控制的原因则会弱化进一步活动的动机。

第三，学习动机。动机是影响自主学习的一个重要因素。加德纳（Gardner）和兰伯特（Lambert）（1972）把动机分为融合型动机（integrative motivation）和工具型动机（与学习态度、学习策略、学习成绩等都有密切的联系）。狄金森（1995）在文献综述的基础上，通过对动机理论和归因理论的分析，对比他人的研究成果，证明了动机是促进学习者自主的一个有力因素。

第四，学习态度。学习态度是指学习者对自己作为学习者应该承担的责任的认识，与自主学习密切相关。在外语学习中，“态度”和“动机”常常相伴而生，态度是受动机支配，是动机的外化形式。

第五，学习风格。学习风格是美国著名学者赫伯特·塞伦（Herbert Thelen）在1954年首次提出的。学习风格的特点可以概括为：学习者在学习过程中逐渐形成的，具有鲜明的个人特色的、学习者喜欢的或经常使用的学习策略、学习方式或倾向，它受社会、家庭、学校教育方式的影响。学习者学习风格不同，其自主学习的方式也会不同。当学生对自己的学习风格有所了解，就能够有意识地选择适合自己特点和学习环境的学习方法，提高学习效率和效果。

第六，学习策略。在影响自主学习的内部因素中，学习策略的影响最为复杂，也最为重要。由于这一复杂性，学习者对策略有着不同的界定（Rubin，1975；Stern，1975；Wenden，1987；O′－Malley & Chamot，1990；Oxford，1990），但也达成了一些共识：学习策略既包括学习者的外部行为，也包括学习者内在的心理活动；学习策略是灵活的、不断变化的，能通过实践获得。在通过学习策略使用来促进自主学习的研究中，有许多对学习策略的分类（徐锦芬，2007）。

其次，影响自主学习的外部因素分为5个方面。

第一，教师。教师是影响大学生英语自主学习的外在因素之一。人本主义和建构主义学习理论认为有利于自主学习的教学应该以学生为中心，教师在教学中扮演的角色不同，对学生自主学习的影响也不同。齐默曼（Zimmerman）（1996）探讨了教师在以培养学生自主学习能力为目标的教学中应该起到的作用。埃尔曼（Ehrman）等（1998）认为，如果说教室是一个剧院的舞台，学生是演员的话，那么教师会兼有多重角色：导演（director）、情节推动者（prompter）、剧本作者（scriptwriter）、教练（coach）、观众（audience），或者是另一个演员（actor）。为了促进学生的自主学习，沃勒尔（1997）将教师的角色定位为：促进者、帮助者，在心理和技术上给予学习者支持；咨询者，当学习者遇到困难时提供建议；资源者，成为学习者的信息资源库，并培养学生有效地使用教师资源的能力。教师要培养学生在外语学习过程中承担自主学习的责任，帮助他们获取更好的学习策略，使学生变依赖型学习为自主学习。

第二，教育技术。近年来，网络技术、多媒体技术在英语教学中的应用日益广泛，教学内容日趋网络化，计算机辅助教学的地位越来越重要，学生可以根据自己的实际学习情况和需求，选择适合自己的时间、地点、学习内容进行学习，随时提出学习中的问题并能够得到及时的帮助和解答。现代信息技术的发展，为教师自主教学和学生自主学习提供了良好的服务支持、丰富的文献资料、现代化的网络语言环境，使得他们有更多自主的机会。（徐锦芬，2007）

华沙（Warschaucer）、特比（Turbee）和罗伯茨（Roberts）（1996）探讨了电脑网络学习对学生自主的加强作用，并引用文献证明了电脑网络学习模式有助于提高学习者自主，促进不同学习者之间的平等交流和学习技巧的掌握。赫德（Hurd）、比文（Beaven）和奥特格（Ortega）（2001）论述了在远程教育的环境下如何加入学习者自主学习的因素。怀特（White）（1995）讨论了网络学习环境对学习策略使用和学习者自主学习的影响，发现他们在认知、元认知、社会、情感等 4 种策略的使用情况上有所不同，其中对元认知策略的使用大大超过了常规教室的使用者。

第三，学习同伴。自主学习不仅仅是独立学习，同伴之间的协商、合作能够促进个体的自主学习，具体表现为 3 个方面。①学习同伴的自主学习行为会产生榜样示范作用，认知学习理论认为，自主学习能力的发展是个体在经历观察、模仿、自我控制、自我调节 4 个阶段（Schunk，1994）后把外部学习技能内化为自己能力的过程。由此可见，榜样的力量在自主学习过程中可起到重要作用。②学习同伴的自主学习行为和学习成绩会影响学生对自身学习能力的评估。贾尼斯（Janice）（2000）对 297 名学生的自主学习能力的研究发现，学生的自主学习能力知觉受到社会性比较的影响，也就是受到其所在环境的同伴群体的影响。③学习同伴关系影响到学生的学业求助。近年来，研究者日益认识到学习求助不仅是一种重要的社会互动过程，而且是重要的适应性自主学习策略。（Schunk & Zimmerman，1994）同伴群体中学生的关系主要表现方式为吸引与排斥、合作与竞争，一般说来，和谐、友好、团结互助的同伴关系会让学生的竞争程度下降，学生之间的地位相对平等，学业求助所付出的代价较小。（Newman，1998）

第四，学习环境。自主学习还会受到学习环境的影响。齐默曼（1996）等把影响自主学习的环境分为社会环境和物质环境。社会环境指的是同伴、教师、家庭成员的影响对个体在自主学习方面的影响；物质环境指的是学习者可用的信息资源和学习场所对个体在自主学习方面的影响。也就是说，学校和家庭是影响学习者自主学习的两大因素。

第五，社会文化。在文化因素对自主学习影响的问题上，许多学者认为自主学习具有西方文化价值观，在其他文化环境中可能不适用（Littlewood，1999；Jones，1995；Ho & Crookall，1995）。有的研究认为中国学生比较被动、依赖性强、视教科书和教师为权威（Cortazzi&Jin，1996）；更多地关注考试成绩（Scollen，1999）。但是，里特伍德（1999）在东南亚地区的研究表明，该地区的学习者与其他文化中的学习者一样都具有自主学习能力。

3. 关于自主学习能力获得方式的研究

关于自主学习能力如何获得以及如何促进学习者自主的问题，研究者们从不同的角度进行了深入探讨，认为“学习者训练”是进行自主学习的一条重要途径（Logan & Moore，2003），即从学习者自身的角度来研究促进其学习自主性。另外，研究者们根据影响自主学习的其他因素，如现代信息技术、教师等来探究促进学习者自主的方法。里特伍德（Littlewood）（1999）构建了一个促进学习者自主的框架，里特（1995）讨论了学习者自主与教师自主的关系。科特尔（Cotterall，2000）提出了在短期内促进学习者自主课程设置的五条原则。穆雷（Murray）和赫尔蒂斯（Kourtizin，1997）、雷（Lee，1998）、哈特（Hart，2002）提倡采取形式多样的教学改革促进学习者自主学习。维克托瑞（Victori）和洛克哈特（Lockhart，1995）、温德（Wenden，1995）认为通过专门的策略培训能促进学习者自主学习。加德纳和米勒（Miller，1999）详细探讨了如何通过建立自主中心促进学习者自主学习。华沙、特比和罗伯茨（1996）探讨了电脑网络学习对学生自主学习的加强作用，并引用文献证明了电脑网络学习模式有助于提高学习者自主学习。霍力克和赫鲁特尔（Crookall）（1995）介绍了一个基于网络的模拟程序来克服文化障碍，从而促进自主学习。

（二）国内研究综述

我国外语自主学习的研究大致上可以分为三个阶段：1981—2000 年为引进

和介绍阶段，研究成果少，且主要是采用思辨的方法介绍国外研究成果。2001—2003 年为初步发展阶段，研究成果数量开始增多，除了思辨性研究以外，实证研究开始出现，研究内容逐渐丰富起来。2004—2014 年为全面发展与繁荣阶段，这一时期研究论文数量急剧增长，实证研究比例上升明显，已成为国内自主学习研究的主导方法；研究内容更加广泛和深入，几乎涉及自主学习问题的方方面面。（高吉利，2005；徐锦芬，2011）这一阶段出现了大量关于教学改革和教学模式探讨的论文，体现了我国研究者在应用国外理论研究我国外语教学问题时的反思。

1. 关于自主学习概念的研究

郑敏（2000）、庞维国（2001）、魏玉燕（2002）、何莲珍（2002）、华维芬（2003）、束定芳（2004）等学者的研究重点介绍了国外研究成果，如自主学习的理论基础、背景、发展现状，探讨了自主学习的含义及实质。

庞维国（2000）认为自主学习从本质来说是指学习者自主确定个性化学习目标、自主选择学习策略、自觉监控学习过程、自主评价学习结果的过程，其实质是目标引导下的自我调控。庞维国（2003）主张从纵向和横向两个维度来定义自主学习。横向定义是指自主学习的各个方面，即自我驱动、自我选择内容、自我调节策略、自我管理时间，主动营造学习环境，并能自我评价学习结果和反思学习效果；纵向定义则指学习的整个过程，即学习者能自定学习目标、自订学习计划、做好学习准备，在学习活动中能够对学习进展、学习方法自我监控、自我反馈、自我调节，对学习结果能进行自我检查、自我总结、自我评价和自我补救的学习。实际上，庞维国的横向定义表明了自主学习是一种能力的观点，其纵向定义表明自主学习是一个学习的过程，也就是说，他认为自主学习既是一种学习能力，同时也表现出学习的过程性。

束定芳（2004）认为自主学习内涵包括 3 个方面的内容。首先是态度，学习者自愿采取一种积极的态度对待自己的学习，即对自己的学习认真负责并积极地投身于学习活动。其次是能力，学习者应该培养这种学习能力和学习策略，以便独立完成自己的学习任务。再者是环境，学习者应该被给予大量的机会去锻炼自己负责自己学习的能力。

陈冬纯（2006）认为要实现自主学习，必须要满足以下 4 个条件：独立的学习风格；积极的学习态度和动机；良好的学习能力；具有合作和协作的意识和能力。

庞维国（2005）、靳玉乐（2005）认为自主学习应该是元认知监控的学习，学习者根据自己的学习能力和任务要求，积极主动地调整自己的学习策略并为之努力。

张殿玉（2005）把自主学习概括为学习者外部环境和内部环境协调统一的结果。外部环境由教师、教学设施和语料构成，对内部环境有促进作用，是实现自主学习的前提条件和物质基础。内部环境则蕴藏者学习者的学习态度和能力。

2. 关于自主学习影响因素的研究

在英语自主学习过程中，有许多因素会影响学生的学习自主性，概括起来有内部因素和外部因素。内部因素包括学习者态度、学习动机、归因、自我效能感、学习策略等；外部因素包括社会文化、教师、学习环境、信息技术等。（周勇、董奇，1994；庞维国，2003；徐锦芬，2007）

（1）内部因素

周永、董奇（1994）将学习动机分为表面型学习动机、深层型学习动机和成就型学习动机，其实证研究表明，表面型学习动机与自我监控学习行为显著负相关，而深层型学习动机与自我监控学习行为显著相关，成就型学习动机与自我监控学习行为之间无明显相关。

庞维国（2003）将学习动机分为内在动机与外在动机，认为自主学习动机一般应是内在的、自我激发的。学习者的内在动机受到自我效能感、归因倾向、学习兴趣、学习结果预期、学习目标定向等因素的影响。

李昆、俞理明（2008）的研究指出，内在动机与自主学习行为明显高于外在动机，在启动和维持自我监控学习行为的作用上，通常内在动机表现得更持久；如果学习者的自我效能感越强，他就越容易对自己的学习行为进行自我监控和自我调节；学习者的归因态度对于自主学习行为的影响与各种不同归因类型有关。

华维芬（2009）的实证研究证明了自主学习动机与学习成绩的相关关系，她认为，学习者的内在动机越强烈，其自主学习的倾向性就会越明显。

张殿玉（2005）认为诸多因素都会影响自主学习效果，如性别、年龄、个性特点、语言技能、学习态度、动机、情感因素、认知风格、学习环境和学习策略等，其中学习动机、语言意识和学习策略起决定作用。工具性动机和综合性动机均对自主学习有促进作用。

（2）外部因素

张立新、李霄翔（2004）用定量方法对比分析了中国学生和欧洲学生的自主学习能力，其研究结果发现，中国学生的自主学习能力和西欧学生的自主学习能力基本一致，只是在个别能力上稍有细微差异。

戚宏波（2004）通过问卷证实分析了中国学生在语言学习中的自主学习意识并不比西方学生弱，中国学生的自主学习理念与东方文化观念并不冲突。郝钦海（2005）的实证研究认为，中华文化所倡导的集体主义精神比较有利于开展小组活动中的自主学习，便于学习者共同完成学习任务和相互交流学习方法及策略。

江庆心（2006）的研究表明，教师的积极介入是促进学习者自主的重要前提条件，他主要介绍了积极性引导与禁令性干预两种介入方式。

龚嵘（2006）则以建构主义为理论依据，提出以学生为中心的自主式课堂教学是学生、教师、任务及材料等众多因素共同参与的一个动态协调过程，这样就确立了教师在自主学习体系中的介入角色。

王艳（2007）的问卷调查结果显示，在自主学习过程中，学生往往对教师在咨询、鼓励、培训、评价及教材编写上的作用特别期待。

项茂英（2009）认为教师的角色功能主要体现在 8 个方面，即学习的指导者（learning guide）、知识提供者（source of knowledge）、课堂氛围营造者（creator of classroom climate）、行为指导者（conduct guide）、道德引导者（moral guide）、课堂管理者（class controller）、父母般的朋友（parental friend）、课堂活动的组织者（activity organizer）等。

陈颖（2011）使用问卷调查和访谈的方法对教师自主和学习者自主的关系进行了实证研究，结果表明教师自主教学对学习者自主学习可以产生积极影响，教师与学习者进行情感交流的自主教学能力对学习者自主影响最大。

（3）综合因素

陈美华（2007）通过对已有文献的分析，得出影响自主学习的6个内在要素：学习动机、学习方法、学习时间、学习反思、学习计划、学习结果，以及两个外在要求：学习内容、学习情景。

张殿玉（2005）认为自主学习是学习者外部环境和内部环境协调统一的结果。外部环境由教师、教学设施和语料构成，对内部环境有促进作用，是实现自主学习的前提条件和物质基础；内部环境则蕴藏者学习者的学习态度和能力。

3. 关于如何促进学习者自主的研究

研究者们从不同的角度，在如何促进学习者自主学习的方面做了大量的研究，概括起来主要表现在策略培训、课堂教学、评估方式、教师、自主中心、计算机网络技术几个方面。（徐锦芬，2007）

张彦君（2004）采用将课堂上的元认知训练与课外的元认知策略训练相结合的方式来培养学习者的自主学习能力，其实证研究结果表明对学生进行元认知训练可以提高其自主学习能力。

王笃勤（2002）认为自主学习能力的培养由认知策略和元认知策略的培养两部分构成。策略培养应该在正常的课堂教学中分5步（展示、示范、训练、评估、扩展）进行，其研究结果初步说明在大学英语的教学环境中通过策略培训培养学生的自主学习能力是必要的、可行的。

纪康丽（2002）通过4项元认知策略（确立目标、制订计划、了解学习过程、自我评估）的培训来提高学习者自主学习，并取得了成功，其结论如下：元认知策略的培训可以纳入英语教学计划；允许学生参与选材是增强元认知意识的可取方法；元认知策略的培训可以提高学生对外语本身、自我水平和策略选择方面的意识，还可以使学生在学习中使用自我评估、确立学习目标和制订计划等策略宏观调控自己的学习。

彭金定（2002）在大学英语教学过程中采取学生互改作业、开展课外兴趣小组活动、师生一起编教材、制订学习计划等活动来培养学生的自主学习能力。

楼荷英（2005）在非英语专业研究生英语口头陈述中使用评估的方法，通过调查问卷、质性访谈等定量、定性分析所得的结论，说明自我评估、同伴评估在英语口头陈述能力评价中的使用可以有效地提高学习者的自主性。

陈青松、许罗迈（2006）的研究提出通过网络环境下的外语自主学习改革大学英语教学，结果表明网络环境下的自主学习比传统课堂教学有着更大的优势。

傅玲芳、杨坚定（2007）的实证研究表明，基于网络多媒体的大学英语教学模式有利于促进学生英语学习自主性，基于网络多媒体的大学英语教学模式有利于提高学生的学习成绩。

（三）研究述评与本研究的必要性

在本章第四节中，本书从关于自主学习的概念研究、影响因素研究，以及如何促进学习者自主这三个方面分别综述了自主学习的国内外研究概况，结果概括如下。

虽然学者们从不同的研究角度对自主学习有不同的界定，但是它们之间也有一些共同之处。自主学习是以学习者为中心的学习；自主学习是一种学习能力；每一个学习者都应对自己的学习负责任。影响学习者自主的因素包括内部因素和外部因素。内部因素主要是指学习者的动机、态度、归因、学习风格、学习策略等，外部因素主要包括社会文化、学习环境、教师等。根据影响自主学习的因素，培养学生的元认知策略，通过课堂教学促进，通过评估方式引导、教师自主教学引导、自主中心促进、计算机网络技术等促进学习者自主学习。

从研究内容来看，大部分的研究从影响自主学习的内部因素，包括学习者态度、学习动机、归因、自我效能感、学习策略等角度探讨其在培养学习者自主的过程中所起的作用，及促进学习者自主的方法和措施。此外，重视策略培训，尤其是元认知策略培训在促进学习者自主中的作用。相比之下，从外在影响因素的角度，如社会文化、教师、学习环境、信息技术等角度对学习者自主影响的研究，无论是数量还是广度和深度方面都尚不足够，需要进一步研究。

此外，目前的研究基本上是以国外自主学习理论来调查中国学生的自主性英语学习，中外学生之间的差异基本被忽略，所以有些研究的结果可信度较低。在当前大学英语改革的大背景下，如何结合中国大学生英语学习的实际情况以及大学英语课程改革的要求进行自主学习的研究是我们更要关注的问题。

针对大学英语教学中存在的诸多问题，如何设计合理的课程模式，提高大学英语教学效果是关系到培养新一代高素质创新型人才，提高我国综合国力和国际竞争力的大事。大学英语课程是我国非英语专业大学生的一门必修课，在我国大学英语教学中起着至关重要的作用。2004 年，教育部颁布的《课程要求》标志着新一轮大学英语改革启动，其中一项重要内容是将大学英语课程分为 5 个部分，即教学目标、教学要求、课程设置、教学模式、教学评估，这标志着课程开始逐渐成为改革的重要内容。另外一项重要内容就是提出培养学生的自主学习能力。因此，研究大学英语课程对学生自主学习的影响，找出促进或者阻碍学生自主学习能力的因素，构建更为合理的大学英语课程设计模式，从而帮助学生提高自主学习能力就成了重中之重。本研究试图从大学英语课程的角度出发研究其中影响学生自主学习的因素，为构建更为合理的大学英语课程模式、提高学生的自主学习能力提供实际的建议；为新的大学英语教学指南提供理论和实践上的参考。具体的研究问题为：①大学生英语自主学习能力现状如何？②大学英语课程中影响学生自主学习的因素有哪些？③这些影响因素如何影响学生的自主学习？

## 五、本书中自主学习概念的界定

综上所述，我们认为自主学习是一个多维度的概念。在社会发展的不同阶段，人们在不同的理论支撑下，从不同的视角对自主学习有不同的界定。本研究结合我国大学英语教学的实际情况，在当今我国大学英语改革的教育大背景、信息技术极为发达的社会技术背景下，在吸收了行为主义学习理论、认知主义学习理论、建构主义学习理论和人本主义学习理论合理之处的基础上对自主学习进行诠释。我们认为自主学习首先表现的是大脑中一种学习意识，继而具体表现为学习的过程和在学习中表现出来的一种能力。在这一自主学习的过程中，自主学习者能够按照自己的学习需求制订相应的学习目标，并把这些学习需求转化、分解为学习过程中具体的、具有可操作性的步骤，即根据自己的实际情况制订合理的学习计划，选择适合自己的学习内容，能够运用相应的学习策略进行有效的学习，并能够对自己学习过程进行监控，在学习过程结束后可以对自己的学习进行反思与改进。

自主学习时，学习者这个内因起决定性的作用，学习环境等外因作用于内因，通过内因施加“正能量”，使内因更好地起作用。也就是说，学生自己决定是否要自主学习，但是，在学生进行自主学习时，其所在的环境对他们产生各种正面或者负面的影响，从而促进或阻碍其自主学习的成效，这些外部环境因素有许多。比如，学生生长的家庭环境、所在的学校环境，甚至大的社会环境等。本研究中的学习环境特指的是大英学语课程。因此，自主学习意识、学习过程或能力、英语学习环境这三者构成了英语自主学习的概念图（图2-1）。

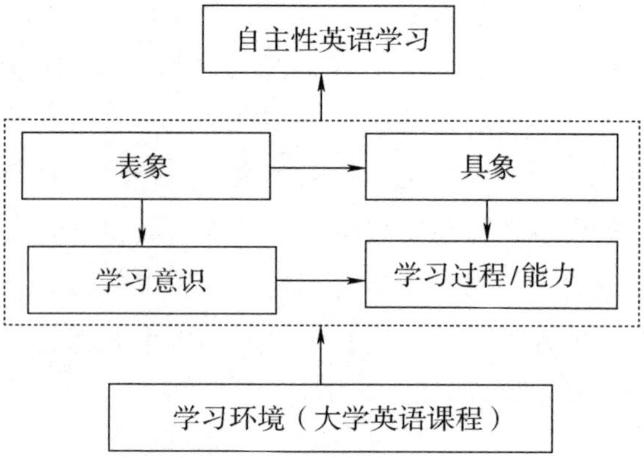


**图2-1　自主学习概念图**

概念图中的学习意识是存在于大学生头脑中的、对自己的学习行为和学习结果的一种责任。学习能力是学习者具有的能够确定学习目标、选择学习内容和方法、评估以及反思学习效果的独立行为能力，包括制订学习计划、选择学习内容、使用学习策略、监督学习过程、反思及改进等内容。英语学习环境是英语教学赖以进行的条件保障，本研究中的学习环境具体指的是大学英语课程。

在大学生英语自主性学习概念图中，学习意识是自主性英语学习形成的基础，它决定了自主学习实施的可能性；学习环境影响自主性学习的成效；学习能力是自主性学习的具体表现形式。学习意识和学习环境之间相互影响、相互促进；学习环境支撑学习能力，为学习能力的培养与提高提供各种机会和便利；学习意识制约学习能力，激励或者限制学习的功效。

### 六、本章小结

本章共分6节，系统地介绍了自主学习的缘起、定义、理论基础、国内外研究概况，以及本研究中自主学习概念的界定，最后是本章小结。自主学习的研究有着非常悠久的历史，国外最早的思想家如夸美纽斯、罗素、第斯多惠、斯宾塞、杜威等都是自主学习教育思想的倡导者，他们的思想为系统的研究自主学习的理论与实践奠定了坚实的思想基础。

自主学习在西方社会产生的社会历史背景表现在教育的政治诉求为自主学习提供了社会条件，经济的快速发展促进了外语人才需求的增加，科学技术的进步为自主学习提供了物质条件，学术理论的不断发展为自主学习提供了理论基础。此外，自主学习概念的提出及其理论与实践在西方外语教学领域的发展是心理学、教育学及语言教学领域综合性研究成果的产物，如人本主义心理学、建构主义心理学、社会认知心理学等学习理论，多学科理论的发展为自主学习理论的诞生与发展奠定了厚实的理论基础，其实践推广模式与特定的物质条件和社会发展背景紧密相连。

新行为主义理论认识到了个体所受刺激与行为反应之间的中间变量（包括需求变量和认知变量），认为它们是行为的实际决定因子，这个认识为自主学习理论的发展奠定了坚实的认识论基础。认知主义学习理论反对简单地从外部刺激的角度来研究学习问题，强调在学习中认知的重要作用，认为学习是学习者运用已有知识同化新信息的认知过程。建构主义学习理论认为学习是知识的建构，而教育要培养受教育者独立思考的能力。建构主义学习理论对教学过程中师生关系做了明确的界定：既强调学习者的主体作用，也不忽视教师的主导作用；教师是意义建构的过程中的帮助者、促进者，不是知识的传授者和灌输者；学生是意义的主动建构者，不是外部刺激的被动接受者和被灌输的对象。人本主义跟建构主义相似，但更注重以人为本，认为每个学习者都有潜在的能力，重视学习者的自主性和自我发展，自主建构知识意义，强调学习者之间的协助合作，强调情感教育。

在国内外研究概况方面，本书从 3 个方面对其进行了综述，并对已有研究进行了述评，提出了本研究的必要性和具体的研究问题。最后，结合自主学习的概念介绍、理论综述、文献综述等给出了本书关于自主学习的工作定义（详见第五节），并对本章进行了小结。

# 第三章

# 大学英语课程中的自主学习

本书在第二章对自主学习进行了理论综述和概念界定，本章将详述何为大学英语课程及其与自主学习相关的因素。本章首先对课程的概念做出解释，并阐述课程设计的基本模式；在此基础上对大学英语课程的概念予以诠释，并阐述大学英语课程设计的模式。在厘清课程相关概念和课程理论之后，通过对比大学英语教学大纲在历时发展过程中所表现出来的特点，展示大学英语课程中对自主学习要求的变迁及其理据，并对大学英语课程中与学生自主学习相关的因素进行探讨。

## 一、课程

课程是教学活动中常用的一个概念，是教育教学活动中的基本要素和核心要素。同时它又是一个使用极其广泛而含义多重的教育学术用语，在不同的社会历史时期、不同的社会条件、不同的研究经验、不同的研究角度下，学术界对课程的理解不尽相同。一方面，这充分表明了课程的复杂特性，每一种对课程的理解都隐含着某种哲学假设和价值取向，隐含着某种意识形态以及对教育的某种信念。另一方面，这种情况也表明课程理论依然不完善，有许多需要进一步研究的地方。

### （一）课程定义

在对课程进行定义时，我们常常会思考课程是什么？课程的目的是什么？课程如何影响教师和学生？艾伦·C. 奥恩斯坦（Allan C. Ornstein）等（2010）认为，课程研究的取向包括行为取向、管理取向、系统取向、学术取向、人文取向和概念重建主义取向，这些不同的取向反映了不同时期课程研究所受到的不同思潮的影响，因而产生了对于课程的不同理解和定义。本研究根据所查阅的文献，总结出对“课程”一词比较有代表性的定义：教学科目、学习者经验、有计划的教学活动、预期的学习结果或目标（见表3-1）。

**表3-1 课程常见的4种定义**

| 定义 | 教学科目 | 学习者经验 | 有计划的教学活动 | 预期的学习结果或目标 |
|---|---|---|---|---|
| 来源 | 《辞海》 | Dewey、Hollis Caswell 和 Doak Campbell | Tyler（2008）、Taba（1962） | 早期北美课程理论 |
| 特征 | 学习内容；知识内容；学科中心主义 | 正规课程；潜在课程 | 教学范围；教学进程；教学方法；教学设计 | 预期的学习结果、目标 |
| 优点 | 学校教育价值；确定不同课程 | 课程目的指向性，限定课程经验，课程评价因素 | 一体化特点 | 有目标的教学 |
| 缺点 | 忽略学生主观能动；忽略教育动态性；忽略师生互动；忽略学校生活经验 | 难以实现；研究课程无从下手 | 窄化课程内涵，忽视学生实际体验 | 计划目标与实际发生之间有差距；学生失去独特个性 |

综合以上对课程定义的理解和分析（表3-1），我们发现，每一种定义都描述或者揭示了课程某一方面的特点，有着各自的优点和局限性。钟启泉、汪霞和王文静的著作《课程与教学论中》（2008：4）将课程定义为：课程是按照一定的教育目的，在教育者有计划、有组织的指导下，受教育者与教育情境相互作用而获得有益于身心发展的全部教育内容。从这个定义可以看出，课程是连接各课程要素（教学目标、教学内容、教育者、受教育者、学习环境）的教育过程。

陈坚林（2010：18）对课程有广义和狭义两种解释。广义的课程指学生在学校获得的全部经验，包括有目的、有计划的学科设置、教学活动、教学进程、课外活动，以及学校环境和氛围对学生的影响。从狭义的角度来说，课程是指各级各类学校为了实现培养目标而开设的学科及其目的、内容、范围、活动、进程等的总和。除此之外，课程还是教学理论、教学方法以及教育技术的具体体现。陈坚林的定义从课程的本质属性、功能属性、组织管理者角度、课程形态、物质动态等方面揭示了课程的属性。本研究结合各个定义的优点，将课程定义为：在一定的教学理论指导下，以教育技术为支撑，使用一定的教学方法，在一定的教学环境中，为了实现一定的教育目的，在教育者和受教育者之间的一种互动过程。

（二）课程设计模式

从 20 世纪 20 年代开始，课程研究开始逐渐成为一门相对独立的学科。课程设计就是指在一定的课程理论或者观念支配下的各种课程要素的选择、组织与安排的方法过程。由于所依赖的理论基础有所不同，课程设计在其发展过程中逐渐形成了不同的模式，其中比较有影响的是目标模式、过程模式、情景模式。本研究根据所查阅的文献，对这 3 种模式的特点对比如下（表 3－2）。

**表 3－2　3 种课程设计模式对比**

| 课程模式 | 目标模式 | 过程模式 | 情景模式 |
|---|---|---|---|
| 理论基础 | 实用主义哲学<br>行为主义心理学 | 结构主义哲学<br>认知心理学 | 文化分析法 |
| 代表人物 | R. W. Tyler | Lawrence Stenhouse | Skilbeck |
| 主要观点 | 4 问题构成课程范式：<br>确定目标<br>选择经验<br>组织内容<br>评价结果<br>将评价引入课程编制 | 教育是过程<br>教育是发展求知能力<br>教学内容反映知识本身<br>课程设计：选择知识和活动<br>学习者主动性、自主性<br>目标、内容不必预先制定 | 课程设计分为 5 个部分：<br>分析情景<br>拟定目标<br>设计“教—学”方案<br>阐明、实施“教—学”方案<br>检查与评价<br>以具体教育单位为基点 |

续表

| 课程模式 | 目标模式 | 过程模式 | 情景模式 |
| --- | --- | --- | --- |
| 局限性 | 忽视学生主动性<br>教学模式易成“刺激—反应”态<br>对有的学科不适用<br>评价模式较为单一 | 对师资要求高<br>学生探究式学习、自主学习能力要求高<br>无可操作模式 | 知识、社会、学生个人兴趣之间无从取舍 |

目标模式是最为经典的课程设计模式，提出4个构成课程范式的4个问题，即确定目标、选择经验、组织内容、评价结果，基本涵盖了课程理论的研究范围，提供了一个课程研究的范式；但是教学中过于强调目标，忽视了学生的主动性。过程模式否定了目标模式在表述课程目标时的机械主义倾向，强调通过合理的课程组织来加强学生对系统知识的学习，发挥学生的自主性和主动性，发展学生的思考力和创造力。然而，过程模式对师资、学生的自主能力要求高，主张用学科结构分析来进行课程设计，忽视了学生需要和社会需要。情景模式把课程设计、发展与更广泛的文化因素和社会因素联系起来，针对单个学校及其教师，以学校为单位通过对情景的全面分析和估计来进行课程设计。这一课程设计模式比较适合于设计以社会问题为中心的课程，但是未能明确地指出如何在知识、社会与学生个人兴趣中进行取舍。在对三种课程模式进行对比之后，我们发现每一种模式都是在不同的社会背景下，以不同的理论假设作为依托，呈现出各自的特点（表3－2），但它们的共同之处是没有从学习者个性化需求的角度来考虑课程设计。

## 二、大学英语课程

“大学英语”在新中国成立后一直被称作“公共英语”，是专门为非英语专业大学生开设的英语课，受当时社会历史因素的影响，公共英语几乎没有什么发展。我国开始实行改革开放政策后，公共英语教学的情况逐渐有了一些改变，从1979年到1985年，是大学英语的恢复期。1986年11月，“中国公共外语教学研究会”更名为“大学外语教学研究会”后，“公共英语”正式更名为“大学英语”。在教育部2007年颁布的《大学英语课程教学要求》（简称《课程要求》）中对大学英语的教学性质和目标规定为：“大学英语教学是高等教育的一个有机组成部分，大学英语课程是大学生的一门必修的基础课程。大学英语是以外语教学理论为指导，以英语语言知识与应用技能、跨文化交际和学习策略为主要内容，并集多种教学模式和教学手段为一体的教学体系。大学英语的教学目标是培养学生的英语综合应用能力，特别是听说能力，使他们在今后学习、工作和社会交往中能用英语有效地进行交际，同时增强其自主学习能力和国际交流的需要。”

（一）大学英语课程定义

大学英语课程对应的英语词汇有“curriculum”和“syllabus”两个，它们都是教育学中很重要的概念。但到底用哪个词表示大学英语课程意思更确切呢？美国教育界认为，curriculum 和 syllabus 没有什么区别，可以等同使用。然而，英国教育界认为，curriculum 指的是一所学校或一种教育制度所要实现的教学内容和目标的总和，而 syllabus 一般是指具体某一科目所包含的具体的教学内容。（陈坚林，2000：73－74）我国教育界为了区别 curriculum 和 syllabus 的不同，则分别用“课程”和“大纲”与之对应。蔡基刚比较清晰地区分了“课程要求”和“教学大纲”，他认为，“课程要求仅仅是指宏观的教学目标、语言标准和教学评估等，而大纲则指具体的教学安排、教学内容和教学方法的选择。两者最大的不同是前者回避了具体的安排，并把统一的教学要求和目标分解到具体的等级目标里去，供不同地区、不同对象根据自己的情况去确定自己要达到的内容等级标准，从而避免了教学大纲提出的统一或单一目标和要求的缺陷”（2006：121）。

《大学英语教学大纲》（2004 年改为《课程要求（试行）》），是教育部为大学教育阶段非英语专业学生研制的语言教育课程，是指导我国大学英语教学的纲领性文件，对大学英语的教学性质、教学目标、教学要求、课程设置、教学模式、教学评估和教学管理做了原则性规定。各高等学校参照《课程要求（试行）》，根据各校的实际情况，制定科学、系统、个性化的大学英语教学大纲，指导本校大学英语教学。

《课程要求》（2007）描述大学英语“是以外语教学理论为指导，以英语语言知识与应用技能、跨文化交际和学习策略为主要内容，并集多种教学模式和教学手段为一体的教学体系”。也就是说，大学英语课程就是以一定的理论为指导，通过多种教学模式和手段来获取语言知识、语言应用技能、跨文化素养以及学习策略的一个教学系统。

（二）大学英语课程设计模式

外语教学不是各种应用语言学理论在课堂中的简单实践，而是与教学相关的多种要素在课堂中的综合反映。外语课程设计就是对这些要素进行整合和管理。因此，一个建立在课程设计基础上的语言教学观是非常必要的，而以系统的课程设计为基础的语言教学也必然是科学合理的。外语课程有其不同于其他学科的特殊性，但它首先是一门教育学科，因此教育学领域的课程设计理论与模式对外语课程设计也具有一定的指导意义和价值，外语课程设计也受到了教育学领域课程设计理论与模式的影响。

1. 传统外语课程设计

传统的外语课程设计受到了“目标模式”的影响，表现出线性流动和条块分割等特点。课程设计过程分课程规划、目标与手段说明、项目执行、教室内的执行4个阶段来进行。这四个阶段以单向线性方式运行，其中前三个阶段由专家就课程设计中的问题进行诊断并产出产品，如政策、大纲、教材等，第四个阶段由教师和学生以教学行为和学习行为来使用产品。在这种模式下，教师和学生处于各级权力决策的最底层，教师通过大纲、教材、培训及其他指令，按照规定的时间和进度进行教授，无法发挥积极性和主动性。学生与教师一样处在最底层，按照老师教授的内容进行学习，积极主动性无从发挥（图3－1）。

2. 整体化外语课程设计

针对传统外语课程设计中各阶段互不衔接而导致的失调现象，约翰逊（Johnson）（1989）提出了整体化课程（coherent curriculum）概念。他认为，应该把课程设计的几个阶段作为一个整体来考虑，各个阶段的决定和结果互为一致、互为补充，学习结果反映课程的规划目标。课程设计是一个开发、修正、再开发、再修正的循环往复过程。整体化课程设计强调参与者的协同合作，此外，约翰逊还对整体化课程目标实现过程中可能存在的若干困难和限制条件进行了讨论。这种模式提出之后，得到了学界的积极响应和广泛认同，但是，由于各阶段参与者不同，对课程的功能理解各不相同，因而对课程有不同的解释。

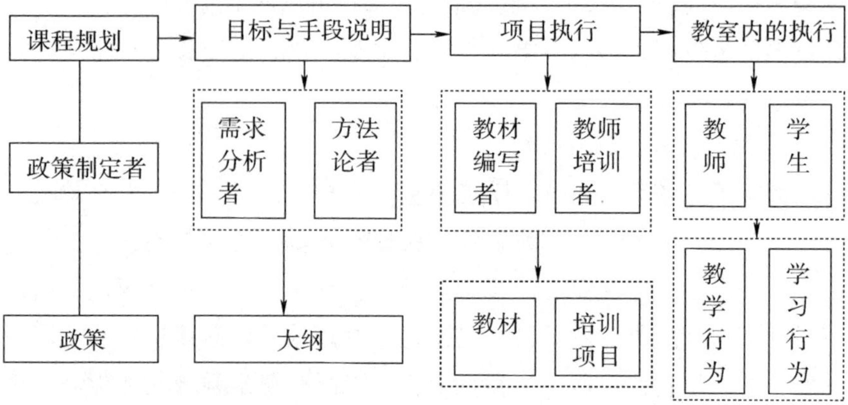


**图 3－1　传统外语课程设计（改编自 R. K. Johnson 1989：13）**

另外，整体化外语课程设计在每个阶段都没有有效的评估方式。

3. 动态化外语课程设计

格雷夫斯（Graves）（2008）进一步分析了传统外语课程设计中的缺陷，在约翰逊理论的基础上，提出了课程是动态化系统（dynamic system）的观点。他认为，在这个动态的系统中，所有要素都是相互联系在一起的，他们之间的非线性关系、相互调整和适应都是常态（图 3－2）。

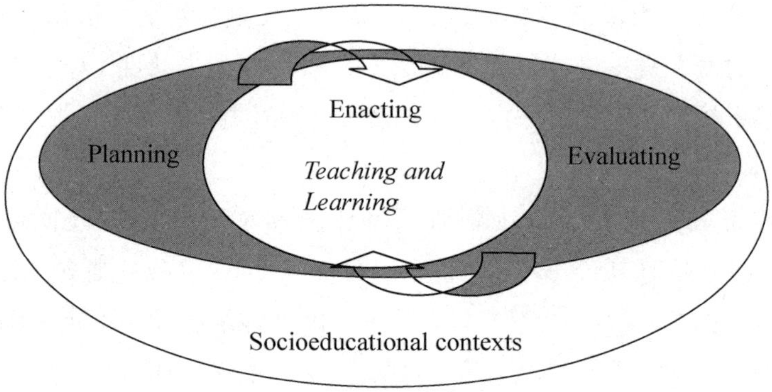


**图 3－2　Graves 的动态化外语课程设计图**

格雷夫斯保留了传统课程设计的 planning、implementing 和 evaluating 3 个环节，但是把中间环节 implementing 的名称改为 enacting，以此显示“教”和

"学"过程中教师和学生的主动性和能动性。3个环节不再是以往的线性发展状态，而是相互联系、相互影响、动态发展的状态。在课程的动态发展过程中，处于核心地位的是教师的教学行为和学生的学习行为，规划和评估均以"教"和"学"的行为为指向并与它密切相连。同时，课程设计的3个环节依存于一定的社会教育情景之中（socioeducational contexts），并由处于这些情景中的相关人员完成各自的环节。格雷夫斯还强调，教师是enacting环节的"总指挥"（orchestrators），对课程的成功起着至关重要的作用。

4. 以学习者为中心的大学英语课程设计原则

以上介绍的3种外语课程设计模式中，传统的外语课程设计模式中4个环节之间互不衔接，呈现出条块状和线性分布的状态，可以说是课程理论发展初期人们对课程设计的认知。整体化的外语课程设计模式把课程设计的几个环节看作一个整体，认为课程设计的过程是一个循环往复的过程，可以看作是人们对课程有了进一步认识，从而不断地改进课程设计方式。动态化模式是在整体化模式上的一个进步，它认为课程设计的3个环节是基于一定的社会情景并考虑到了各环节之间的动态发展关系，是外语教学中可以借鉴使用的比较科学的课程设计模式。可以说，这三种模式是一个纵向发展的关系，都是以目标模式中提出的课程基本范式为基础，包含教学目标、教师、学习者、学习内容、教学评估等课程的基本要素。但是，外语课程设计的这三种模式没有考虑学生个性化需求，在这些课程设计模式中，学生都是一种执行者的状态。虽然过程模式和动态化外语设计模式都强调了学生的主动性，但也不是完全基于学生的需求出发而设计的课程构成。因此，本研究认为在进行大学英语课程设计时要充分考虑信息技术时代学生的个性化需求、自主学习需求，要以学习者为中心来进行课程设计。就此，我们可以在《课程要求（试行）》中找到理论依据："无论是主要基于计算机的听说课程，还是主要基于课堂教学的读写译课程，其设置都要充分体现个性化，考虑不同起点的学生，即既要照顾起点较低学生，又要给基础较好的学生有发展的空间；既能使学生打下扎实的语言基础，又要培养他们较强的实际应用能力尤其是听说写的能力；既要保证学生在整个大学期间的英语语言水平稳步提高，又要有利于学生个性化的学习，以满足他们各自不同的专业发展需要。"

## 三、大学英语课程中对自主学习要求的变迁

20 世纪 80 年代以来，很多国家，特别是发达国家把教育改革作为跨世纪战略的重要组成部分，列入其政府议事日程。在这些教育改革计划中，课程改革被摆在十分重要的地位，成为各国教育界的热点之一。好的课程结构，能给学生提供较为全面、合理的教育内容，从而更加有效、顺利地实施教育目标。大学英语教学大纲是大学英语课程的表现形式，因此，有必要重视大学英语教学大纲，从其发展历史和现状进行研究和分析，找出其中存在的问题，以提高大学英语的教学效果。本书在该章第一、二节中分别阐述了课程以及大学英语课程的理念和几种经典的课程设计模式，接下来，将会从历时角度展现大学英语教学大纲在不同阶段所呈现出的特点、对学生自主学习要求的变迁情况及其理据。

教学大纲是在一定的教学思想和教学理论指导下对教学目标、教学内容、教学要求、教学评估等进行描述和规定的文件。（王守仁，2008）中华人民共和国成立以来，国家教委（原教育部）分别在 20 世纪 60 年代、80 年代、90 年代和 21 世纪初组织专家制定了 4 次大学英语教学大纲。由于受到我国政治、经济和社会历史原因的影响，1962 年大纲制定后基本没怎么执行，对我国外语教学有影响力的是后面的 3 次大纲，因而本研究主要通过这 3 次大纲的演变特点来探寻自主学习的变迁。应该说，这些大纲在不同的历史时期对我国的经济建设、社会发展所需要的外语人才提供了必要的外语教学保障，对大学英语教学质量的提高，对外语教学理论与实践的发展都起了相当大的推动作用。纵观 3 次教学大纲的发展历程，其在教学目标、课程设置、教学模式、教学评估等方面呈现出以下的特点。

（一）第一阶段：1985—1998 年

在 20 世纪 70—80 年代，我国刚刚实行改革开放，经济处于初步发展阶段，社会对英语的要求更多局限于书面交流，而对其作为一个交际工具的需求非常有限，这一时期的英语教学以阅读为主。随着改革开放的深入，经济进一步发展，社会对英语人才的水平需求逐渐提高，其中英语应用能力成为重要评价指标之一。这就要求大学英语在教学目标、课程结构、教学方法等方面都要进行

改革。1985 年和 1986 年，教育部先后颁布了理工科和文科用的两份《大学英语教学大纲》。这两份大纲是在总结新中国成立以来大学外语教学经验和大规模调查的基础上，吸收了国外的语言教学理论，并根据我国国情和高等教育实际情况而制定的。

1. 教学目标

大纲中关于教学目标的描述为："培养学生具有较强的阅读能力、一定的听和译的能力以及初步的写和说的能力，使学生能以英语为工具，获取专业所需要的信息，并为进一步提高英语水平打下较好的基础。"可以看出，大纲在继续强调阅读教学的基础上，第一次把听、译、写、说作为教学目的，这个变化反映了新生的英语入学水平逐年有所提高，也说明了国家对大学英语教学提出了更高的要求。在课程构成中，专门设置了对应与提高听、练、写、说能力的课程，并对每门课的选修做了要求，来保证教学目的的实现。

2. 课程设置

课程设置又称为课程结构，是指在一定课程价值观指导下形成的学校课程体系中各个要素及要素间的组织排列形式以及各要素间的配比关系（罗尧成，2005)。作为课程的核心所在，课程设置是教育思想观念和教学实践之间的桥梁，是培养目标成为现实的载体。大纲把大学英语课程分为基础阶段和提高阶段两个学习阶段，层次明晰，条理清楚，较好地体现了教学目标的要求。基础阶段为大学英语一—四级，分别开设在第一到第四学期，是学生的必修课程，总学时在 240—280，课内外学时比约为 1：2。提高阶段的课程分为综合英语类、语言技能类、专业英语类，开设时间均在第五学期以后，学时在 100—120 小时(表 3－3)。

**表 3－3　1985 年大纲中的课程设置**

| 课程名称 | 开学时间 | 课程类型 | 学时 | 课内外学时比 |
|---|---|---|---|---|
| 大学英语（第一—四级） | 基础阶段（第一—四学期） | 必修 | 240—280 | 1：2 |

续表

| 课程名称 | 开学时间 | 课程类型 | 学时 | 课内外学时比 |
|---|---|---|---|---|
| 大学英语五级（通过第四级者） | 提高阶段（第五学期后） | 选修 | | |
| 大学英语六级（通过第五级者） | 同上 | | | |
| 英语高级阅读（通过第六级者） | 同上 | | | |
| 英汉翻译技巧（至少通过第四级者） | 同上 | | | |
| 英语听力（通过第六级者） | 同上 | | | |
| 英语会话（通过第六级者） | 同上 | | | |
| 英语写作（通过第六级者） | 同上 | | | |
| 第二外国语（通过第六级且成绩优异者） | 同上 | | | |
| 专业阅读 | 第五—七学期 | 必修 | 100—120 | |

来源：1985 年教育部颁发的《大学英语教学大纲》。

可以看出，大纲在提高阶段设置了目标明确的选修课程，以提高学生英语读、听、写、说、译 5 个方面的能力。然而，以大纲为标准的课程构成在实际教学中却存在着一些问题。首先，旨在发展学生语言实际应用能力的选修课程，如英汉翻译技巧、英语写作等都安排在基础阶段之后。我国绝大部分高校限于管理、设备、师资力量不足等原因，难以成立面向全体学生的语言技能选修课；此外，由于全国四级统考安排在基础阶段之后，整个基础阶段的大学英语教学实际上是围绕四级统考进行的。其结果是，课程构成中的选修课名存实亡，学生始终摆脱不了应试教育的樊笼。实际上，在基础阶段就只有一门包罗万象的基础英语课程——大学英语精读。精读教学重语言知识而轻技能训练。在这样的教学下，学生的语言交际能力差是必然的结果。其次，三、四年级的大学英语课程目的不明。既有发展语言能力的选修课，又有专业英语阅读课，且是必修课。把通用英语和专门用途英语安排在同一阶段，不仅加重了通用英语的教学的压力，而且客观上又抑制了专业英语的发展。随着对外开放的不断深入，市场对学生英语交际水平的要求较以往更高，且产生了不同层次的英语水平的需求。这些影响在 1999 年的大纲中有明显的体现。

3. 教学模式

教学模式是指在一定的教学思想或教学理论指导下为了达到设定的教学目标而建立起来的教学活动框架体系。（王守仁，2008）受传统外语课程设计模式影响，长期以来，我国外语教学一直采用传统讲授型教学模式，也就是教师以黑板、粉笔、教材为媒体来讲课，学生通过预习、听课、记笔记、背诵、做练习、复习、考试的方式来学习。教师讲课占据英语教学的大部分时间，教师是知识的传授者，在英语教学中占据着非常重要的地位；学生是知识的接受者，很少有机会参与课堂活动。这种教学模式的优点是学生可以系统地获取某一方面的知识，缺点是不能充分调动学生的积极性和主动性。随着社会发展对英语人才需求的变化，交互型教学模式应运而生。

20 世纪 80 年代以来，由于受到国外交际教学法的影响，我国外语教学开始尝试交互型教学模式，其特点是英语教学以学生为主体、为中心；教师的作用是设计课程、布置任务、组织协调等；课堂上学生通过双人对练、小组讨论、辩论、角色扮演、语言游戏等活动参与课堂。交互模式主张让学生通过实践获得语言知识，强调师生、生生之间的互动，但是对教师的课堂组织能力有较高的要求，如果课堂组织不好，就会适得其反；如果班级过大、人数过多，实际交换很难进行起来。鉴于实际情况的限制，交互型教学大多应用在外语专业教学中，大学英语教学则因为班级过大、师资水平等原因无法大规模展开。因此，实际上我国大学英语教学模式在很长时间内还是延续着传统的讲授型模式。

4. 教学评估

教学评估的理念最早是由弗雷德里克·温斯洛·泰勒（Frederich Winslow Taylor）（1911）提出的，他认为考试的目的是了解学生学习的进步程度。评估是任何教学活动必不可少的组成部分，教学离不开评估，科学的评估可以为教学提供良好的反馈，帮助教师和学生了解教学结果，改进教学方法，提高教学质量。（王守仁，2008）教学评估是《课程要求》中一个重要的组成部分，全面、客观、科学、准确的评估体系对于实现教学目标至关重要，既是教师获得教学反馈信息、改进教育质量的依据，又是学生调整学习方法、提高学习效果的手段。利昂（Leung）和默汉（Mohan）（2004：336）认为，教学评估不仅包括以标准化考试为代表的终结性评价（summative evaluation），也包括以学习为目的、注重学习过程的形成性评估（formative evaluation）。也就是说，对学生学习的评估分为终结性评估和形成性评估两种，其中终结性评估是指一个教学阶段结束之后对学生学习成果进行的评价，主要是以期末考试或者水平考试的形式来体现；形成性评估关注的是学生的学习过程，采用多种评估手段和形式跟踪教学过程，反馈教学信息，促进学生综合能力发展。

与这一阶段的讲授型教学模式相对应，教学评估方式采取终结性评估方式，以教学效果作为评估内容对学生水平和教学成果进行考核，在教学中对学生的考核一般采取期中考试和期末考试的方式进行。为了检测我国非英语专业在校大学生经过大学英语课程教学后的语言应用能力，大学英语四、六级考试应运而生。作为终结性评估的主要手段之一，大学英语四、六级考试在实行之初对我国大学英语教学起到了积极的推动作用。

5. 自主学习的表现情况

由于这一时期的教学目标主要是培养学生的阅读能力，采用的是传统的教学模式，教师是教学中知识的传授者，占据主导地位，是教学活动的中心；学生是教学中知识的接受者，处于被动的地位，无法发挥主动性。虽然交互模式主张以学生为主体，强调师生、生生互动，但由于我国大学英语课堂的班级过大、教师的理论知识储备不足、课堂组织达不到效果等原因，实际上并没有得到实施，我国大学英语教学依然是传统教学模式。另外，终结性的评估方式使得学生在学习时以考试为导向，关注考试结果，只是针对考试中出现的问题进行相应方面的训练和学习。因此，这一阶段可以说是自主学习没有出现的阶段。

（二）第二阶段：1999—2003 年

随着对外开放不断深入，我国经济发展迅速，外国企业和跨国公司不断进入中国。这些企业对于人才交际水平的要求比以往更高。对于理工科的学生来说，企业和市场对他们的英语水平要求已经不再像以往那样低于文科生的要求，而是对他们提出了和文科生同等的要求，即理工科的学生英语水平不能仅仅停留在基本的阅读和书面表达上，还应具备较好的语言交际能力。1988 年教育部成立项目组对1985年与1986年的《大纲》进行修订并于1999年颁布了《大学英语教学大纲》，这个大纲不分文理科和理工科，而是针对全国各类高校的本科生，提出了“四年不断线”的原则，并把专业阅读改为专业英语。同时，该大纲还提出了分类指导的原则，在教学内容安排上向两头延伸，高低兼顾，一纲多用。1999年出台的第二部《大学英语教学大纲》将原有的“理工科大纲”和“文科大纲”合二为一。

1. 教学目标

本次大纲的教学目标是“培养学生具有较强的阅读能力和一定的听、说、写、译能力，使他们能用英语交流信息。大学英语教学应帮助学生打下扎实的语言基础，掌握良好的语言学习方法，提高文化素养，以适应社会发展和经济建设的需要”。可以看出，本次大纲明确提出了使学生能用英语交流信息，说明了这一时期在英语教学方面对听说要求的提高。

2. 课程设置

1999年大纲（表3-4）总体基本沿用了1985年大纲，不同之处表现在以下几个方面。在提高阶段前面加上了应用两个字，可以看出这一版大纲对培养语言的应用能力的强调。在总学时要求方面，变为不少于280学时，这是由于1999年起我国大学英语大规模扩招，学生的英语水平参差不齐，所以大纲对于基础阶段的课时要求有了一定的增加。在应用提高阶段对于课程类别进行了较为明确的分类，课程种类也增加了许多。应用提高阶段的课程分为高级英语类和专业英语类，开设时间依然是第五学期以后。高级英语类包括英美文化、英美文学欣赏、英语口语、翻译技巧、报刊选读、高级阅读、高级写作；专业英语类包括专业英语、英文摘要写作、专业英语资料翻译、专业英语文献阅读等课程。

**表3-4　1999年大纲中的课程设置**

| 课程阶段 | 课程名称 | 类型 | 开学时间 | 学时 | 课内外学习时数 |
|---|---|---|---|---|---|
| 基础阶段 | 大学英语 | 必修 | 第一—四学期 | 不少于280学时，每周应不低于4学时 | 不低于1：2 |

续表

<table>
<tr><th colspan="2">课程阶段</th><th>课程名称</th><th>类型</th><th>开学时间</th><th>学时</th><th>课内外学习时数</th></tr>
<tr><td rowspan="11">应用提高阶段</td><td rowspan="7">高级英语</td><td>英美文化</td><td rowspan="7">选修</td><td rowspan="7">第五学期以后</td><td rowspan="7"></td><td rowspan="7"></td></tr>
<tr><td>英美文学欣赏</td></tr>
<tr><td>英语口译</td></tr>
<tr><td>翻译技巧</td></tr>
<tr><td>报刊选读</td></tr>
<tr><td>高级阅读</td></tr>
<tr><td>高级写作</td></tr>
<tr><td rowspan="4">专业英语</td><td>专业英语</td><td>必修</td><td>第五—第七学期</td><td>教学时应不少于 100 学时，每周 2 学时</td><td>不低于 1：2</td></tr>
<tr><td>英文摘要写作</td><td rowspan="3">选修</td><td rowspan="3">第八学期</td><td rowspan="3"></td><td rowspan="3"></td></tr>
<tr><td>专业英语资料翻译</td></tr>
<tr><td>专业英语文献阅读</td></tr>
</table>

来源：1999 年《大学英语教学大纲》。

很明显，这一时期选修课种类增多，尤其是增加了语言文化类的课程，如英美文化、英美文学欣赏。专业英语课程方面除了必修课，还增加专业英语文献阅读、专业英语资料翻译和英文摘要写作等选修课。这一课程设置的变化，体现出大学英语教学中开始介入通识英语教学。这一课程构成基本上符合我国高校的实际情况，也对大学英语教学做出了较好的指导。但随着我国高校大学英语教育的进一步发展和调整，这种课程构成逐渐暴露出一些缺陷。首先，部分选修课仍然形同虚设。1999 年起，我国高校开始大规模扩招，这使得本身就师资力量紧缺的各大高校更显捉襟见肘，加上管理水平、设备提供方面的不足，能开出选修课的高校，也不过少数，因而选修课对学生而言还只能是“镜中月，水中花”。另外，专业英语任课教师的专业知识储备及其师资有限的现实情况不可能在短时间里改变的现状，也限制了理论上看似会有好结果的专业英语课程设置。

3. 教学模式

20 世纪 90 年代后，现代教育技术引入我国，计算机辅助教学模式在国内得到迅速发展，当时的国务院副总理李岚清提出“要采用先进的电化教学手段，编制计算机教学软件”（李岚清，1996）。1999 年 5 月我国高校开始进行大规模的扩招，为了应对扩招带来的对师资紧缺的挑战，顺应世界教育科技的发展，《面向 21 世纪教育振兴行动计划》把教育网络和基础设施建设、高质量教育软件开发作为重要建设内容。2001 年 8 月在教育部印发的《关于加强高等学校本科教学工作，提高教学质量的若干意见》中，提出：“应用现代信息技术，是提高本科教学质量的重要手段和措施。”世纪之交，计算机网络技术被引入大学英语教学，为大学英语教学新模式的出现提供了必要的技术条件。

然而在具体的英语教学中，计算机在教学中只起到了辅助的作用，这一阶段的教学模式还是传统的以教师为中心的教授型模式。

4. 教学评估

这一阶段教学模式方面虽然添加了计算机辅助教学的新元素，但依然是传统的教师为中心的讲授型教学，与之相对应，评估方式也以终结性为主，对学生的考核采取考试的方式进行，学生依然是为了考试而学习。四六级考试在经过了初步的发展后，开始改革考试内容和题型，如增加简短问答、复合式听写、英译汉等题型来引导教师在教学过程中重视学生语言表达能力的培养，同时调动学生的学习积极性，提高学生的语言实际应用能力。1999 年开始实行的四、六级口语考试，标志着它可以进行全面的听、说、读、写能力的检测，但实际上由于人力、物力等原因的限制，四、六级口语考试远远不能满足学生的需求。

5. 自主学习的表现情况

由于这一时期的教学模式本质上还是传统的教学模式，所以在教学中，教师依然占据主导地位，学生处于被动接受的地位。如果学习者主动性得不到发挥，就谈不上自主学习。在教学评估方式方面，虽然四、六级考试不断进行内容变革，以更好地反作用于英语教学，使教学能够激发学习者的积极性，教师能够培养学生的语言综合运用能力，但是考试的本质决定了它是对学习结果的检测，而不是对学习过程的关注。因此，这一阶段自主学习依然没有出现。但是，由于扩招带来的师生配比的严重不足、课堂教学的有限性等原因使得学生自主学习成为一种必要，而信息技术的迅速发展以及在教学中的使用为学习者自主提供了必备的物质条件。

（三）第三阶段：2004 年至今

2001 年年底，中国加入世界贸易组织（WTO）。这一历史事件对中国的经济发展有着深远的影响。此后，中国的经济与世界经济更加紧密地联系在了一起。在这种经济环境下，英语在国际交往中所起的重要作用比以往更加凸显。社会经济发展所要求的英语人才不仅仅是单纯地具备良好的英语交际能力，还要求掌握相关专业的英语知识，也就是说，社会要求的是复合型的人才。此外，不同地区、不同行业对于英语人才的要求也不相同。社会的迅速发展使教育不得不很快做出相应的反应。距第二次教学大纲仅仅 4 年，教育部在 2004 年又颁布了新的《课程要求（试行）》，并于 2007 年正式颁布。

1. 教学目标

这一时期的教学目标为“培养学生英语综合应用能力，特别是听说能力，使他们在今后工作和社会交往中能用英语有效地进行口头和书面的信息交流，同时增强其自主学习能力、提高综合文化素养，以适应我国经济发展和国际交流的需要”。大纲的教学目标去掉了培养学生阅读能力的提法，直接表明要培养学生的英语综合应用能力；清晰地提出了要培养学生的听说能力；培养学生“与专业学习相关的英语语言能力”；然后又强调了增强学生自主学习能力，提高综合文化素养。

2. 课程设置

为了适应高等教育发展的新形势，教育部在 2003 年进行了大学英语教学改革，制定《课程要求》，并于 2004 年 1 月颁发试行稿，2007 年正式颁发。《课程要求》放弃了历次大纲将大学英语分为两个阶段的传统，不再把课程分为基础阶段和提高阶段，而是把教学要求统一划分为三个层次：一般要求、较高要求和更高要求。每个大学生都要达到一般要求规定的目标，较高要求和更高要求是给那些学有余力、基础较好的学生提供的选择。这说明，从教学要求方面开始进一步关注不同学生的需求。

由于我国高校地区差异较大，此次的《课程要求》并未像前两次大纲一样，给出较为具体的课程名称，而是将大学英语课程分为综合英语类、语言技能类、语言应用类、语言文化类和专业英语类5个部分，形成了一个必修课和选修课程有机结合的课程体系，以确保不同层次的学生在英语应用能力方面得到充分的训练和提高。在教学实践中，由于我国民族和地域差别以及各地经济和教育发展的不平衡，各高校自身的特点不同，其英语课程构成又有自己的特点。大学英语课程构成不再是统一要求，而是向个性化发展；不再呈现单一性，而是向多样化发展；课程注重培养学生的学习兴趣，发展其自主学习的能力。课程构成充分体现了尊重学生个体差异和学习自由的教育观念。

3. 教学模式

2004年的《课程要求》定义新模式："基于计算机和课堂的英语教育模式强调个性化学习与自主学习，并充分发挥计算机可以帮助个体学习者反复进行训练，尤其是听说训练的功能，结合教师课堂讲授和辅导，使学生可在老师的辅导下，根据自己的特点、水平、时间，选择适合的学习内容和方法，借助计算机，较快地提高英语综合应用能力，达到最佳学习效果。"

新的教学模式对师生关系有了新的诠释，强调要"调动教师和学生两个方面的积极性，尤其要体现学生在教学过程中的主体地位和教师在教学过程中的主导作用"，发挥教师和学生的双向作用。另外，新模式强调学生的个性化学习与自主学习，大力挖掘学生的学习潜力，把英语学习延展到课堂以外，要求各高校为学生的英语学习提供网络技术支撑。而且，新的教学模式明确了信息技术在大学生自主学习中的重要作用，从教学模式上体现了自主学习的中心地位。

4. 教学评估

拉尔夫·泰勒（Ralph Tyler）（1930）提出，评估的核心是评价教学目的完成情况，而不是用于区分、鉴别学生。形成性评估可以变被动的结果性考评为主动的过程性和发展性考量，特别有利于对学生自主学习过程进行有效监控，尤其在基于计算机和课堂的教学模式中发挥重要作用。形成性评估的手段包括学生自评、学生之间的互评、教师对学生的评估等，具体可以采用对课堂活动和课外活动的记录、网上自主学习记录、学习档案袋、访谈等形式对学生进行考查、评价、监督，促进学生有效学习。（王华、富长洪，2006）

近年来，国内研究者开发并尝试使用各种教学评估方法，设计了适合所在院校的教学评估方法，大学外语指导委员会于2006年12月至2007年1月对1985名教师和4487名学生的网络问卷调查结果也表明，调查对象对于终结性评估和形成性评估相结合的方式持十分肯定的态度。针对我国大学英语课程设计现状、教学评估现状分析，我国教学评估改革的方向是建立大学英语综合评估体系，实现评估主体和评估内容多元化、评估手段多样化、评估功能多重性，充分发挥评估对教学的反拨作用。建立综合评估体系的关键是确立先进的评估理念，大学英语教学综合评估体系是要从根本上改变以考代评的评估目的，突出以评促教、以评促学的指导思想。具体说来，大学英语作为高等教育最重要的基础课之一，其评估应该努力实现诊断、导向、激励、改进、鉴定、咨询决策等高等教育评估的6大功能，全面鉴定学生各方面的能力，跟踪教学过程，鼓励教学的进步和提高，诊断教学中的问题和困难，以便更好地引导教学，为教学决策提供依据，为改进课程和教学服务。(顾明远，2006)

在大学英语四、六级实施的20年间，为了适应社会需求的变化，更好地促进大学英语教学，四、六级考试进行了3个阶段的改革，包括考试开发阶段(1987—1995年)、考试发展阶段（1996—2002年)、考试不断完善阶段（2003年至今)。2007年以来，考委会开始研发基于网络的四、六级考试，即从考试报名、组织题库开发到实施考试全程使用信息化管理，提高考试的公正性、公平性和信息化水平。尽管四、六级考试可以客观、公正地反映出学生的英语水平，但是它无法反映出我国高校的地区差异，学生的水平层次不一，不同教学要求、师资力量、教学模式、学时等教学环境因素的影响。

5. 自主学习的表现情况

这一时期的教学目标直接提出要培养大学生的自主学习能力；课程设置方面从固定课程到松绑课程，以适应我国高校层次、类别不同的情况，为满足学生个性化学习需求提供了可能；基于计算机和课堂的新教学模式强调个性化和自主学习；形成性评估更适合于新的教学模式。但我们也不能完全弃用终结性评估，而是要结合两种评估方式的优点，更好地完成对教学的反拨作用，促进学习者自主学习。教学大纲发展的第三阶段自主学习开始蓬勃发展，我国外语界开始对自主学习进行大量研究。

（四）自主学习变迁小结

从三个阶段大纲的表述可以看到，大学英语课程目标从要求学生掌握具体的语言技能，如阅读、听、写、说、译到培养英语综合应用能力，还有自主学习能力，提高其综合文化素质，从总体上体现出更为宏观化的趋势。2004 年《课程要求（试行）》第一次明确提出要“增强其自主学习能力”，可以看出，进行大学英语教学改革之后，在学生的自主学习能力方面开始有了明确的要求。2007 年《课程要求》中把促进学生自主学习能力的发展放到了一个非常重要的位置，多处提到要培养学生的自主学习能力。回顾大学英语课程构成的演变历程发现，基础阶段的必修课正逐步减弱；反之，提高阶段的选修课和专业英语课程日益加强。总体上课程设置经历了从单一到多样、从简单到复杂、从固定课程到松绑课程的发展变化过程。课程设置的松绑化，使得各高校在一定程度上可以根据自身特点设置符合自身需求的课程，也使得学生的个性化需求实现的可能性增大，进一步凸显了培养学习者自主性的重要性。教学模式由传统模式向计算机和课堂整合的方式转变，新的教学模式强调个性化学习和自主学习，这使得自主学习的理念开始在教学中得以实行。大学英语教学评估由最初的终结性评估为主导，逐渐转向形成性评估和综合性评估并用的多元化状态，以评估方式促进大学生自主学习的理念初步形成。

**四、大学英语课程中影响自主学习的因素**

在对自主学习、大学英语课程这两个概念进行了系统地阐述后，我们将开始探寻当前大学英语课程中跟学生自主学习相关的因素。从本章前三节的论述中，我们得知外语课程设计模式的发展经历了传统模式、整体化模式、动态化模式，但无论哪种模式都是以目标模式提出的课程设计范式为基础，即确定目标、执行过程、评价结果。执行过程又可以解释为根据学习内容，使用合适的教学模式进行教学的过程。因此，在实现课程目标的过程中，教学内容、教学模式、评估方式就成为构成课程的基本要素。本研究将从教学目标、教学内容、教学模式、评估方式这几个方面来探讨其影响学生自主学习的因素。

（一）教学目标

教学目标是指教学活动实施的方向和预期达成的结果，是一切教学活动的出发点和最终归宿（陈坚林，2010）。有什么样的教学目标，就会选择相应的教学内容。换句话说，教学内容是教育思想观念和教学实践之间的桥梁，是教学目标得以实现的现实载体。为了达成教学目标，在进行教学时，就要建立一定的教学模式，而一个有效的教学模式也会促进教学目标的实现。全面、客观、科学、准确的评估体系对于实现教学目标至关重要，既是教师获得教学反馈信息、改进教育质量的依据，又是学生调整学习方法、提高学习效果的手段。可见，教学目标和教学内容、教学模式、教学评估之间是一种双向互动、互相影响的关系。从大学英语教学大纲的演变来看，大学英语教学目标对学生的自主学习能力的要求有了提高，把“增强学生的自主学习能力”作为一项培养目标。围绕着这一培养目标，相应地在教学内容的安排、教学模式的选择、教学评估的方式方面也会随之改变。

（二）教学内容

教学内容是教学与学习的相互作用过程中有意传递的信息，主要包括设置什么样的课程和使用什么样的教材两个方面。以下分别从课程设置和教材两个方面来阐述它们与自主学习的关系。

1. 课程设置

通过大学英语教学大纲，我们得知，大学英语课程设置呈现出松绑化的状态。在1985年大纲和1999年大纲中，课程设置的部分都有具体的科目要求；而从2004年的《课程要求（试行）》开始不再规定具体的要求，而是让各个高校根据自己的实际情况，按照一般要求、较高要求、更高要求这个三级目标来确定本校的大学英语教学目标，并以此为依据设计自己的大学英语课程体系。“该课程体系不仅要包括传统的面授课程，更要注重开发基于计算机或网络的大学英语课程，将综合英语类、语言技能类、语言应用类、语言文化类和专业英语类等必修课程和选修课程有机结合，形成一个完整的大学英语课程体系，以确保不同层次的学生在英语应用能力方面得到充分的训练和提高。”《课程要求》进一步指出，大学英语课程在培养学生的英语综合应用能力和“与专业相关的英语语言能力”的同时要重视学生综合文化素养的提高。在课程设置部分对此做了明确陈述：“大学英语课程不仅是一门语言基础课程，也是拓宽知识、了解世界文化的素质教育课程，兼有工具性和人文性。”这体现了英语学习的“工具观”向“二观（工具观和人文观）”并举的思想转变，也符合教育部提出的“全面推进素质教育”的要求，意味着大学英语教学除了包括语言知识、语言技能之外，还要包括人文素质教育。

同时，在英语教育教学研究中，还存在另一种课程分类方法，即通用英语（General English，简写为 GE）、通识英语（English for General Education，EGE）和专门用途英语（English for Specific Purposes，ESP）。这两种课程分类看似不同，其实对比之后，我们发现，综合英语类课程、语言技能类课程主要是为了实现“夯实英语语言知识，培养英语综合应用能力”的目标，这类课程通常被称为通用英语；语言文化类课程的主要目标是提高学生的综合文化素养，这也是通识英语开设的主要目的；专业英语类课程的主要目标是培养学生“与专业学习相关的英语语言能力”，而专门用途英语也是基于此目的设置的（图 3－3）。

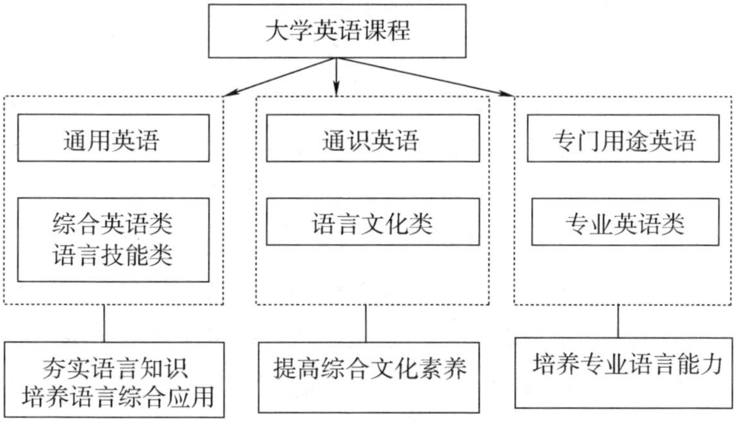


**图 3－3　大学英语课程设置分类图**

当前，大学英语教学正处于改革的“十字路口”（束定芳，2013；沈骑，2014），大学英语学分的压缩和去外语化观点的提出表明大学英语教学面临着深刻的生存危机（蔡基刚，2013；2014），是否要用专门用途英语（ESP）尤其是学术英语（EAP）替代通用英语（EGP）、学术英语是否符合我国大学生的实际需求、学术英语是否适用于全国大学英语教学等议题成为业内争论最激烈的议题。（文秋芳，2014；蔡基刚，2014；王守仁，2013；束定芳，2012：2013）

（1）通用英语与专门用途英语

哈钦森和沃特斯（Hutchinson & Waters）（1987）把外语教学分为通用英 GE（General English）语或基础英语 EGP（English for General Purposes）和专门用途英语 ESP（English for Specific Purposes）两大类。通用英语就是我们通常说的大学英语的基础英语，或者综合英语，教学内容主要以语法、词汇为核心，主要目的是为了夯实学生的语言基础知识，通过训练学生听、说、读、写、译等方面的能力来培养其语言的综合应用能力，以便他们在今后的工作或生活中能够用英语有效地交流信息或者汲取信息。专门用途英语 ESP 是指“与某种特定职业或学科相关的英语，是根据学习者的特定目的和需要而开设的英语课程”（哈钦森、沃特斯，1987），又可以分为学术英语（English for Academic Purposes，EAP）和行业英语（English for Occupational Purposes，EOP）。

通用英语教学在我国社会发展的不同历史阶段，对我国社会、经济发展中所需外语人才的培养起着至关重要的作用。目前，我国高校一般都使用分级教学的方式，通用英语教学在各高校依然存在，但是不同级别的学生学习的比重有所不同，完成一学期或者两学期的语言能力训练之后，然后进入各种门类的选修课阶段。有的学者认为大学英语教学应该取消通用英语，直接代之以专门用途英语（蔡基刚，2004、2007、2010），其原因基于以下几点。

学生发展需求。学生需求包括学生学习专业知识的需求和学生发展的需求两个方面。学生学习专业知识的需求是基于 2009 年教育部在各高校力推的全英语课程以满足高等教育国际化进程的要求。随着更多留学生来华，中国学生和国际学生同堂上课会逐渐成为一种常态，因此，中国学生需要具备用英语来学习本专业知识的能力，专门用途英语正是通往全英语课程的桥梁（蔡基刚，2010；叶云屏，2011）。满足学生需求的另外一方面是说绝大多数学生在中学已经打了 6 年的基础，如果上大学继续打基础，会导致学生失去兴趣，可能还会导致厌学甚至逃课的情况（蔡基刚，2010）。

高等教育国际化需求。这里面也包括两层含义，其一，如果我们说大学要和国际接轨，那么他们的公共英语教学内容是 ESP 教学，比如美国、英语、日本等国家开设的公共英语教学内容，所以我们就应该也是 ESP 教学。（蔡基刚，2010）其二，根据教育部 2011 年 9 月的统计数据，我国经过批准的中外合作办学性质的大学已有42所，专业589个，而且还要吸引更多的世界一流专家来我国从事教学、科研等工作，提高高等学校聘任外籍教师的比例，其目的是“适应国家经济社会对外开放的要求，培养大批具有国际视野、通晓国际规则、能够参与国际事务和国际竞争的国际化人才”（蔡基刚，2004：2012）。

对于以上两方面的依据，我们分析一下不难发现这些理由并不充分。第一，我国大学生总体英语水平比以前高了，而且《普通高中英语课程标准》中第九级教学目标和《课程要求》中一般要求的规定几乎没有差别，但是，要求掌握词汇量的增加不代表学生词汇量真的就增加了，即使是词汇量真的增加了，也不代表英语水平就真的提高了。这一点从本研究所调查高校的情况可以验证，某985高校一年级新生进行分级考试后，能够直接进入三级学习（直接上提高班选修课）的人数达不到10%的比例。现实情况是，由于生源地的不同，很多学生英语基础非常差，老师甚至需要给他们上语法课。至于留学生来华，中外学生共同上课，所占数目甚少，对大多数高校和大多数学生而言，显然条件还不具备。

第二，说到我国高等教育国际化的需求，42所中外合办高校占高校总数3.8%，比例很小，不足以说明问题。（王守仁，2011）而中外合作办学的专业大多数采取“2+2”或者“1+2+1”的模式，有些合作办学甚至是“雷声大、雨点小”，是吸引生源的噱头，实际真正能够出去的学生很少。而且，中外合作办学有不少还是外语类专业。

因此，在大学英语教学中，我们不能简单地用专门用途英语来代替通用英语。关于大学英语课程设置之争还有另外一方面，那就是通识英语与专门用途英语之间谁去谁留的问题，下面就此进行讨论。

（2）通识英语与专门用途英语

通识教育英语（English for Liberal Education，ELE）的理念来自通识教育（general education），而后者的理念起源于古希腊，称为博雅教育（liberal education），又称为自由教育、文雅教育。通识教育英语是近几年大学英语改革过程中出现的新说法。纵观国内外教育发展史，几乎没有使用外语作为教学语言实现通识教育的先例。（陈坚林等，2011）目前，学界对于通识教育也没有什么明确的界定。关于课程设置争论的最核心之处就是这两者之间的争辩。

蔡基刚（2010）认为根据哈钦森和沃特斯的分类，根本就不存在通识英语这个说法，而且根据罗索夫斯（1996）对通识教育课程的定义："通识教育课程的目的在于确保知识的广度和平衡，使个人获得全面发展"，通识教育是不分专业的教育，内容涉及历史、哲学、艺术、文学、社会、自然科学等方方面面的博雅知识。他认为通识教育应该放在学校公共平台上为所有专业的学生开设。他认为，国内学术界通识英语教育的提出有3个背景：通识教育的大环境；大学基础英语压缩的需要；目前大学英语教育观念和教师的专业背景的制约。并且他从课程设置与教学理论来质疑通识英语称谓的合理性，从课程设置与英语教学目的来质疑通识英语开设的合理性，从课程设置与社会、学生的需要来说明开设专门用途英语的必要性，从课程设置的有效性来说明开设通识英语的不合理性。

对于上述课程设置的质疑，我们认为课程设置的目的不光是工具性，而且还要兼顾人文性，即不光培养学生语言应用能力，还要培养其综合文化素养。课程是教育理念得以实现的载体，而教育的根本是全人思想，不是工具性为主旨。对于称谓方面的质疑，我们认为通识英语是最近几年我国外语界开始探讨的话题，虽然还没有明确的界定，但是大家可以探讨，不能仅以个别学者的分类标准就判定这个称谓的不合理性。比如，顾世民和马武林就分别从宏观和微观的角度对通识英语进行了简单的界定。顾世民（2011）比较全面地概括了通识教育的概念之后给出一个简明的界定："通识教育英语就是以英语为媒介语言进行通识教育的课程。"马武林（2011）对通识教育英语做了如下定义："大学英语通识教育就是给具备扎实英语语言功底的非英语专业大学生以英语为教和学的语言开设的一批高质量的世界各国文化为内容的英语课程。对学生的要求则和学校层面上的通识教育基本一样，但降低了对经典文献的阅读要求。"顾世民运用通识教育的理念来界定通识英语，把英语这门语言作为进行通识教育的媒介；马武林则具体化了通识英语的含义。此外，吴鼎民等（2010）提出大学英语"三套车"课程内容框架，把英语语言、中外文化、多学科知识融为一体作为大学英语的教学内容，把大学英语课程改造为英语学习和技能训练、跨文化交际以及通过英语获取多学科基础知识的、综合性的、多功能的课程。可以看出，吴鼎民等主张把语言、文化、专业三者进行融合来进行外语教学。

（3）课程设置与自主学习

结合上述的讨论，我们认为专门用途英语既不能取代通用英语教学，也不能取代通识英语教学而成为中国外语教学的一言堂。开设什么样的课程要根据学生的真实需求，充分满足学生的个性化需求和自主学习的要求。

科特尔（1995）认为学习者参与对学习内容的选择和决策可以使他们在学习中感到更安全，会有力地促进其自主学习行为的发生。在本章第二节，我们提出了以学习者为中心的外语课程设计原则，即外语教学活动要以“学习者为中心”，满足学习者的个性化需求，赋予学习者对自己的学习内容做出选择的权利，只有这样才能使他们有意愿学习，并为自己的学习承担责任，从而实现自主学习。

以学习者为中心的外语课程设计原则的根本目的就是最大限度满足学习者的个性化需求，学生可以根据自己的实际水平、现实需要、兴趣来选择学习时间、地点、学习内容。《课程要求》中对此也有陈述：“基于计算机和课堂的英语教学模式可以使英语的教和学在一定程度上不受时间和地点的限制，朝着个性化和自主学习的方向发展。教学模式改革的目的之一就是促进学生个性化学习方法的形成和学生自主学习能力的发展，可以使学生选择适合自己的材料和方法进行学习，获得学习策略的指导，逐步提高自主学习的能力。”

2. 教材

对于教材，可以从狭义和广义两个角度来理解。狭义概念的教材指的是教科书。广义概念的教材指的是学校在教学中所使用的所有媒体资料，包括教科书以及配套使用的印刷资料、多媒体音像资料，以及通过网络形式呈现的各种教学材料。本研究所说的教材指的是对于教材在狭义上的理解。

（1）大学英语教材概述

教材在大学英语教学中起着至关重要的作用。它是教学大纲的具体表现，是教学活动得以进行的保障，是教师进行教学活动的依据，是学生进行学习活动的根源。由于受到我国社会政治、历史原因的影响，大学英语教学在改革开放以前基本没有什么发展，而本书在本章第三节对大学英语教学大纲的回顾也是按照改革开放后大学英语进入稳定发展时期的三个阶段来陈述的，与此相对应，我国大学英语教材从新中国成立后到现在可以分为四代（董亚芬，2003；陈坚林，2010）。下面我们会对大学英语教材发展的4个阶段做一简述。

第一代教材：1961年到“文革”前。

中华人民共和国成立后到20世纪50年代，我国没有全国范围内使用的大学英语教材，1961年我国大学英语教材的编写工作逐步开始，具有代表性的是董亚芬主编的为非英语专业文科生用的《英语》和华东师范大学编写的《理科英语》。1962年到1963年，上海交通大学凌渭民主编的4册《高等工业学校英语》由商务印书馆出版发行，是新中国成立后第一套有影响力的大学英语教材。20世纪60年代出版的教材内容偏重科技英语，采用传统的教学法模式，以课文为中心、语法为纲要、教学目的是“使学生可以读懂一般题材的英语文章”。受到当时政治条件的影响，大学英语教学基本没有发展，因而教材也几乎相当于形同虚设。

第二代教材：1978年到1985年。

改革开放后，我国大学英语教学才开始正式进入了发展阶段。1978年8月至9月，原教育部在北京召开了第一次全面规划和研究外语教学的“全国外语教育座谈会”，在教材建设和规划部分对教材的编制单位进行了规定：“各类通用语种的外语教材均应组织统编或者委托有关院校主编，由教育部组织的外语教材评审小组审查通过。”1980年11月全国高等学校外语教材编审委员会成立大会和第一次会议在青岛召开，会议进一步细化了教材建设、建设研究等工作要在国家教委的领导之下进行的要求。1985年6月，第二届高等学校外语教材编审委员会在苏州召开，进一步规划外语教材的编写和出版。这一时期具有代表性的教材有上海交通大学的《英语（理工科通用）》、清华大学的《英语教程（理工科通用）》、复旦大学的《英语（非英语专业用）》。教材内容的编写特点沿袭了第一代教材，呈现出以课文为中心、以语法为纲要的特点，教材选材是以科技文章为主，主要是培养学生阅读科技文献的能力。

第三代教材：1986年到20世纪末。

这一阶段的教材主要按照1985、1986年教育部颁发的大纲要求来编写，有许多教材在这一时期涌现，其中有代表性的为复旦大学的《大学英语（文理科用）》、上海交通大学的《大学核心英语》、清华大学的《新英语教程》、高教社与麦克米伦公司的《现代英语》。教材内容的编写呈现出以下几个特点：第一，重视语言共核，强调打好语言基础；第二，强调培养学生的阅读能力，听、写、说也占有一定位置；第三，开始注意交际能力的培养；第四，配合大纲中分级教学的要求，出现了系列教材，即把基础阶段分为一级到六级，分别编写精读、泛读、快速阅读、听力、语法等教材以满足大纲中对读、听、写、说等方面语言能力的要求，教材呈现出分级编写、分课型编写、配套化的特点。

第四代教材：21 世纪。

1999 年我国高校开始连年扩招，在校大学生规模迅速增大，对英语教材的需求急剧增加。这一时期先后出现的教材有上海外语教育出版社全新版的《大学英语》、外教社的《新视野大学英语》、高教社的《大学体验英语》、清华大学的《新时代交互英语》、北京大学的《大学英语立体化网络化系列教材》等。这一时期的教材理念上与《课程要求》一致，教材内容编写方面呈现出以下特点。第一，提出了新的编写思想，如以任务为主线，让学生体验英语学习的“体验式学习”；把“以学生为中心，将个性化、自主性、交互式学习”确定为编写原则；强调以人为中心，重视开发学习者自我潜能、重视情感和态度在学习中的作用；教师要发挥课堂内外的作用。第二，重视听说教材的编写，在听力练习设计方面尽可能突出实用性，在口语练习方面通过设计真实场景、多样的练习提高学生表达能力。第三，建设基于信息技术的立体化教材，即以建构主义、人本主义学习理论为指导，用计算机网络技术创新教学手段、创设仿真语言环境，便于学生进行自主学习。第四，拓展类课程教材纷呈。由于我国高校层次、生源、地域等因素不同，《课程要求》要求各高校在设计课程体系时，既要考虑学生语言基础、技能的培养，还要注意学生综合文化素质和国际文化知识的传授。基于此，出版社策划开发了一批拓展类选修课教材，供不同学力的学生学习使用。

从教材的发展历程来看，第四代教材比前三代有了很大的进步，不但教材编写中融进了相关教学理论和方法，还因为信息技术的介入使得教学内容的呈现方式发生了巨大变化（蔡基刚，2008）。那么，第四代教材在使用的过程中对《课程要求》中的人才培养目标完成情况又是怎样呢，下一节我们会就此问题进行论述。

（2）基于学生需求的大学英语教材

我们在第二节中提出以学习者为中心，考虑学习者个性化需求的大学英语课程设计原则，即课程设计要以需求分析为前提，只有这样才能确定既有现实基础又有一定前瞻性的教学目标，继而进行较为合理的课程设置，并为教材编制提供依据。在第四节中，我们通过讨论、分析得出专门用途英语不能取代通用英语或者通识英语成为大学英语教学的“一言堂”。开设什么样的课程要基于学生的真实需求，充分满足学生的个性化需求和自主学习需要。那么，在教材研发方面，我们也要本着分类指导的原则，切实落实建构主义和人本主以“以学生为中心”的理念，考虑学生的学习需求和语言基础，为不同类型高校和学生提供更多更好的选择。

**通用英语教材**

通用英语就是我们常说的大学英语的基础英语，又称为综合英语（见本章第四节），教学目的是夯实学生的语言基础知识，通过训练学生的听、说、读、写、译等方面的能力来培养其语言的综合应用能力。因此，在教材的编制上我们就要从以下几个方面来考虑。首先，考虑到学生语言基础的不同，教材编制时就要考虑语言难易程度上的区分度，以便适应不同语言基础的学生选择使用。其次，要真正体现以学生为本的思想，就要在选材上结合学生生活或者学习经验，能够调动学生英语学习的积极性，使他们自愿、主动投入到学习过程中。罗杰斯认为：“教材必须符合学生的生活经验，能够引起学习者的兴趣，并具有一定实际意义。好的教材，能够使学生自信倍增，对教材兴趣浓厚，提高自身修养，有助于实现学生的生活目的。”（罗杰斯，1969）另外，为了培养学生综合应用能力，教材在内容设置上既要结合学生的兴趣，又要考虑话题的全面性。再次，为了学生能够有效地练习提高语言基础的各项能力，教材编制中还要考虑对学生进行策略培训的内容，比如，通过设计小组活动锻炼学生的交际能力，促使其进行互动学习和合作学习；通过设置英文短诗、幽默笑话等内容了解英语文化，不断练习语言表达。

**通识英语教材**

通识教育英语简称通识英语，是学界近几年热议的话题（见本章第四节），到目前为止基本没有明确的界定。因此，在编制通识英语教材时，就首先要对通识教育本身有全面、深入的了解，然后根据通识教育的理念合理选材，编制涵盖人文科学、社会科学、自然科学与技术领域的一般知识，为学生建立一个知识的整体概念；还要权衡内容编制的广度和深度的问题，如果涵盖面不够广，就难以实现全人教育和受教育者的可持续性发展，如果没有一定的深度，就不利于培养学生的批判性思维能力，提升其对不同文化和价值观念的辨识力。通识教育的根本特征是它的普遍性，即可以跨越学科和专业，为所有学生提供承载人类智慧、传承人类文明的整体性知识，这就意味着通识教育至少可以惠及绝大多数地区、绝大部分高校和绝大部分学生（陈坚林等，2010）。

**专门用途英语教材**

根据哈钦森和沃特斯的分类（见本章第四节）专门用途英语是与通用英语相对应的一个概念，可分为行业英语和学术英语两类，其中学术英语又可分为普通学术英语和专业学术英语。我国高校数量众多，行业、学科、专业数量也十分惊人，在编写教材时很难一一顾及，只能采取优先编制应用范围广、受众需求多的行业或者专业，满足学生学习某一领域知识的需求；或者考虑以学科为分类标准进行教材编写，不再细分专业，以满足学生在口头交流或者书面撰写时的共通要求。

（三）教学模式

教学模式是在一定教学理论指导下的较为稳定的教学活动框架，通过执行教学内容来完成教学目标。（王守仁，2008）在传统的外语课程设计模式下，教师和学生处于各级权力决策的最底层，老师通过大纲、教材、培训，以及其他指令，按照规定的时间和进度进行教授，充当教书匠的职责，无法发挥积极性和主动性。学生按照老师教授的内容进行学习，积极主动性无从发挥（参见图3－1）。与此相对应，在我国大学英语教学中，长期采用传统的讲授型教学模式。在这种教学模式的影响下，教师是知识的传授者，是教学活动的中心；学生是知识的接受者，处于被动的地位。这种模式不利用发挥学生的积极性和主动性，因为学生的知识是靠接受学习，而不是靠自己对意义的建构而获得。20世纪80年代的交际教学法强调学生中心地位，教师承担设计课程、布置任务、组织协调的任务，课堂采用让学生参与活动的方式来进行。但是由于师资、外语课程大班等原因无法在大学英语教学中有效展开，我国外语教学依然使用传统的讲授型模式。伴随着我国高校的大规模扩招，师资力量极度短缺，再加上课堂教学时间的有限性、学生英语水平不齐等原因使得传统外语教学质量下降，这些彰显了大学英语教学改革的紧迫性和必要性。2000 年，计算机网络技术被引入大学英语教学，为大学英语教学改革提供了必备的技术保障，2004 年我国大学英语教学改革提出新的“基于计算机和课堂”的教学模式，强调“调动教师和学生两个方面的积极性，尤其要体现学生的主体地位和教师的主导的地位”；此外，还强调学生的个性化学习和自主学习，要求各高校为学生的英语学习提供网络技术支撑。也就是说，在新的教学模式的实现过程中，教师角色的转变和信息技术的支撑起到了关键的作用。

1. 教师角色的转变

吴康宁和他的“课程社会学研究”课题组从社会学的角度探讨了课程。他们认为，课程是社会控制的中介，是一种“法定文化”，表现在宏观层面，即课程与社会系统中其他各因素的相互关系；表现在微观层面，即课程是联结教师和学生两种不同社会角色的纽带。社会控制下的法定文化在课程中表现为“法定课程”，但法定课程未必能真正进入学校教育的实际过程，课程能否实现统治阶层所希望的功能，取决于以师生互动为主要形式的课程讲授过程。另一方面，作为课程实施的主体，教师在实际的授课过程中，会根据自己对教材的理解、对学生的理解以及对具体的授课环境的判断等因素对“法定文化”，也即课程规定的内容，进行自己的加工、补充和改编，融入教师个人的认知、价值观、教育思想等，然后传递给学生。这种教师对课程的重构即“师定课程”。经过对法定课程的重构而形成的“师定课程”，是课程实施中实际起作用的课程，但这种课程最终能否被学生接受和消化则取决于学生的适应。（吴康宁等，1997）也就是说，课程最终在实践层面上的表现是教师和学生之间的互动结果，教师作为课程实施的主体起着教的作用，而学生能否学习到知识才是课程的最终目的。

我们为什么要强调自主学习？这要从教与学两方面来考虑。教学包括教师的教和学生的学两个方面。传统意义上的学习指学生通过教师的讲授来获得知识和技能，是进行强化练习的结果。建立在这种观念上的教学指教师教授知识并对学习进行指导使学生达到对知识的理解。这种对教和学的理解完全忽视了学生学习的主体作用和语言学习的认知过程。学习是一个非常复杂的概念，它涉及许多方面的因素，例如，习得过程、感知记忆、回忆、学习风格和学习策略等。因此，以学生为中心的英语教学就必须以学生的学习为基础，有什么样的学习观，便有什么样的教学观。教师除传授给学生知识外，更重要的是培养学生自主学习的能力。因为语言是一个庞大的知识体系，它需要学生积极的建构过程，需要学生从事积极的有意义的学习。由于课堂教学在时间和空间上十分有限，教师在课堂上仅作为学生学习的帮助者，给学生提供一定的信息和传授一定的学习技能，而大量的更具体的操作过程还需要学生在课外自己去完成。因此课外语言实践的开展是学生英语能力培养的重要环节。实际上，外语是“学”会的而不是“教”会的，抓住了“学”就是抓住了关键所在，也就找到了解决问题的钥匙。英语学习的效果在很大程度上取决于学生的主观能动性和参与性。要将新旧知识相结合，要将语言技能从理论形态转换为实践形态，都必须通过学生自身的实践活动来完成。所以自主学习能力的培养就成了高校英语教学的目标之一。

（1）教学观念

在教学活动中，教师的教学理念起着指导思想的作用。教学理念可以是一种观念、一种态度，或者表现为一种思维方式，核心是如何处理教和学的关系。任何一个教师的教学活动都是在一定的思想观念的指导下进行的。在传统的教学理念中，教师是知识的宝库，主要职责和功能是传授知识给学生。教学过程表现为教师讲课，学生听课、做笔记的范式。教师在课堂上占据主宰的地位，拥有话语权。在新的教学理念下，建构主义学习理论认为，知识并非要依靠老师才能获得，而是可以依靠学生自己来建构，即学生基于自己的已有知识，通过团队体验、讨论、探索的方式自己建构知识框架，进行自主学习。教学过程表现为教师引导学生有目的、有计划地学习，通过教学活动引导学生选择合适的学习策略，并鼓励学生监督自己的学习过程，一个学习阶段之后要求学生对自己的学习情况进行反思。教师是课堂的组织者，是学生自主学习的资源提供者、帮助提供者，是学生学习获得进步的指导者和见证人。然而，许多教师不能或者不愿意适应这种变化，认为这是对教学理念的误判。还有一些教师认为学生自主学习根本就是不可能的事，教师整天殚精竭虑地教，学生都懒得学，更别提自主学习了。因此，学习者自主性学习的教学关键是教师要树立现代的教学理念，从理论和实践上武装自己。

（2）教学方法

提倡学习者自主性意味着对学习做出决定的责任转向了学生，学生自己决定学什么、何时学、学多久。但是，由于受到多年来传统教学方法的影响，学生习惯于被动地接受老师的安排，面对责任转变时，他们往往无法做出合理的决定，脱离不了教师的帮助。因此，“自主学习绝不是没有教师参与的学习”，“教师在促进学习者自我实现并定期向他们提供帮助方面起着至关重要的作用”（Benson、Voller，1997）。也就是说，教师在课堂上的角色发生了变化，他们从知识的教授者转变为学生的学习顾问、课堂活动的组织者、管理者和协作者。教师角色的改变，要求他们要相应地改变教学方法，在教学中把解决问题的机会留给学生，但是要适时给学生提供适合的学习材料、必要的解释、学习的步骤、相关信息等。

（3）教学手段

教育心理学研究表明，人从听觉获得的知识能够记忆15%，从视觉获得知识能够记忆25%，如果同时使用这两种传递知识的工具，就能够接受知识约65%。自主性学习效率的提高，需要借助先进的教学手段。因为，先进教学手段的使用可以在外语教学过程中创造出各种生动活泼的情景，激发学生的学习兴趣，提高学生学习的自觉自愿性。比如，使用多媒体手段进行教学时，老师可以给学生提供形式多样、功能各异的感性材料。形象生动的画面，言简意赅的解说词，悦耳动听的音乐，从而使学习内容图文并茂，栩栩如生，可以大大加强教学的魅力，增强学习者的听力理解能力和开口说话的欲望。播放前，老师可以先布置任务、设置问题，让学生带着问题去看去听。由于电影、录像有情景、场景、情节，学生可以边看边听，内容直观，语意鲜明，印象深刻。另外，由于情景、场景的刺激，学生的想象力也会变得很活跃，在这样的双重作用下，所思所想便会跃然嘴上，脱口而出。这种把视觉感受和听觉感受结合起来，把语言和形象结合起来的方式可以使学生可以听音、见形、明意。语言和形象两者同时作用于大脑，逻辑思维和形象思维互相作用，能充分发挥学生学习的积极性和创造性，大大提高自主学习的效率。

正如束定芳和庄智象（1996）所指出的那样，教师的理论素质具有两个方面的作用。一方面，使教师自己能够理解和认识语言的本质，提高自己的语言素养和语言使用能力；另一方面，使教师能够在语言教学活动中，自觉地遵守语言习得和发展规律，选择和使用符合语言使用规律的教学方法。

2. 信息技术的支撑

以计算机网络为代表的信息技术与外语课程整合后，外语课程的构成范式就从传统的“2 + 1”模式（理论、方法 + 课程或教材）转变为“3 + 1”模式（理论、方法、技术 + 课程或教材），即教学理论、教学方法、信息技术（教育技术）体现于课程和教材之中（陈坚林，2010）。可以说，课程构成范式的改变是计算机网络环境下外语课程定位的首要特征之一。

为了适应课程范式的变化，《课程要求》建议各高等学校应充分利用现代信息技术，将原来以课本、粉笔、黑板为载体，老师讲、学生听的传统教学模式改变为以信息技术特别是以网络技术为支撑，使英语的教与学可以在一定程度上不受时间和地点的限制，朝着个性化学习和自主学习的方向发展。其中，学生个性化学习的需求包括：学习时间和地点的个性化；语言基础和学习目标的个性化；学习材料和学习方法的个性化。也就是说，信息技术环境下的个性化学习指的是学生可以选择适合自己的时间、地点来进行学习，可以根据自己的语言现有水平、实际需求、专业特色选择学习内容和学习材料，并且可以得到相应学习策略的指导。那么信息技术环境下的自主学习又呈现出哪些特点呢？

（1）信息技术下自主学习的特点

信息技术环境下英语自主学习应该是以学习者为中心，以网络作为学习平台和交流介质，通过主动性、互动性、开放性的学习而获取知识的过程。在此过程中，通过进行人机互动和人际互动，学生在学习和使用英语的过程中学会学习，并发展相应的学习能力。从学习者的角度来看，在信息环境下的自主学习应该可以根据自己的学习时间，选择适合自己的学习地点，在网络提供的仿真的语言环境中，选择自己需要的材料和相应的方法来进行学习，并可在学习过程结束后，运用学习效果检测系统对学习效果进行检测和判定，并及时地进行修正，以取得最佳学习效果。在这种学习方式中，虽然学习者拥有较大的自由度，但是正如建构主义学习理论所倡导的自主学习一样，这不等同于一个人的独自学习。自主学习，既指个体独立学习的同时，又与他人合作学习的一种行为能力和行动意愿（见本研究第二章）。在信息环境下，自主学习者既独立学习，也与教师、学习同伴、学习媒介互动学习。归根到底，自主学习是一种主动、互动、开放性的活动，互动、协商、合作是促进自主学习的重要因素。（陈静，2011）

（2）信息技术下自主学习的表现方式

自主性与主动性。在计算机和网络基本普及的情况下，学习者非常便利地就可以用网络学习和解决英语自主学习活动中的很多问题。学生可以根据自己的语言实际水平，按照适合自己的学习方式，自主决定学习内容、步骤和进度，制订相应的计划，进而完成学习过程。对于基础好的学生而言，在完成既定学习任务后，按照自己的兴趣爱好、专业特色进一步拓展自主学习的内容，既有利于自主学习，又满足了个性化学习的需求。此外，网络环境下“教”和“学”双方角色有了根本性的变化，教师成为信息和资源的提供者、问题的咨询者、学习过程的管理者；学生则随之成为学习内容计划者、学习方式选择者、学习过程执行者、学习效果监督者。学生从传统的知识接受者变为知识的主动建构者，在整个学习过程中从对教师的完全依赖到变为主动探索学习、解决问题。

多元性与互动性。在信息技术环境下，可以充分利用网络的便捷性和开放的学习空间，进行多元信息交流，教师可以用网络、各种教学软件、音频、视频资料来进行教学，学生有充分的积极性参与交流，保持对学习的兴趣。在信息技术环境下的课堂中，师生之间、生生之间、学生与网络之间是一个多元交流模式，教师对学生的即时在线反馈可以提高学生的学习效率，从而触发其进一步学习的积极性；生生之间的交流可以使他们取长补短，互相学习；学生与网络之间的互动可以让他们不断发现新的未知兴趣点，从而进行进一步地自主学习。

教师的课堂行为、教学话语等对课堂上的交际活动有着重要的影响，因此，在整个学习活动进行的过程中，应该对学生进行表扬和激励，让他们及时、切实地感受到教师对自己学习表现的评价和回馈，进而对自己学习的成效有明确、清晰的认识和判断，激发他们在多元学习过程中树立用语言进行交际的信心，肯定不同语言基础和学习能力学生之间的协调配合，促使学生做得更好。此外，师生之间的互动还可以通过QQ、微信等方式进行，教师随时了解学生对学习的掌握情况，解答学生的困惑、满足不同学生的差异性和个性化需求。师生之间的不断互动，以及教师针对学生的个别辅导和帮助，可以促进学生对自主学习的坚持，体会学习的乐趣，最终体验学习的成效。

生生互动指学生之间的互动。为了解决学习上的疑难问题，交流语言学习的体会，由学习者根据自愿的原则组成小组，通过交流取长补短、互相帮助，达到共同提高的目的。学生之间年龄相仿、身份平等，又有相似的学习经历和语言水平，良好的互动关系会促进自主学习的发生和发展。学生与网络之间的互动也称人机互动，多元信息网给学生提供了多元化、立体化的信息渠道，学生可以根据自己的兴趣、需求、学习规律来选择学习内容，安排学习进度，寻找解决问题的方法，从而进行有效的学习。这一互动过程充分满足了学生个性化需求，每个学习者都有平等发展、提升自我的机会。

开放性与协作性。信息技术下的学习方式更为灵活，只要有计算机和网络，无论在什么时间和地点都可以进行英语自主学习。我国在过去的十年间，学校教育信息化经历了三个发展阶段。第一阶段是计算机只存在于实验室，用于计算机及相关学科教学；第二阶段是计算机在教室、图书馆配给，学生拥有计算机比例提升；第三阶段基本达到计算机普及，移动设备涌现，学生基本每人都有笔记本、智能手机等移动媒体。国家和学校也开始进一步扩大信息技术的使用范围，为了贯彻落实我国《教育信息化十年发展规划(2011—2020年)》，教育部副部长杜占元在全国信息化工作会议上首次提出建设“三通两平台”。“三通两平台”的建设是国家“十二五”规划中明确提出的要求，也是我国现阶段的教育信息化重点推进的任务。其中，“三通”包括“宽带网络校校通”“教学资源班班通”和“网络学习空间人人通”。与此同时，我国高校也进一步使用信息技术对教室、教学系统进行进一步改进。许多学校的硬件设施，如校园网、多媒体教室、图书馆网上资源、自主学习网站等，都可以给学生提供开放的网络学习环境。在软件设施方面，如英语自主学习的软件设施、开发、设计，自主学习网络课程开发以及评价方式的改变等都是信息技术下自主学习的保障。

信息技术下的英语学习方式更具有协作性，学生可以通过网络与其他学习者共享、交流、探讨自己的学习材料、学习计划、学习经验，解决学习过程中的问题，排除和解决学习中的困难，从而进行有效的语言交际。教师也可以通过微信、QQ 等方式发起学生在线交流，指导学生的学习进程，并对学生的学习方法等提出合理的意见和建议，帮助学生有效地完成学习计划。

（四）教学评估

通过本章第三节中的研究，我们了解到，教学评估是教学活动中必不可少的组成部分，教学离不开评估，评估可以通过反拨作用来使老师调整教学方法并改进教学效果，使学生调整学习方法并提高学习效果。评价标准是教学目标的具体化，好的评价标准会反映教学目标，继而影响教学方法的选择，促使教学目标的达成。反之，不合适的评价标准会影响教学方法的选择，其结果可能是与教学目标方向背离，也就很难实现教学目标。教学评估包括终结性评估和形成性评估两种，终结性评估主要对某一阶段学生学习成果进行评价，主要采用测试的方式进行，这种方式适合检测语言技能和知识等显性学习成就，对于《课程要求》中规定的自主学习能力和学习策略的使用能力的发展几乎无效，容易产生目标和手段错位的现象；而形成性评估关注学习过程，可以弥补终结性评估功能上的欠缺。

1. 大学英语教学评估现状

长期以来，我国大学英语教学都采用终结性评估，主要采用期末考试成绩来评定学生该门课程的学习情况。尽管它能够对学生在某一阶段的学习做出较为公正、合理的评价，但是，它带来的负面影响也不容小觑，分数导向制会让学生认为学习只要刷刷题，平时听不听无所谓，基础好的学生平时上课不听、不学，考试前突击几天，也能拿个不错的分数；基础差一些的学生平时上课也不太在意，因为上课表现跟分数关系不大（笔者调研高校里面，教学评估目前基本都是平时占 30%，期末占 70%），只要做题，或者完成老师要求的作业就算万事大吉。这种以考试分数评价学习的评估方式不考虑学生的水平差异、兴趣，以及学习风格多样性，导致了学生上课积极性不高、课堂教学效果差、学生英语综合应用能力提升慢、教师抱怨学生没有学习的热情、学生上课提不起劲儿的现象。另外，大学英语四、六级考试一直是我国大学英语用来衡量学生水平的重要依据，很多高校用其作为衡量学生学习成绩和教师教学质量的标准，社会用人单位也以是否通过四、六级作为一项要求，这就导致了大学英语教学的负导向问题。为了改变这种考试指挥棒带来的教学模式负效应，提高教学质量，《课程要求》中明确提出“教学评估分形成性评估和终结性评估两种”，说明国家已经从政策层面上开始注重大学英语教学的评估方式问题。

2. 形成性评估的特点

形成性评估与终结性评估相对应，它关注学生的学习过程，也称为“形成性评价（formative assessment）”“课堂评估（classroom evaluation 或 classroom - based evaluation）”“课堂评价（classroom assessment）”“学校评价（school - based assessment）”“成绩档案评价（portfolio assessment）”，还有人称之为“为了促进学习的评价（assessment for learning）”以区别于“学习评价（assessment of learning）”（郭茜等，2003）。布莱克和威廉（Black 、William，1998）认为这些是不同作者使用的不同术语，意思大致相同。本书统一采用“形成性评估”这一术语表达。

形成性评估以建构主义为理论基础。特点是以学生为中心，学生从被动的单纯接受外界刺激的知识对象转变成为积极的信息加工的个体，核心思想是在学生的智力活动和教学过程中，教师要引导和帮助学生解决存在问题和现存能力之间可能存在的差异。要求教师在教学前要根据当前学生所学的新知识内容，在学生已有的知识经验基础之上以将达到的教学效果为目标搭建起基本的知识框架，以利于学生进行有效学习。

形成性评估关注的过程对教师而言是教学过程，对学生而言是学习过程。在教师的教学过程中，形成性评估的方式可以弥补教师所教内容和学生掌握内容之间的差距，教师可以通过了解学生的学习进展以及碰到的困难，及时调整教学设置、计划、策略或者手段，以满足学生的个体差异以及其他不可预测因素所带来的问题，帮助学生进行有效学习，并且能够对自己的学习进行监督和自我评价。在学生的学习过程中，形成性评估的方式可以让学生了解自己的学习进展情况，也就是要让其明白填补需要完成的任务和自己当前的理解水平、学习技能之间的差距，然后确立努力的方向，选择合适的方法，获得必要的指导，通过参与一系列的活动不断缩小差距，完成任务，达成有效学习。

布莱克和威廉（1998）倡导一种“成功文化”：相信所有学生都能进步。他们认为，只要不将学生笼罩在“能力”“竞争”“班级排队”的氛围中，而是将形成性评价的重点放在学生作业或测试中的具体问题上，使学生了解自己的薄弱环节和提高的途径，那么这种评价用在成绩差的学生身上效果非常好。形成性评价承认学生有“未开发的潜力”，打破学生“成绩差——认为自己能力不行——再多努力也无济于事——对自己失望——不愿意花时间精力学习——成绩更差”的恶性循环，相信所有学生都可以进行高水平学习，帮助他们看到自己的成功，提高自信，从而相信，只要坚持努力，就能一直进行富有成效的学习（郭茜，2004）。

在具体的学习活动进行过程中，形成性评估体现的是学生的学习态度、技能运用和知识学习这三个环节循环往复的过程，在此过程中，为了体现知识获取的有效性，还有对学习进展情况进行监控的环节，学习结束之后，还要有对学习结果进行相应评价的环节，以便教师调整教学计划，有针对性地指导学生学习中出现的问题；也有利于学生随时调整学习策略、监控记录自己的学习进展。

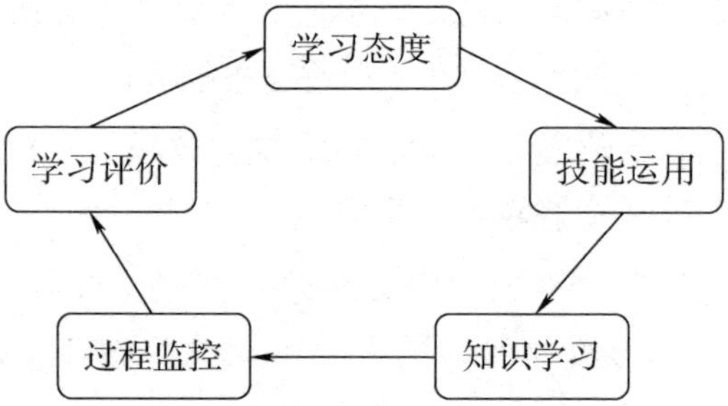


**图 3－4　形成性评估中知识形成过程**

3. 形成性评估在大学英语教学中的应用

周娉娣等（2005）试图在网络教学中引入形成性评估体系，她在两个教学班级（78 人）进行了为期两年的试验。定性和定量数据表明该评估体系激发了学生的语言学习动机和学习兴趣；使对学生学习过程的全面、自主性监控成为可能，同时培养了学习者的自主学习和合作学习能力以及交际能力。郭茜（2004）也探讨了利用形成性评价促进大学英语教学中学习者自主性的培养以及实际运用中需要注意的问题。已有研究表明形成性评估在促进学生自主学习方面有着积极的作用。那么，形成性评估在大学英语教学中具体是怎样应用的呢?

形成性评估的 5 个环节可以拆分为个人自评、同伴互评和教师评估 3 个方面。评估中最常使用的方法是教师观察课堂；课堂以小组讨论形式，教师与小组学生对话的形式；学生以日记、周记等方式写下自己对所学内容的理解和思考；作业、小测验；学生档案记录等。这些具体的形式都是为了让学生充分展示出自己对所学内容的理解（沈梅英，2010）。

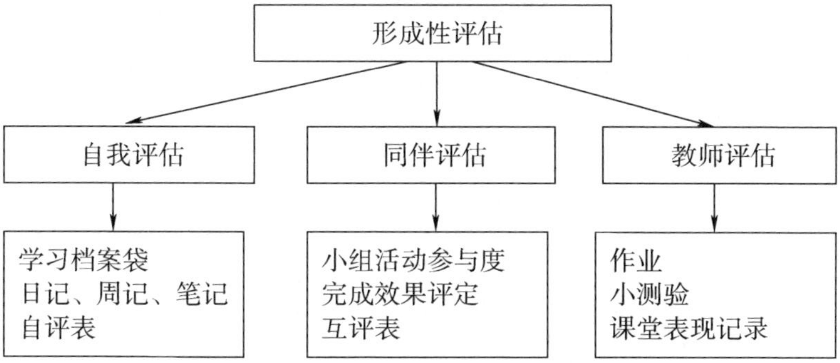


**图 3－5 形成性评估的内容**

在自我评估中，学习档案袋包括学生在某一阶段的学习过程和成果展示，如目标确立、学习计划制订、策略选择、主题演讲、角色扮演等，主要作用是监控学生的学习过程，记录取得的成果，及时反馈问题和提供指导，有利于培养学生的自主学习能力。学生记笔记能够了解自己学习中取得的进展和遇到的困难，由此确定课堂上要讨论的内容；老师再跟学生沟通时，也会有的放矢，根据问题给出建议。最后在此基础上建立自评表。

同伴评估主要包括小组合作学习参与度、课外学习讨论项目参与度，以及任务完成效果评定等。学生可以对自己和其他小组成员的学习效果做出相应的评估，并在此基础上建立互评表。

教师评估是形成性评估中最为重要的方面。教师通过课堂观察了解学生课堂活动参与度，通过分析学生作业情况了解学生现在所处的学习阶段；通过小测验包括口语测验和笔头测验，教师可以了解学生课外自主学习的情况、平时学习中遇到的问题、合作学习执行的情况等，并进行一定的等级评定；通过笔头测验发现学生某一阶段学习中取得的进步和普遍存在的问题，以便在下一阶段教学中进行改进和调整。

## 五、本研究的概念框架和研究路线

### （一）概念框架

根据本章前四节的论述可以得出，大学英语课程是一个以教学目标为出发点，围绕教学目标的实现而设计教学内容、教学模式和教学评价的有机整体。其中，从大学英语教学大纲的演变来看，大学英语教学目标对学生的自主学习能力有了新的要求，把“增强学生的自主学习能力”作为培养目标的一个重要组成部分。由此得到如下概念框架：

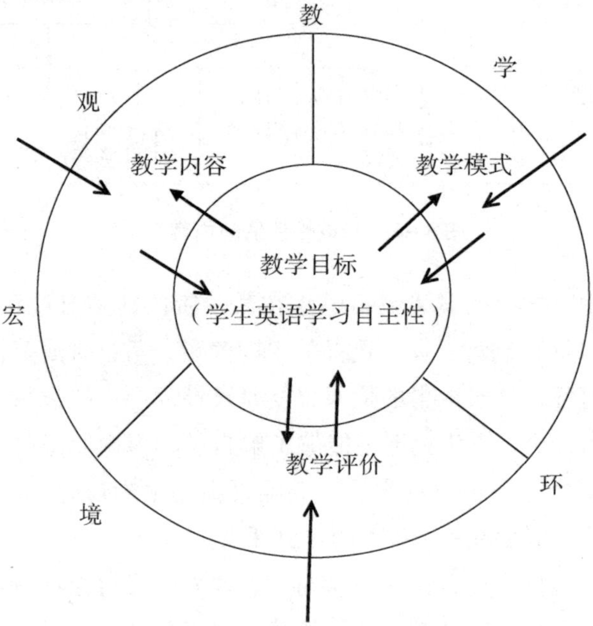


**图 3－6　本研究概念框架图**

从图 3－6 可以看出，大学英语课程处在一定的宏观教学大环境中，会受到教育国际化、国家外语教育政策、高等教育发展规划以及其他高校大学英语课程改革等影响。而教学目标、教学内容、教学模式，以及教学评价是大学英语课程的4个基本要素，其中教学目标是核心，其他3个要素与它是紧密的、双向互动关系。教学目标决定了应该采取什么样的教学内容、教学模式和教学评价；反过来，教学内容、教学模式和教学评价决定教学目标的实现程度（可参见本章第四节中关于教学目标和其他几个课程要素关系的阐述）。大学英语改革把培养学生英语学习的自主性作为培养目标之一，那么学生的自主学习就会受到教学内容、教学模式，以及教学评估等课程因素的影响。本研究主要针对自主学习培养这个目标，考察大学英语课程中教学内容如课程设置和教材使用、教学模式如教师的教学观念、教学方法和教学手段，以及教学评估的方式对学生自主学习培养目标的影响。其他宏观影响因素暂不讨论。

（二）研究路线图

为了实现上述研究目的，本研究拟采用量化和质性研究相结合的研究方法。在第二章和第三章分别对自主学习、大学英语课程，以及大学英语课程中的自主学习等内容进行了较为详尽的理论回顾和文献梳理，并在此基础上给出了本研究的概念框架图。然后基于文献回顾和半结构访谈进行先导研究，在此基础上设计了正式研究要使用的调查问卷和访谈提纲，以调查大学生英语自主学习的现状，之后用相关分析和多元回归分析界定大学英语课程中哪些因素影响了学生自主学习，并进一步用访谈数据进行质性分析，以揭示课程因素如何影响学生的自主学习。最后，在此基础上提出大学生英语自主学习影响因素的模型。具体研究路线图如3－7所示。

## 六、本章小结

本章首先给出了常见的4种课程定义及其他几种典型的课程设计模式：目标模式、过程模式、情景模式；接着介绍了什么是大学英语课程以及三种外语课程设计模式，在此基础上，提出了以学习者为中心的大学英语课程设计原则。介绍了关于课程、大学英语课程的概念和课程设计基本原理后，本研究通过对我国大学英语教学影响力巨大的3次大纲的历时描述，探寻出自主学习在这一过程中的变迁情况。接着本章从课程的基本要素，即教学目标、教学内容、教学模式、评估方式4个角度分析了其中影响自主学习的因素，并给出了研究的概念框架图（见图3-6）。最后，根据第二章和第三章对自主学习和大学英语课程这两个核心概念的界定，给出了研究路线图（见图3-7）。

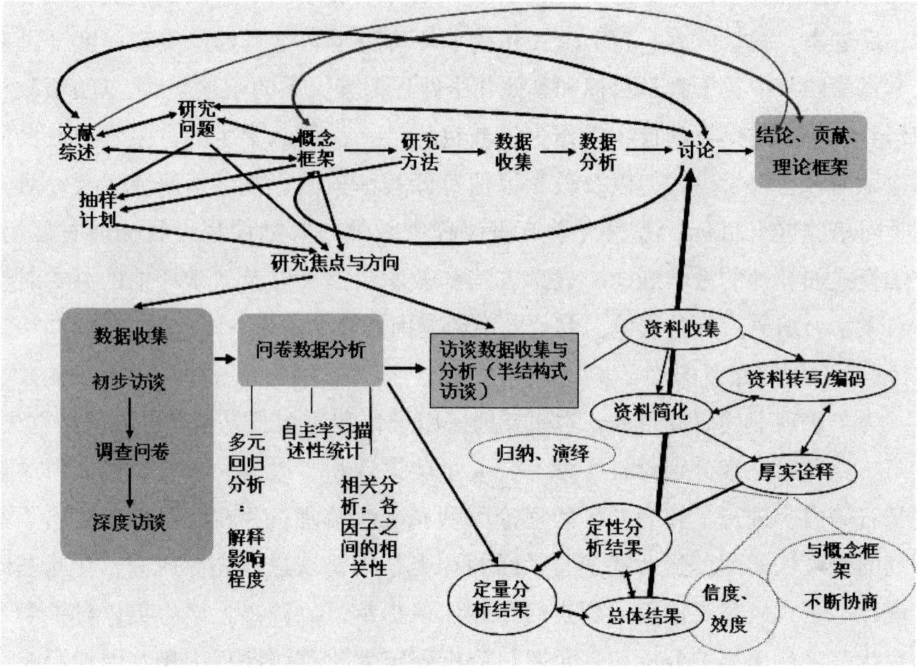


图3-7 研究路线图（改编自郑新民2015《博士论文写作》课程PPT）

# 第四章

## 研究设计

本研究使用定量和定性相结合的研究方法，在定量研究中主要使用问卷调查，其优势在于可以进行大规模的调查，问卷调查结果便于统计处理和分析，同时还可以节省时间、经费和人力；其缺点在于需要根据研究问题进行的问卷设计比较难，有时候调查的结果不全面，而且开放题回收效果一般都不太理想。而在定性研究中，我们可以使用的方法有很多，如访谈、叙事、人种志等，其中使用最多的要属访谈法。访谈法有利于捕捉受访者真实的感受和想法，能够帮助研究者获取详细的描述信息，揭示研究问题的复杂性，使其深入思考研究问题（Miles&Huberman，1994）；其缺点是研究样本小，适用范围小，费时费力，数据不太方便统计。在本研究中，大学英语课程中影响学生自主学习的因素较多，如果只采用一种研究方法，只有一种类型的数据，就很可能会使研究存在局限性和漏洞，只有使用定量和定性相结合的办法，把数据和质性访谈内容相结合，采用三角验证的方式，即进行多数据交叉认证，才能更好地回答研究问题，从而提高研究质量。

### 一、先导研究

先导研究是指研究者为了论证提出的理论假设是否正确而进行的前期研究，其目的是为后期的正式研究提供理论支持和方法论支持（Creswell，2008；高伟华、殷淑秋，2012）。本先导研究旨在通过对部分外语专家、教师和学生的访谈，比照文献分析的结果，归纳出影响大学生英语自主学习能力的因素，为进一步的研究提供扎实的研究依据。第一，根据前期文献综述和分析构建出先导研究使用的访谈提纲，对部分大学英语教师和学生进行半结构访谈，从教师、学生两方面对影响学生自主学习的因素进行调查，归纳出大学英语课程中影响学生自主学习的因素。第二，通过提炼出的因素，比照前期文献分析的结果，初步编制正式研究所用的调查问卷和访谈提纲。

（一）先导研究设计

本研究经过选定题目，确定具体研究问题之后，在对自主学习的理论和相关学习理论及实践研究进行综述之后，结合课程的维度，提出本研究的研究假设：大学生英语自主学习是一个多维度的概念；大学英语课程中的因素会对学生的自主学习某一方面产生一定影响；完善课程设计以促进学习者自主能力的提高是可能的。在完成了对自主学习概念，以及大学英语课程中影响学生自主学习的因素概念框架的界定后，为了进一步对大学英语课程中影响学生自主学习的因素进行实证研究，本研究拟细化概念框架，查找分析测量指标，进而具体化测量指标以形成具体题项，编制调查问卷，确定大学英语课程中影响学生自主学习这个核心概念的操作性定义（operational definition），为下一阶段正式研究提供依据。这个过程正是符合了秦晓晴（2009）提出的：从选定研究题目到提出具体研究问题再到操作化过程是一个由少到多、从抽象到具体的过程（如图 4 - 1）。

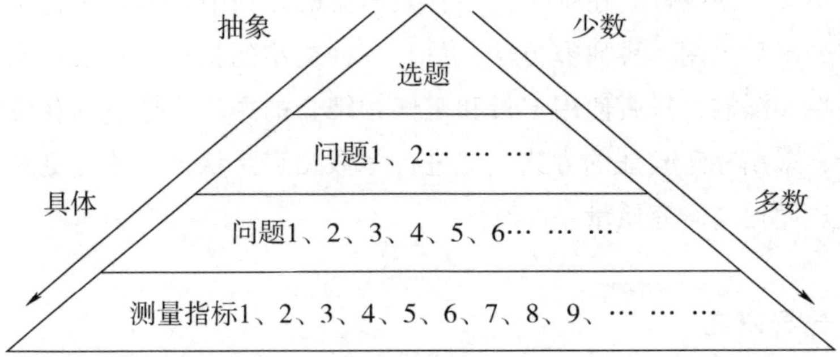


**图 4 - 1　从研究选题到测量指标的操作化过程（秦晓晴，2009）**

在本研究中，笔者在文献综述的基础上，归纳出大学英语课程中影响学生英语自主学习的因素，作为问卷设计的理论依据；再结合探索性研究共同确定这些影响因素的测量指标。访谈法是使用得最多并且最有效的一种探索性研究方法（秦晓晴，2009）。为了广泛地了解课程体系中影响大学生英语自主学习的因素，本研究通过半结构访谈部分外语专家教师和学生进行数据的收集。半结构访谈用在此处有明显的优势，一方面访谈时有据可依，不至于访谈内容太发散而使数据归属难度太大；另一方面，采访者和被采访者较少受到“问题—答案”模式的困扰，可以围绕问题进行充分沟通和交流，因而使得交谈过程更为流畅、自然，所得数据的客观性和直观性可能更强。在先导研究中使用半结构访谈得到了大量、丰富的信息后，我们对大学英语课程中影响学生自主学习的因素有了较为全面的了解，便于下一步对各类观点进行归类，对照文献分析的结果确定调查问卷的维度，编制调查问卷的题项，确定正式研究的访谈提纲。

（二）先导研究过程

首先，要选取进行访谈的对象。对于访谈样本的选择有两种方法。一种是选择表现优秀的样本，同时也选择表现一般的样本；另一种是只选择高绩效样本。本研究采取了第二种方法，目的是为了能更大限度地了解到更丰富的信息。其次，对选择的对象进行半结构访谈，在征得对方同意的基础上，对访谈过程进行了录音（说明研究目的只是为了采访者的博士论文数据收集，并保证被访者个人信息保密）。半结构访谈提纲是基于本研究第二章对自主学习理论的界定和第三章对大学英语课程相关概念的厘定之后构建的。再次，对访谈材料进行录音转写、编码、提取维度、编制题项。具体研究思路如图 4－2 所示。

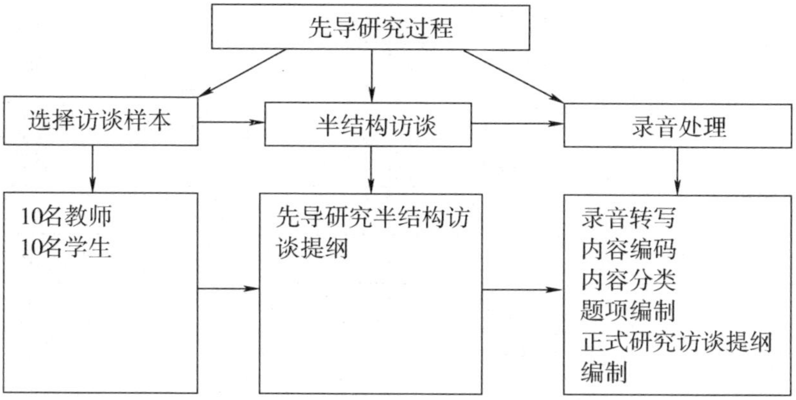


**图 4－2　先导研究思路图**

根据上述研究思路，笔者于 2015 年 4 月在西安市和上海市两座城市对来自陕西省、上海市、江西省、河北省、黑龙江省的5所高校10名外语教师和西安1所高校的10名学生进行了访谈。参加访谈的外语教师中有2名是其所在高校外国语学院院长，1名是其所在学校主管大学英语教学的副院长，3名是其所在高校主管大学英语教学的系主任，4名教师是教学经验非常丰富的一线外语教师。而且，从所选参访人员的年龄、教龄、教育程度、学位、职称这些因素来看，访谈的结果应该会具有较高的可信度。另外，参与访谈的学生是西安某高校二年级A班（入学时根据水平考试进行的分班，A班为学生分数高于B班学生）的10名学生，其中，女生5人、男生5人。这10名学生为由教授他们的教师推荐的英语水平和学习能力较强的英语学习者。所有访谈人员都是在笔者征求对方同意后，自愿参与访谈，并同意录音。参加先导研究访谈教师信息如表4–1所示。

**表4–1　先导研究中参加访谈教师个人信息统计表**

| 信息项目 | 选项 | 频度 | 百分比 |
|---|---|---|---|
| 性别 | 男 | 3 | 30 |
| | 女 | 7 | 70 |
| 年龄 | 30岁以下 | 0 | 0 |
| | 31—40岁 | 4 | 40 |
| | 41—50岁 | 4 | 40 |
| | 51岁以上 | 2 | 20 |
| 教龄 | 5年下 | 1 | 10 |
| | 6—15年 | 6 | 60 |
| | 16—25年 | 2 | 20 |
| | 26年以上 | 1 | 10 |
| 教育程度 | 专科 | 0 | 0 |
| | 本科 | 0 | 0 |
| | 研究生 | 10 | 100 |

续表

| 信息项目 | 选项 | 频度 | 百分比 |
| --- | --- | --- | --- |
| 学位 | 学士 | 0 | 0 |
| | 硕士 | 6 | 60 |
| | 博士 | 4 | 40 |
| 职称 | 助教 | 0 | 0 |
| | 讲师 | 3 | 30 |
| | 副教授 | 5 | 50 |
| | 教授 | 2 | 20 |

在对外语教师访谈时，笔者提前通过电话、微信或者短信与被访者确定访谈的时间和地点，以配合被访者的时间；地点大部分为办公室，有的是校园咖啡厅，有的是餐厅，基本要求是环境相对安静；同时准备好访谈时可能会用到的工具，如录音笔、签字笔、纸、充电宝等。由于有的被访者除了教学任务还有行政职务，在预约访谈时间时，有的约访甚至改变了2—3次时间才得以完成访谈。访谈时间一般控制在一个人20—30分钟左右。

在对学生进行访谈时，笔者通过教授他们的老师跟学生约定了一个他们方便的时间；地点在一个空教室；访谈分两组进行，每5个人为一组，每组1个小时；笔者在准备好上文提到的访谈工具的同时，还给学生准备了一些小礼物，如笔袋、文件袋、彩色记号笔等。在集体访谈中，笔者一开始就告诉他们这个访谈是为了了解影响自主学习的课程因素而进行的一个探讨，由于学生之间比较熟悉，对这个话题也很感兴趣，所以学生的参与感很强，经常有学生在听到别人讲到英语自主学习中的具体情况或者困惑时就忍不住插话，表达自己在学习过程中的一些具体表现（从这点看，学生还是意识到了这个问题，也想要分析出原因，找出解决办法）。访谈中，笔者引导学生围绕主题进行讨论，偶尔解释关于自主学习、大学英语课程里面的概念，因为学生平时接触和感受到的都是最具体的自己的学习行为，对于其他概念，有的还不清楚。基于以上的情况，访谈时间从原先计划的2个小时，延长到了3个多小时。访谈中，有的学生经常会偏离话题，笔者一般都会鼓励其大胆表达看法，然后重回主题。部分学生谈到现在的英语学习情况时，经常会联系到高中阶段的英语学习情况，以及高中教师的英语授课方式。

访谈结束后，参与本研究的一个研究生学生专门负责对录音进行了转写（该学生愿意参与本研究并负责所有录音的文字转写工作）。为了数据分析方便，笔者去除了无关的信息，把录音整理为一个个的访谈案例。然后对转写文本进行内容分析，编码、分类、提炼具体测量指标。为了保护被采访者的隐私，10 位老师和 10 位学生都将使用代码进行标注，分别为 XT1 到 XT10，XSI 到 XS10。

（三）先导研究总结

对访谈的内容进行整理后，笔者进行分析、归纳，并与文献分析结果对比之后，总结出影响大学生英语自主学习的要点。具体见表 4－2。

**表 4－2　基于教师、学生访谈获得的影响大学生英语自主学习的要点**

| 因素 | 要点 | |
|---|---|---|
| 学生因素 | 学习目的与动机 | |
| | 学习态度 | |
| | 目标设定 | |
| | 学习内容 | |
| | 学习过程控制 | |
| | 学习资源使用 | |
| | 学习策略使用 | |
| | 学习反思与改进 | |
| | 学习结果评估 | |
| 课程因素 | 教师因素 | 教师的教学理念 |
| | | 教师的教学内容 |
| | | 教师的教学方法 |
| | | 教师的教学手段 |
| | | 教师的思想道德 |
| | | 教师的人格魅力 |

续表

| 因素 | 要点 | |
|---|---|---|
| 课程因素 | 课程设置因素 | 通用英语课程 |
| | | 通识英语课程 |
| | | 专门用途英语课程 |
| | 教材因素 | 教材符合学生自主学习的共性要求 |
| | | 通用英语教材 |
| | | 通识英语教材 |
| | | 专门用途英语教材 |
| | 信息技术因素 | 学生的个性化学习需求 |
| | | 信息技术支持下学习方式 |
| | | 信息技术支持下学生互动学习表现 |
| | 教学评估因素 | 形成性评估下学生的学习动机和兴趣 |
| | | 形成性评估下学生的自主学习能力 |
| | | 形成性评估下学生的合作能力 |
| 其他因素 | 同伴影响 | |
| | 学习资源利用 | |
| | 学校政策支持力度 | |
| | 家庭影响 | |
| | 社会需求 | |

从表中可以看出，影响大学生英语自主学习的因素很多，既有学生自身的因素，也有外在的“正能量”或“负能量”影响他们的自主学习。本研究从大学英语课程的角度探讨影响学生自主学习的因素，所以，根据第二章关于自主学习的理论阐述和第三章关于课程的相关文献，对这些影响因素进行了归并、删除，最后将“大学生英语自主学习影响因素调查问卷”学生部分子问卷初步确定为 5 个维度，35 个题项；课程体系部分子问卷初步确定为 5 个大维度，111 个题项；并确定了访谈提纲。

## 二、正式研究

在先导研究中，我们通过半结构访谈，获得了大学英语课程中影响学生自主学习的因素，并结合前期的文献综述，初步确定了正式研究中对学生进行测试要用的调查问卷，以及问卷调查结束之后对教师和学生进行访谈的提纲。这些都为正式研究的顺利进行提供了有力的理论支持和实践保障。

### （一）研究问题

本研究旨在探究我国大学英语课程中影响学生自主学习的因素，以行为主义、认知主义、建构主义、人本主义学习理论为理论基础，采用文献分析、问卷调查、半结构访谈、集体访谈、个人访谈相结合的混合式研究方法，对大学英语课程中影响学生自主学习的因素进行系统、深入的研究，以期丰富学习者自主概念的内涵和外延，为提高学习者自主学习能力、终身学习能力、改进大学英语教学以及新一轮的大学英语改革提供一定的理论借鉴和实践参考。具体的研究问题有 3 个：

①大学生自主学习能力现状如何？

②大学英语课程中影响学生自主学习能力的因素有哪些？

③这些影响因素如何影响了大学生的英语自主学习？

第一个研究问题是描述性问题，其目的是了解目前大学生英语自主学习能力现状。第一个研究问题的必要性主要基于 3 点。首先，虽然有许多研究已经对此做了调查，但是所选研究对象不同，时间节点不同，不能保证这些研究结果同样适用于本研究；其次，本研究的第二个研究问题是以第一个研究问题为基础，所以，第一个研究问题就有必要了解当前非英语专业大学生英语自主学习能力现状；最后，信息技术正在以日新月异的速度改变着新一代大学生的生活方式和学习方式，学生自主学习的方式和个人需求也会随之改变。第二个研究问题是探索性问题，旨在探索大学英语课程中影响学生自主学习的因素，具体方法是先考察大学英语课程各维度与学生自主学习的相关性，在相关性可以的前提下，进一步做多元回归分析，以考察课程各维度对学生英语自主学习能力的影响力，以及这些有影响力的因素具体影响了大学生英语自主学习的哪个方面。第三个研究问题是解释性问题，使用描述性统计分析对大学英语课程中影响学生英语自主学习的因素做出汇报，结合对部分教师、学生的深度访谈，以及开放性问题的质性材料进一步解释这些影响因素是如何影响了学生的自主学习。

（二）研究对象

结合本研究的选题和 3 个研究问题，考虑到地域、高校水平、高校类属这些因素，结合分层抽样和方便抽样的原则在全国选取了 11 所高校作为本研究发放问卷的学校。

本研究发放问卷的高校有：黑龙江省省属综合高校 1 所，辽宁省 985 高校理工类高校 1 所，陕西省 211 高校理工类高校 1 所，陕西省 211 师范类高校 1 所，陕西省理工类高校一所，上海市 211 综合类高校 1 所，上海市理工类高校 1 所，江苏省 985 综合类高校 1 所，浙江省师范类高校 1 所，河南省综合类高校 1 所，山东省综合类高校 1 所。总体上，按照地域来看，所选高校东北有 2 所、西北有 3 所、华东有 3 所、中南有 1 所；按照高校层次看，985 有 2 所，211 有 3 所，普通高校有 6 所；按照高校类别看，综合类有 5 所，理工类有 4 所，师范类有 2 所。本研究所调查高校从地域、层次、类别上考虑选择，尽量使研究样本更具有代表性。为了表达的简洁性，985 高校用代码 1 表示，211 高校用代码 2 表示，普通高校用代码 3 表示；综合类高校用代码 a 表示，理工类高校用代码 b 表示，师范类高校用代码 c 表示。具体分类信息见表 4－3。

**表 4－3　研究所调查高校及其代码汇总表**

| 院校层次及代码 | 院校层次及代码 | 样本比例 | 院校数量 | 院校代码 | 院校所在地域 |
|---|---|---|---|---|---|
| 985 工程院校（代码 1） | 综合类院校（代码 a） | 18.2% | 2 | 1－a、1－b | 东北、华东 |
| 211 工程院校（代码 2） | 理工类院校（代码 b） | 27.3% | 3 | 2－a、2－b、2－c | 华东、西北 |
| 普通本科院校（代码 3） | 师范类院校（代码 c） | 54.5% | 6 | 3－a、3－a、3－a、3－b、3－b、3－c | 东北、中南、西北、华东 |

在确定调查高校后，向上文所述的 11 所高校的学生发放了调查问卷，每个

学校发放100份问卷，共发放问卷1100份，回收问卷1021份。初步删除信息不全者问卷后得到有效问卷983份；又经过测谎题的测试，剔除无效问卷50份，最终得到用来统计分析的有效问卷933份。

在最后使用的有效问卷中，受试者性别分布情况为：女生532人，占总样本的57%；男生401人，占总样本的43%（详见表4-4）。

**表4-4 受试者性别分布表**

| 性别 | | 频数 | 百分比 | 有效的百分比 | 累积百分比 |
|---|---|---|---|---|---|
| 有效 | 男 | 401 | 43.0 | 43.0 | 43.0 |
| | 女 | 532 | 57.0 | 57.0 | 100.0 |
| | 总计 | 933 | 100.0 | 100.0 | |

在最后使用的有效问卷中，受试者所在年级分布情况为：大一学生人数最多，有652人，占总样本的69.9%；大二的学生148人，占总样本的15.9%；大三、大四学生比较少，占总样本的14.2%（详见表4-5）。这符合大学英语的教学安排现状，大学英语课程主要安排在大一、大二。部分学校的个别专业会在大三、大四的时候开设选修课或者专业必修课。

**表4-5 受试者所在年级分布表**

| 所在年级 | | 频数 | 百分比 | 有效的百分比 | 累积百分比 |
|---|---|---|---|---|---|
| 有效 | 大一 | 652 | 69.9 | 69.9 | 69.9 |
| | 大二 | 148 | 15.9 | 15.9 | 85.7 |
| | 大三 | 101 | 10.8 | 10.8 | 96.6 |
| | 大四 | 32 | 3.4 | 3.4 | 100.0 |
| | 总计 | 933 | 100.0 | 100.0 | |

在最后使用的有效问卷中，受试者所在学校类型的分布情况为：综合类高校人数最多，有431人，占总样本的46.2%；理工类高校次之，有341人，占总样本的36.5%；师范类最少，有161人，占总样本的17.3%。这与我国目前高校学科设置情况比较符合，综合类大学占大多数，理工类次之，师范类院校最少（详见表4-6）。

**表 4－6　受试者所在高校类型分布表**

| 高校类型 | | 频数 | 百分比 | 有效的百分比 | 累积百分比 |
| --- | --- | --- | --- | --- | --- |
| 有效 | 综合类 | 431 | 46.2 | 46.2 | 46.2 |
| | 理工类 | 341 | 36.5 | 36.5 | 82.7 |
| | 师范类 | 161 | 17.3 | 17.3 | 100.0 |
| | 总计 | 933 | 100.0 | 100.0 | |

在最后使用的有效问卷中，受试者所在高校层次分布情况为：985 高校为 156 人，占总样本的 16.8%；211 高校为 227 人，占总样本的 24.3%；普通高校为 550 人，占总样本的 58.9%（详见表 4－7）。

**表 4－7　受试者所在高校层次分布表**

| 高校层次 | | 频数 | 百分比 | 有效的百分比 | 累积百分比 |
| --- | --- | --- | --- | --- | --- |
| 有效 | 985 高校 | 156 | 16.8 | 16.8 | 16.8 |
| | 211 高校 | 227 | 24.3 | 24.3 | 41.1 |
| | 普通高校 | 550 | 58.9 | 58.9 | 100.0 |
| | 总计 | 933 | 100.0 | 100.0 | |

（三）研究方法

本研究的研究方法包括文献研究法、问卷调查法以及针对部分教师和学生的访谈法。下面将详细描述这三种研究方法的设计和使用情况。

1. 文献研究法

文献法也称历史文献法，就是搜集和分析研究各种现存的有关文献资料，从中选取信息，以达到某种调查研究目的的方法。任何研究都要基于前人已有研究的思想与观点。在本研究中，笔者通过学校的网络资源及图书馆提供的资料等，广泛地搜集了关于大学英语课程、大学英语教学、自主学习等方面的中外文期刊、书籍、硕博士论文等资料，并进行了详细的阅读。采用文献分析的方法，对通过各种渠道收集的资料进行了客观的分类、比较、分析，在此基础上归纳出自己的观点或结论。本研究第二章关于自主学习的概念、理论基础，以及前期研究的回顾；第三章关于大学英语课程概念、课程设计模式，以及影响自主学习的课程因素分析的部分都使用了文献研究的方法。前期文献研究，奠定了后面实证研究的理论框架和基础。

2. 问卷调查法

问卷调查法是外语教学研究中一种重要的数据收集手段，广泛应用于第一手研究。它可以用来测量人们过去的外语学习、教学经验或行为，包括外语教学所涉及的教学内容、教学对象、教学手段、学习方法、教学环境、教学评估等方面（秦晓晴，2011）。问卷的设计一般要遵循4个步骤。第一，确定研究主题；第二，分析与课题相关的变量；第三，转换变量为可操作概念；第四，分析变量的可操作概念与研究主题的逻辑关系，再设计问题。

本研究的调查问卷是"大学生自主学习情况调查问卷"，由3个部分构成。第一部分是个人基本资料，第二部分是大学生英语自主学习能力问卷，第三部分是大学英语课程中影响学生自主学习的因素问卷。问卷最后设立了一个开放式问题，受试者可以自由表达在大学英语学习过程中自己认为还存在的影响自主学习的其他因素。在设计问卷第二、第三部分的过程中，笔者首先分析了研究问题中的变量、找出研究维度、对照对部分外语教师和学生的访谈析出的维度，初步确定研究中使用的维度和子维度，并借鉴前人的研究结果设计出调查问卷；接着通过问卷试测，找出问卷中存在的问题，并经过数次的修改，直到设计出一份信度和效度相对较高的问卷；在接下来的问卷预调查中，在江苏省某高校发放112份问卷，收回112份问卷，有效问卷101份。用SPSS22.0对预测问卷进行初步分析，包括对问卷进行项目分析，检验问卷的信度、效度；然后，再次修改问卷直到确定了最后要在所调查的11所高校发放的最终问卷。对于问卷中尚未顾及的维度或者问题，笔者将通过质性的方法加以补充。

（1）调查问卷的最初构成

先导研究之后，形成了调查问卷的初稿，由3部分组成。个人基本信息为第一部分，共3题，包括性别、年级、所在高校类型；"大学生英语自主学习能力子问卷"为第二部分；"大学英语课程中影响学生自主学习子问卷"为第三部分。以下分别汇报两个子问卷的最初构成情况。

第一，大学生自主学习能力子问卷的最初构成。

根据本研究在第二章中对自主学习概念的界定，加上先导研究中对老师、学生的访谈，借鉴徐锦芬（2007）的"本科生自主性英语学习情况调查"问卷的维度，“大学生自主学习能力子问卷”编制为5个维度35个题项，分别是：对教师教学目的的要求与了解；学习目标的确立与学习计划的制定；学习策略的使用；对策略使用的监控；对学习过程的监控（见表4－8）。问卷采用李克特5级量表（Likert Scale）形式计分，1—5分分别代表“完全不符合我的情况”到“完全符合我的情况”。

**表4－8　大学生自主英语自主学习能力问卷（初稿）**

| 维度 | 题项 |
| --- | --- |
| 对教师教学目的的要求与了解 | 1、2、3、4、5 |
| 学习目标的确立与学习计划的制订 | 6、7、8、9、10 |
| 学习策略的使用 | 11、12、13、14、15 |
| 对策略使用的监控 | 16、17、18、19、20、21、22 |
| 对学习过程的监控 | 24、25、26、27、28、29、30、31、32、33、34、35 |

第二，大学英语课程中影响学生自主学习因素子问卷的最初构成。

如前所述，学生的自主学习不仅仅受到自身自主学习能力的制约，还受到大学英语课程诸因素的影响（见第三章第四节的论述）。大学英语课程是学生赖以进行外语学习的直接环境，在学生自主学习的过程中起着很重要的作用，在不同的课程设置模式下，教师的教学模式不同，教学评估方式不同，使用教材不同，所提供的信息技术的不同，都会导致学生学习自主性改变。但是从课程这么一个宏观的角度来研究对学生自主学习能力影响的调查问卷基本没有。本研究根据构成大学英语课程的5个维度分别编制其影响大学生英语自主学习能力的题项。对教师因素、信息技术因素、教学评估因素这三个因素来说，由于已有这几个主题与大学生自主学习能力相关的实证研究，所以本研究在编制这三个因素部分题项时，分别借鉴了相关研究中部分题项。教师因素维度主要借鉴了郭继荣（2010）编制的影响大学生英语自主学习能力的教师量表的部分题项，量表有23个题项，本研究根据前期文献综述和先导研究中的访谈，教师影响因素部分初步确定为20个题项。对于信息技术因素维度部分，本研究结合文献综述和先导访谈的结果，把这部分分为3个子维度，即信息技术下学生学习方式、个性化学习以及互动学习。教学评估因素维度主要借鉴了沈梅英（2010）的文章“形成性评估在学生自主学习能力评价中作用的实证研究”一文中关于形成性评估内容的构想，文中把形成性内容分为个人评估、同伴互评、教师评估这三个方面，但由于本研究把教师专门作为一个影响因素来研究，所以只选取了个人评估和同伴互评的两个部分，具体题项则根据前期文献分析和先导研究中访谈内容来进行编制。然而，对于课程设置和教材这两个影响因素，笔者没有找到相关度较高的已有问卷，这两个因素中的题项主要基于对前期文献的归纳、总结和对专家教师、学生的访谈编制而成。最后形成了大学英语课程中影响学生自主学习能力子问卷的维度和子维度，包括5个一级维度16个二级维度，共111个题项（表4-9）。问卷也采取李克特5级量表形式计分，从1—5分表示从“完全不同意”到“完全同意”。

**表4-9 大学英语课程中影响学生自主学习因素问卷（初稿）**

| 维度 | 子维度 | 题项 |
| --- | --- | --- |
| 教师因素 | 教学理念 | 1、2、3、4、5、6、7、8、9 |
| | 教学方法 | 10、11、12、13、14、15 |
| | 教学手段 | 16、17、18、19、20 |
| 课程设置因素 | 通用英语课程 | 21、22、23、24、25、26 |
| | 通识英语课程 | 27、28、29、30、31、32、33 |
| | 专门用途英语课程 | 34、35、36、37、38 |
| 教材因素 | 教材的共性要求 | 39、40、41、42、43、44、45、46、47 |
| | 通用英语教材 | 48、49、50、51、52、53 |
| | 通识英语教材 | 54、55、56、57 |
| | 专门用途英语教材 | 58、59、60、61、62、63 |
| 信息技术因素 | 个性化需求 | 64、65、66、67、68、69、70、71、72、73、74、75、76 |
| | 学习方式 | 77、78、79、80、81、82、83、84、85、86、87、88、89 |
| | 互动学习表现 | 90、91、92、93、94、95 |

续表

| 维度 | 子维度 | 题项 |
|---|---|---|
| 教学评估因素 | 学习动机和学习兴趣 | 96、97、98、99、100、101 |
| | 自主学习能力 | 102、103、104、105、106、107 |
| | 合作学习能力 | 108、109、110、111 |

（2）调查问卷的修改过程

问卷的第一次试测是在来自全国不同省份的高校专家、教学经验丰富的一线教师中进行的，其学历构成有博士、在读博士、硕士，职称构成有教授、副教授、讲师，共22人（学研共同体）。在认真作答之后，他们对问卷提出了许多修改意见。例如，个人信息部分可以加上所在高校层次，这样把调查高校的类型和层次都能表现出来，研究也可以更具有代表性；问卷题项太多，学生在答题时可能会失去耐心；甚至产生厌倦情绪从而影响问卷信度；子问卷中关于术语的表述，应该换成学生可以理解的词语或者方式（如在通用英语课程后面加上括号，注明是大学英语课程），这样可以增加问卷的信度。

试测结束后，笔者根据参加试测的教师在问卷上的留言及提问，又对这部分教师进行了逐一回访，把存在的问题与这些教师进行交叉探讨，旨在辨别题项设置的合理性、表达方法的适切性以及考察内容的涵盖面。经过数次的讨论，笔者对子问卷不断研读和分析之后发现，问卷中还存在一些问题。题项在表述方面存在着不同维度的表述方式有差异，应该统一起来，都要站在学生的角度来看问题，也就是说要考察这些因素对学生自主学习的某些影响；第一个子问卷考察的是学生自身的自主学习能力现状，应该结合本研究的研究问题对维度进行拆分、合并、修改；简化题项表达，减轻学生答题负担，增加问卷信度。两个子问卷都存在着进一步使维度、子维度精确化、准确化，使其更符合本研究的框架。

根据以上参加试测的专家、一线教师提出的意见，加上同部分教师的交叉研讨、辩论，笔者经过认真的分析、思考后对试测问卷中的问题进行了大幅修改。初步完善后的问卷仍然由三部分组成，第一部分是学生个人基本信息，增加了所在高校层次。对第一个子问卷的维度进行了调整，把关于教师部分的题项归并到第二个子问卷的教师因素部分，把教学目标的确立和学习计划的制订调整到第一个维度；增加了第二个维度学习内容的选择；第三个维度依然是学习策略的使用；第四个维度修改为对学习过程的监控；第五个维度增加了学习反思与改进。对各维度的题项进行合并、删除后，最终确定第一个子问卷由5个维度32个题项构成。题项中文字的表述更为简洁、清晰，减轻了学生答题负担，进一步增强问卷的信度。第二个子问卷也做出了很大的修改，5个大维度虽然保持没变，但是对其下设的子维度做出了增补、合并等调整和改变措施，尤其是在对题项的表述上进行逐条分析、过滤、删除、合并等修改措施，最后确定了75个题项。这样才得到了经过十几次修改后的最终问卷稿。详见表4-10。

**表4-10 大学英语自主学习情况调查问卷（修改稿）**

| 大学生英语自主学习能力现状子问卷 | |
|---|---|
| 维度 | 题项 |
| 学习目标确立与学习计划制订 | 1、2、3、4、5 |
| 学习内容选择 | 6、7、8、9、10 |
| 学习策略使用 | 11、12、13、14、15 |
| 学习过程监控 | 16、17、18、19、20、21、22、23 |
| 学习反思与改进 | 24、25、26、27、28、29、30、31、32 |

| 大学英语课程中影响学生自主学习的因素子问卷 | | |
|---|---|---|
| 维度 | 子维度 | 题项 |
| 教师因素 | 教学理念 | 1、2、3、4、5、6、7、8、9 |
| | 教学方法 | 10、11、12、13、14、15 |
| | 教学手段 | 16、17、18、19、20 |
| 课程设置因素 | 通用英语课程 | 21、22、23、24、25、26 |
| | 通识英语课程 | 27、28、29、30、31、32 |
| | 专门用途英语课程 | 33、34、35 |
| 信息技术因素 | 个性化需求 | 36、37、38、39、40 |
| | 学习方式 | 40、41、42、43、44、45、46 |
| | 互动学习表现 | 47、48、49、50、51、52 |

续表

大学英语课程中影响学生自主学习的因素子问卷

| 维度 | 子维度 | | 题项 |
|---|---|---|---|
| 教材因素 | 通用英语教材 | 教材内容 | 53、54、55、56、57 |
| | | 教材语言 | 58、59 |
| | | 教材中策略培训内容 | 60、61、62、63、64 |
| | 通识英语教材 | | 65、66 |
| | 专门用途英语教材 | | 67、68 |
| 教学评估因素 | 学习动机和学习兴趣 | | 69、70 |
| | 自主学习能力 | | 71、72、73、74、75 |

（3）调查问卷的预测过程

形成最终的问卷后，为了保证研究结果的可靠性，本研究发放预测问卷，受试对象是江苏某高校2014级的2个班，共发放问卷112份，回收问卷112份，得到有效问卷101份。将结果录入SPSS22.0，进行数据分析，对预测问卷进行了项目分析、信度和效度检验。发放对学生的试测问卷后，又通过对2名老师和6名学生的访谈收集他们对预测问卷的反馈意见。

［项目分析］为了鉴别问卷的具体题项是否能清楚地区分受试者而进行的检验。本研究对受试者在问卷的得分总和进行高低排序，总分最高的25%的受试者称为高分组，总分最低的25%的受试者称为低分组，然后对比两组在每道题上得分的平均值差异，分析其差异的显著性。独立样本T检验适合于比较来自两个不同样本的平均值是否有显著性差异，所以本研究使用独立样本T检验来比较高分组和低分组均值的差异性，结果表明在大学生英语自主学习能力子问卷的32个题项中，第4、8、13、18、27题达不到显著性水平的要求（$P \leqq 0.05$），为了保证问卷题项具有较好的区分度，本研究删除这5个题项。而大学英语课程中影响学生自主学习因素问卷的75个题项中，第3、7、12、29、42、45题达不到显著性水平要求，给予删除。

［信度检验］问卷的信度是指在研究中使用问卷对受试者进行检测时，所得到测试数据真实程度的指标，即所用调查问卷的可靠性和准确性。在对问卷进

行数据分析之前，应该考察其信度，以确保测试的质量。内部一致性系数（Cronbach's Alpha 系数）反映了每个因素中的项目是否测量了相同或相似的特质，是重要的同质性信度指标。若 Alpha 值 <0.35，则可靠性低；0.35≤Alpha 值 <0.7，则可靠；Alpha 值≥0.7，则可靠性高（林杰斌，2004）。

检测结果表明，预测问卷具有良好的信度，大学生英语自主学习现状子问卷的 Cronbach's Alpha 系数为 0.925（见表 4-11），表明子问卷 5 个维度 27 题项之间具有较好的一致性。大学英语课程中影响学生自主学习的因素子问卷的 Cronbach's Alpha 系数为 0.931（见表 4-12），表明大学英语课程中的 5 个影响因素及 69 个题项之间内容具有较好的一致性。

**表 4-11　大学生英语自主学习现状子问卷信度（预测）**

| Cronbach's Alpha | 项数 |
|---|---|
| 0.925 | 27 |

**表 4-12　大学英语课程中影响学生自主学习的因素子问卷信度（预测）**

| Cronbach's Alpha | 项数 |
|---|---|
| 0.931 | 69 |

[效度检验] 在检测了问卷的信度之后，本研究又对问卷的效度进行了检测。问卷的效度是指测量工具对测量对象的测量能力，也就是说，测量工具可以在多大程度上测量所要测量的东西（秦晓晴，2009）。效度有内在效度和外在效度之分，本研究要关注的是调查问卷的内在效度，其中包括内容效度和结构效度。内容效度涉及问卷各题项的关联性以及整个问卷的覆盖范围，来判断问卷是否测量了想要测量的东西，以及问卷各题项的关联性程度，也就是要看问卷的题项和研究目的之间是否存在逻辑关系，这种关系也被称为表面效度。本研究是基于文献分析和教师、学生访谈之后构建的问卷，具有良好的内容效度。结构效度的确立要依靠统计方法来完成，在社会科学领域，因子分析是常用的检测问卷结构效度的统计方法。如果研究者事先对观测数据背后存在的因子一无所知或知之甚少，就要使用探索性因子分析方法获得因素的数目。本研究基于文献分析和先导研究访谈对大学生英语自主学习能力的因子做出了构建，对大学英语课程中影响学生自主学习的因素进行了初步构建，又经过多次的试测、

修改，所以在此会使用验证性因子分析的方法来检验问卷的结构效度。

在进行验证性因素分析的过程中，本研究采用主成分分析法。首先进行KMO检验和Bartlett球形检定来查看问卷是否适合做分子分析，KMO值越高（接近1.0时），表明变量间共同因子越多，相关性更大。KMO值达到0.9以上为非常好，0.8—0.9为好，0.7—0.8为一般，0.6—0.7为差，0.5—0.6为很差。然后，对两个子问卷分别进行了验证性因子分析。

大学生自主学习能力现状子问卷的验证性因子分析结果汇报如下。在对5个维度一一进行探索性因素分析后发现，各维度的Bartlett球形检定值均达到了显著性水平的要求，KMO值如表4-13所示。

**表4-13　大学生英语自主学习能力现状各维度KMO值**

| 维度 | 学习目标确订与学习计划制订 | 学习内容选择 | 学习策略选择 | 学习过程监控 | 学习反思与改进 |
|---|---|---|---|---|---|
| KMO值 | 0.836 | 0.813 | 0.857 | 0.740 | 0.802 |

从表4-13可以看出学习过程监控和学习反思与改进两个维度KMO值偏低，同时成分矩阵表也显示出各维度萃取的因子数目如下表（表4-14）。

**表4-14　大学生英语自主学习现状各维度提取因子表**

| 维度 | 学习目标确定与学习计划制订 | 学习内容选则 | 学习策略选择 | 对学习过程监控 | 学习反思与改进 |
|---|---|---|---|---|---|
| 提取因素数目 | 1 | 1 | 1 | 2 | 3 |

从表4-14可以看出，前三个维度萃取因子数目均为1个，后两个维度萃取因子数目分别为2个和3个；对比表4-10后发现，学习过程监控维度萃取的因子数目多出1个，学习反思与改进维度萃取的因子数多出2个。鉴于此，本研究对萃取了2个因子和3个因子的维度进行了题项的再次核定，结合对教师、学生征求的意见，再次删除、合并了整个子问卷部分题项，最后确定了大学生英语自主学习现状子问卷21个题项。

大学英语课程中影响学生自主学习因素子问卷验证性因子分析结果汇报如下。在对5个维度进行探索性因素分析后发现，各维度的Bartlett球形检定值均达到了显著性水平的要求，KMO 值如表 4－15 所示。

**表 4－15 大学英语课程对学生自主学习影响因素各维度 KMO 值**

| 维度 | 教师 | 课程设置 | 信息技术 | 教材 | 教学评估 |
|---|---|---|---|---|---|
| KMO 值 | 0.858 | 0.736 | 0.721 | 0.804 | 0.804 |

可以看出，课程设置和信息技术两个维度的 KMO 值偏低，同时成分矩阵表显示出各维度萃取因素数目如下（表 4－16）。

**表 4－16 大学英语课程对学生自主学习影响因素各维度提取因子表**

| 维度 | 教师 | 课程设置 | 信息技术 | 教材 | 教学评估 |
|---|---|---|---|---|---|
| 提取因素数目 | 4 | 5 | 5 | 6 | 1 |

对比表 4－16 和表 4－10 发现，教师因素萃取的因子数目多出 1 个，课程设置因素和信息技术因素萃取的因子数多出 2 个，教材因素萃取的因子数为 6 个，教学评估因素只萃取了 1 个因子。因此，本研究对各维度的题项进行调整，结合对教师、学生征求的意见，再次删除、合并了整个子问卷部分题项，最后确定大学英语课程中影响学生自主学习的因素子问卷 61 个题项，并增加了一道开放题，增设了一组测谎题 1－3。

在此次修改过程中，问卷的修订还得到了有经验的专家、老师的指导和帮助。经过多次修改后，最终形成了“大学生英语自主学习情况调查问卷”。问卷包括 3 个部分，第一部分是学生个人基本信息，有 4 个题项；第二部分是学生自主学习能力子问卷，有 5 个维度 21 个题项；第三部分是大学课程体系中影响学生自主学习的因素子问卷，有 5 个大维度 61 个题项，最后增设开放式问答题 1 项。整个问卷的形成过程概览如图 4－3 所示。

3. 访谈法

上节所述的问卷调查法主要是从量化的形式探究大学英语课程中影响学生自主学习的因素。然而，由于问卷调查方法有一定的局限性，比如，问卷中的维度、题项不可能涵盖所要研究问题的全部，在进行语言描述时不可能包括所有场景，再加上受试者中总有不认真作答的学生，这些因素都会对研究数据产生影响。所以，质性访谈在研究中是不可或缺的存在，它和问卷的量化数据分

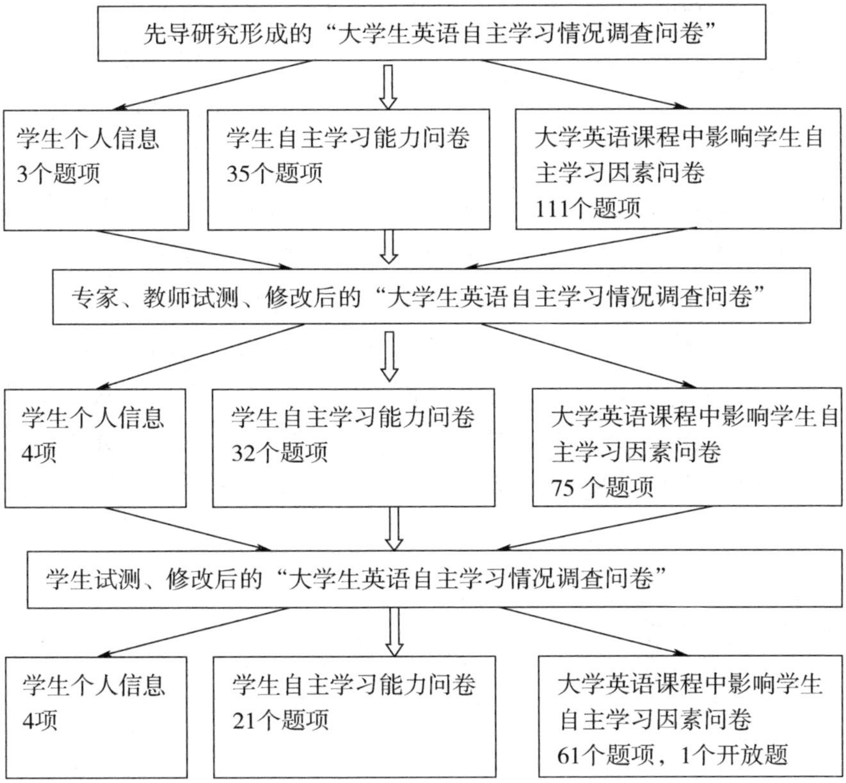


**图 4－3　大学生英语自主学习情况调查问卷形成过程概览**

析在本研究中起到了相互印证的作用。

根据本研究的研究设计，在前期先导研究部分对部分外语教师、学生的半结构访谈中获得了丰富的、充足的影响学生自主学习因素的信息量，为编制调查问卷提供了有力的支撑。而在正式研究部分对部分所调查高校的教师、学生进行访谈时，采用了是个别访谈和集体访谈相结合的方式，对部分教师和学生进行了深度访谈。访谈问题主要围绕 3 个研究问题，以及问卷分析结果中呈现出的“异常”问题，其目的旨在了解现象背后的原因，通过质性的方法对量化数据加以解释、补充、说明。

（1）访谈对象

本研究选取了部分所调查高校的老师和学生进行深度访谈。访谈高校的选择根据分层抽样和方便抽样的原则，结合学校类别和层次选取4所高校进行访谈，即访谈的高校中有985高校、211高校、省属高校，综合类高校、师范类高校及理工类高校，每所高校选取教师2名、学生6名作为访谈对象。

根据访谈的不同目的，在先导研究部分，本研究选取了高绩效样本的访谈对象，其目的在于充分获取关于自主学习的影响因素。而在正式研究的深度访谈部分，为了找出量化数据中出现问题的原因，本研究采用选取优秀样本和一般样本相结合的方法，在抽样访谈的每所高校，结合性别差异的原则和学生英语水平优、中、差的原则，在征得学生同意的基础上，由老师推荐选取6名学生。4所高校共选取8名老师、24名学生。为了保护被采访者的隐私，24名学生和12名老师都将使用代码进行标注，分别称为S1到S24，T1到T8，在后面章节的讨论中引用访谈内容时，也都将使用代码表示。详细信息见表4－17。

**表4－17　访谈教师、学生个人信息**

| 被采访者类别 | 教师 | 学生 |
|---|---|---|
| 被采访者人数 | 8人 | 24人 |
| 被采访者性别 | 不限 | 男生12人，女生12人 |
| 访谈内容 | 教师访谈提纲 | 学生访谈提纲 |

（2）访谈提纲的研制

根据本研究的设计，在先导研究部分，出于获得大量信息的需求，笔者对部分外语专家和学生采用了半结构化的访谈，提纲则是在文献综述之后，根据3个研究问题所拟定。在正式访谈部分，由于访谈目的更具体、更具针对性，笔者对先导研究中使用的访谈提纲进行了修改，形成深度访谈提纲。两次访谈中的教师访谈提纲要点对比见表4－18，学生访谈提纲要点对比见表4－19。

**表4－18　两次教师访谈提纲的对比**

| 先导研究访谈提纲要点 | 正式研究访谈提纲要点 |
|---|---|
| 学生自主学习要具备的能力 | |
| 学生的英语学习自主性现状 | |

续表

| 先导研究访谈提纲要点 | 正式研究访谈提纲要点 |
| --- | --- |
| 教师对学生自主学习能力影响的方面 | 教师怎样影响了学生的自主学习 |
| 课程设置对学生自主学习能力影响的方面 | 课程设置怎样影响了学生的自主学习 |
| 信息技术对学生自主学习能力影响的方面 | 信息技术怎样影响了学生的自主学习 |
| 教材对学生自主学习能力影响的方面 | 教材怎样影响了学生的自主学习 |
| 教学评估对学生自主学习能力影响的方面 | 教学评估怎样影响了学生的自主学习 |
| 影响学生自主学习能力的其他因素 | 哪个因素对学生自主学习影响最大 |

**表 4－19　两次学生访谈提纲的对比**

| 先导研究访谈提纲要点 | 正式研究访谈提纲要点 |
| --- | --- |
| 自主学习要具备的能力 | |
| 学习自主性现状 | |
| 教师对自主学习能力影响的方面 | 教师怎样影响了自主学习 |
| 课程设置对自主学习能力影响的方面 | 课程设置怎样影响了自主学习 |
| 信息技术对自主学习能力影响的方面 | 信息技术怎样影响了自主学习 |
| 教材对自主学习能力影响的方面 | 教材怎样影响了自主学习 |
| 教学评估对自主学习能力影响的方面 | 教学评估怎样影响了自主学习 |
| 影响自主学习能力的其他因素 | 哪个因素对自主学习影响最大 |

（3）访谈的实施

笔者于 2015 年 10 月份在江苏省某高校和上海市的某 3 所高校对 8 名老师和 24 名学生进行了个人和集体访谈方式相结合的半结构访谈。访谈均采取面谈的形式进行，教师、学生访谈的时间、地点均经双方沟通后配合被采访者的需求来定。教师访谈的地点多在教研室或者教师休息室，如果恰好有别的老师在，就跟对方打招呼并解释说明，老师们都很配合访谈对环境的需求；访谈时间一般安排在上午下课后至下午上课前，或者下午下课后。学生访谈地点在教室或者公寓楼下大厅的会客区，这样选择一来很方便，二来学生也觉得更自然、放松，从而使得整个访谈效果更客观、真实；学生的访谈时间也是配合学生的时间，在下午上课前或者下午没课、傍晚晚饭后的时间段。

在访谈时，笔者除了携带录音需要的工具、笔、纸外，还给接受访谈的学生准备了一些文件袋、彩色记号笔等小礼物。经过被采访者的同意，对整个访谈过程进行了录音，之后进行录音转写，整理为访谈案例。

（四）数据收集

1. 调查问卷的发放和收集

经过对调查问卷的预调查，确定最终在所调查高校发放的问卷后，笔者在2015年6月份进行了问卷的发放和回收。考虑到答题者的意愿、问卷回收的有效性、问卷回收的及时性，以及问卷回收后统计工作的相对准确性和便捷性等原因，本研究在每一所调查高校都有相关联系人，帮助发放和回收问卷，并邮寄给笔者。

调查问卷发放的方式经过笔者与联系人商议，采用纸上答题或者网上答题的方式进行，纸质的问卷和网上的问卷内容完全一样。采用纸质问卷答题的高校，由笔者把纸质问卷打印出来，快递给联系人；笔者委托联系人把答卷发放到答题者手中，并负责宣读答题说明、回收问卷，并快递给笔者；笔者进行数据录入和整理。采用网上答题的高校，由笔者把问卷发布到问卷星上，并把链接通过QQ或者微信发给联系人；笔者委托联系人把问卷的链接发放给答题者，并负责答题说明的解释；答题者答完问卷上的所有问题，提交问卷后，笔者从问卷星上直接可以回收到问卷数据。

本研究调查的高校有5所高校采取现场发放纸质问卷的方式，共发放纸质问卷500份，回收500份，初步剔除信息不全的无效问卷38份，得到有效问卷462份，问卷有效率为92.4%；有6所高校采取通过网络链接的方式来答题，共发放链接给600名答题者，收到有效问卷数据521份，问卷有效率为86.8%；相比之下，纸质问卷回收有效率高出5.6%。两种方式总共得到有效问卷983份，问卷总有效率为89.3%（问卷回收详细信息见表4-20）。接着，用SPSS22.0对纸质的462份有效问卷进行了数据编码并录入到原始数据文件中；通过网络链接方式得到的521份问卷可以直接导出SPSS格式保存。最后，把纸质和网络链接的数据整合到一个SPSS文档便于下一步进行数据分析。

表 4-20 大学生英语自主学习情况调查问卷回收情况

| 收集方式＼份数 | 发放 | 回收 | 信息不全 | 最初录入 | 问卷有效率 |
|---|---|---|---|---|---|
| 纸质问卷 | 500 | 500 | 38 | 462 | 92.4% |
| 网络链接 | 600 | 521 | 0 | 521 | 86.8% |
| 总计 | 1100 | 1021 | 38 | 983 | 89.3% |

2. 半结构访谈数据的收集

半结构访谈数据的收集主要是通过录音和转写文本的方式进行。在先导研究的访谈中，受访教师共 10 名，学生共 10 名，来自不同类型的高校，具有一定的代表性。每一位受访教师的访谈时间大约为 20 分钟；学生访谈分为两组，每组约为 1 个小时；共收回大约 8 个小时的录音文件，转写为文本文字，去除无用信息后共有 2 万多字。这些数据在编写调查问卷的过程中与文献综述结果共同形成了调查问卷的维度以及条目。在正式研究的深度访谈中，受访学生共 24 名，老师 8 名。教师访谈一般采取个人访谈形式进行，时间大约为每人 20—30 分钟；学生访谈一般采取小组集体访谈的形式进行，2—3 个学生为一组，每组时间约 30 分钟，全部采取面谈的方式进行，共收回大约 12 个小时的录音或语音记录文件，转写为文本文字，去除无用信息后共有 4 万多字。这些数据将与量化数据形成三角验证，并对量化研究进行补充说明。

3. 问卷开放式问题答案数据的收集

在调查问卷的最后设置了一道开放式问题“您认为大学英语课程中还有哪些因素会影响学生的自主学习”，学生完成问卷后，如果认为在大学英语课程中还有其他影响其自主学习的因素，而问卷中尚未涉及，就可以在此部分写下来。对于这个部分的答案，笔者主要通过手工归并的方式，即根据答案的内容，将其归并到课程体系中某个维度的范围内，或者重新列出新的因素，用这些质性数据来验证问卷所收集的量化数据。

（五）数据分析

本研究的数据分析由两部分构成：定量数据分析和定性数据分析。在定量数据分析部分，使用 SPSS22.0 统计软件对获得的 983 份调查问卷进行检测和分析。在质性访谈数据部分，对访谈所获得的录音转写文字进行编码、分类，形成访谈案例。对于调查问卷的开放式问题的内容进行手工归并，用来验证量化数据或进行定性分析。

1. 定量数据分析

调查问卷整理到SPSS22.0文档中后，首先对这些数据进行测谎题检验，即以互为反向题形式出现的题项中的选择项不应该出现在同一侧。以此为原则对问卷数据进行进一步筛选，剔除无效问卷50份，得到有效问卷933份，对这些有效问卷的数据进行下一步的统计分析。接着，本研究对反向题进行了数据处理，反向题的设计是为了避免答题者因为连续的正面提问而可能出现思维趋同倾向，因而在问卷中设计了两道反向题，在进行统计分析之前，对这些数据进行反向赋值。接下来，要对整个问卷的信度和效度进行分析。

（1）调查问卷的信度分析

如前所述（见本章第二节调查问卷的预测过程），信度是所得到测试数据真实程度的指标，表示所用调查问卷的可靠性和准确性。检验结果显示，本问卷82个题项的总体信度系数为0.969，符合Devellis、Nunally等人建议的0.7以上的标准，表明本问卷的项目一致性信度很高，测量结果是可靠的。详见表4-21。

**表4-21　大学生英语自主学习情况问卷信度**

| Cronbach's Alpha | 项数 |
|---|---|
| 0.969 | 82 |

大学生自主学习能力现状子问卷21个题项的信度系数为0.903，表明本子问卷的题项一致性较高，测量结果是可靠的。详见表4-22。

**表4-22　大学生英语自主学习能力现状子问卷信度**

| Cronbach's Alpha | 项数 |
|---|---|
| 0.903 | 21 |

而大学英语课程中影响学生自主学习子问卷61个题项的信度系数为0.963，表明本子问卷的题项一致性较高，测量结果是可靠的。详见表4-23。

**表 4－23 大学英语课程中影响学生自主学习能力子问卷信度**

| Cronbach's Alpha | 项数 |
|---|---|
| 0.963 | 61 |

综合以上，本研究的调查问卷具有良好的信度，测量结果是有质量的、可靠的。

（2）调查问卷的效度分析

如前所述（见本章第二节调查问卷的预测过程），问卷的效度分为内在效度和外在效度，本研究要关注的调查问卷的内在效度，内在效度又分为内容效度和结构效度。内容效度主要考察问卷题项和研究目的之间是否存在逻辑关系，本研究的调查问卷是根据前期的文献分析得出大学英语课程中影响学生自主学习因素的初步框架，根据这个框架进行外语专家教师、学生的访谈，通过梳理文献和比照访谈资料，编制了调查问卷，又进行了多次修改，以符合调查问卷表面效度的要求。结构效度主要依靠统计学的方法来完成，因为本研究在前期已经构建了大学英语课程中影响学生自主学习的因子框架，还在调查问卷形成过程中做过预测研究，对预测问卷的信度、效度已经做过较为详细的汇报，所以本研究在此会使用验证性因子分析的方法分别汇报两个子问卷的结构效度。

汇报大学生英语自主学习能力现状子问卷的验证性因子分析结果。

在对第一个维度（学习目标的确立和学习计划的制定）进行探索性因素分析后发现，其 KMO 值为 0.854，Bartlett 球形检验值达到显著水平，萃取 1 个因子（图 4－4）。

| KMO 与 Bartlett 检验 | | |
|---|---|---|
| Kaiser－Meyer－Olkin 测量取样适当性 | | 0.854 |
| Bartlett 的球形检验 | 近似卡方 | 1446.635 |
| | Df | 6 |
| | 显著性 | 0.000 |

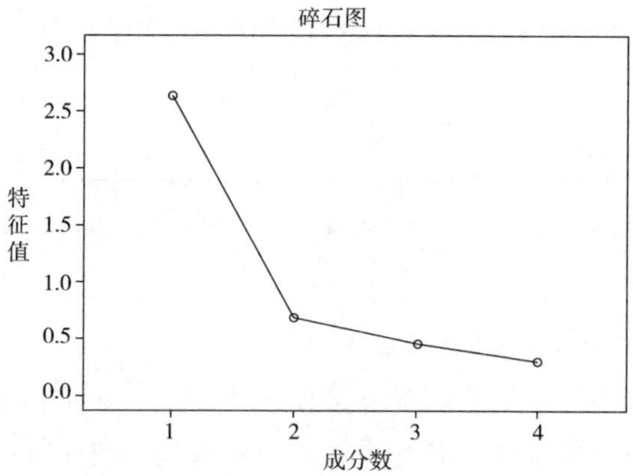


**图 4-4　大学生英语自主学习现状第一个主成分萃取示意图**

在对第二个维度（学习内容的选择）进行探索性因素分析后发现，其 KMO 值为 0.799，Bartlett 球形检验值达到显著水平，萃取 1 个因子（图 4-5）。

| KMO 与 Bartlett 检验 | | |
|---|---|---|
| Kaiser-Meyer-Olkin 测量取样适当性 | | 0.799 |
| Bartlett 的球形检验 | 近似卡方 | 779.380 |
| | Df | 6 |
| | 显著性 | 0.000 |

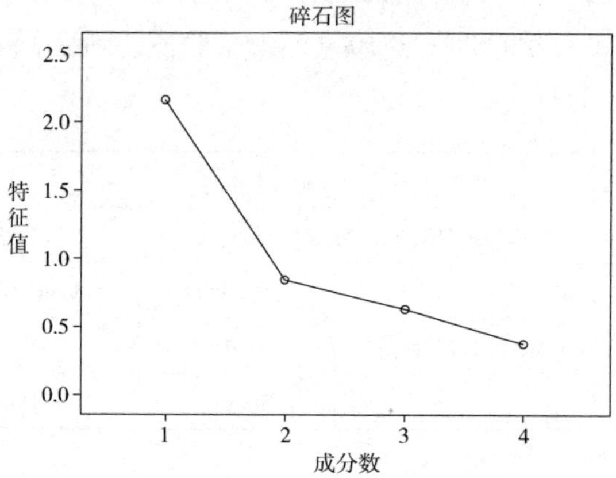


**图 4-5　大学生英语自主学习现状第二个主成分萃取示意图**

在对第三个维度（学习策略的使用）进行探索性因素分析后发现，其 KMO 值为 0. 871，Bartlett 球形检验值达到显著水平，萃取 1 个因子（图 4 –6）。

| KMO 与 Bartlett 检验 | | |
|---|---|---|
| Kaiser – Meyer – Olkin 测量取样适当性 | | 0. 871 |
| Bartlett 的球形检验 | 近似卡方 | 974. 903 |
| | Df | 6 |
| | 显著性 | 0. 000 |

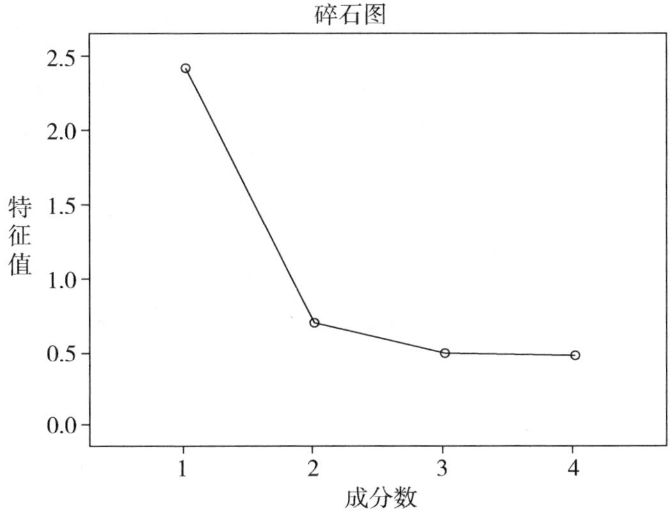


**图 4 –6　大学生英语自主学习现状第三个主成分萃取示意图**

在对第四个维度（学习过程监控）进行探索性因素分析后发现，其 KMO 值为 0. 843，Bartlett 球形检验值达到显著水平，萃取 1 个因子（图 4 –7）。

| KMO 与 Bartlett 检验 | | |
|---|---|---|
| Kaiser – Meyer – Olkin 测量取样适当性 | | 0. 843 |
| Bartlett 的球形检验 | 近似卡方 | 1571. 484 |
| | Df | 10 |
| | 显著性 | 0. 000 |

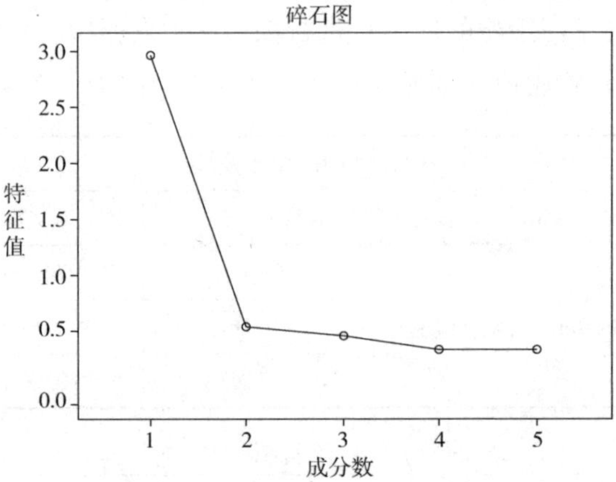


**图 4－7　大学生英语自主学习现状第四个主成分萃取示意图**

在对第五个维度（学习反思与改进）进行探索性因素分析后发现，其 KMO 值为 0.876，Bartlett 球形检验值达到显著水平，萃取 1 个因子（图 4－8）。

| KMO 与 Bartlett 检验 | | |
|---|---|---|
| Kaiser－Meyer－Olkin 测量取样适当性 | | 0.876 |
| Bartlett 的球形检验 | 近似卡方 | 1216.304 |
| | Df | 6 |
| | 显著性 | 0.000 |

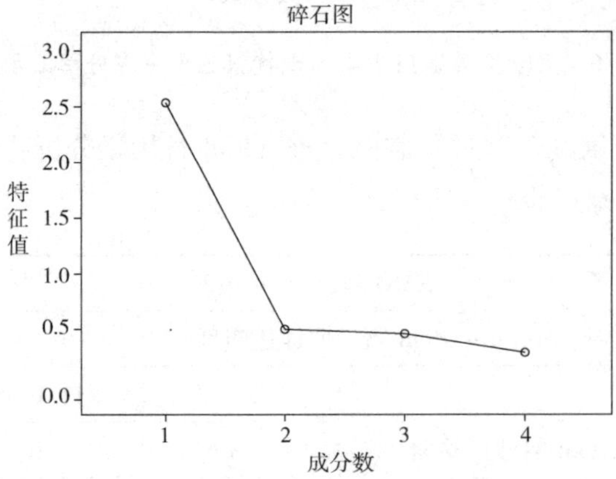


**图 4－8　大学生英语自主学习现状第五个主成分萃取示意图**

根据上述对大学生英语自主学习现状问卷的验证性因子分析发现，特征值大于1的因素共有5个，与本子问卷中的5个维度相对应；而上述所有的KMO值和Bartlett球形检验值也都同时验证了各维度的相对独立性。因此，经过验证性因子分析，证明本子问卷具有良好的结构效度，对测量对象具有一定的测量能力。下面将对大学英语课程中影响学生自主学习因素子问卷进行验证性因子分析。

第一个维度（教师因素）包括3个子维度，分别是教学理念、教学方法和教学手段。进行探索性因素分析后发现，其KMO值为0.935，Bartlett球形检验值达到显著水平，萃取3个因子（图4-9）。

| KMO与Bartlett检验 | | |
|---|---|---|
| 取样足够度的Kaiser-Meyer-Olkin度量 | | 0.935 |
| Bartlett的球形检验 | 近似卡方 | 6106.821 |
| | Df | 91 |
| | Sig. | 0.000 |

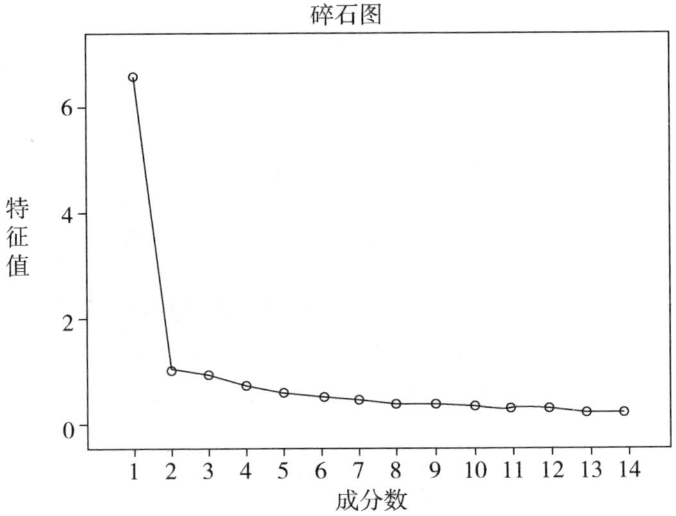


**图4-9 教师维度因子萃取成分示意图**

第二个维度（课程设置因素）包括3个子维度，分别是教学理念、教学方法和教学手段。进行探索性因素分析后发现，其KMO值为0.916，Bartlett球形检验值达到显著水平，萃取3个因子（图4-10）。

| KMO 与 Bartlett 检验 | | |
|---|---|---|
| Kaiser-Meyer-Olkin 测量取样适当性 | | 0.916 |
| Bartlett 的球形检验 | 近似卡方 | 5859.270 |
| | Df | 78 |
| | 显著性 | 0.000 |

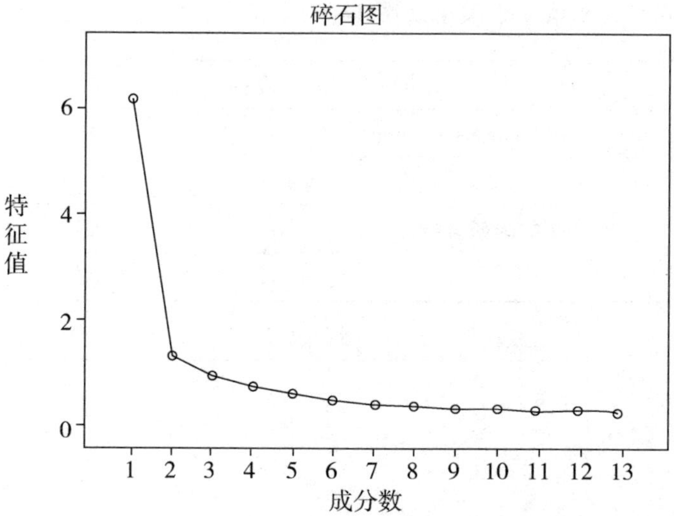


**图4-10　课程设置维度因子萃取成分示意图**

第三个维度（信息技术因素）包括3个子维度，分别是信息技术下学生的个性化需求、自主学习方式，以及互动学习。进行探索性因素分析后发现，其KMO值为0.903，Bartlett球形检验值达到显著水平，萃取3个因子（图4-11）。

| KMO 与 Bartlett 检验 | | |
|---|---|---|
| Kaiser-Meyer-Olkin 测量取样适当性 | | 0.903 |
| Bartlett 的球形检验 | 近似卡方 | 6095.386 |
| | Df | 91 |
| | 显著性 | 0.000 |

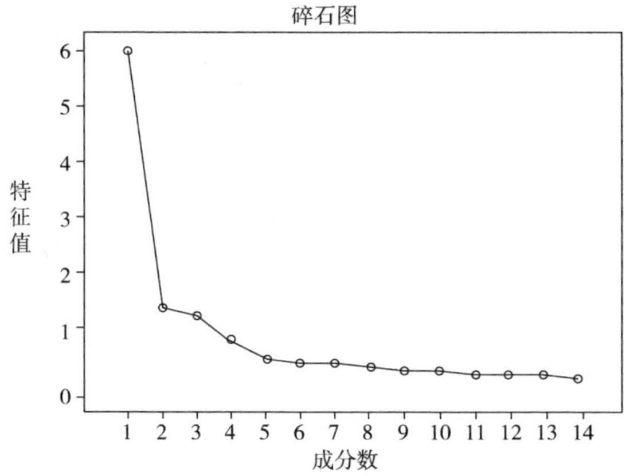


**图 4-11　信息技术维度因子萃取成分示意图**

第四个维度（教材因素）包括 3 个子维度，分别是通用英语教材、通识英语教材和专门用途英语教材。进行探索性因素分析后发现，其 KMO 值为 0.914，Bartlett 球形检验值达到显著水平，萃取 3 个因子（图 4-12）。

| KMO 与 Bartlett 检验 | | |
|---|---|---|
| Kaiser-Meyer-Olkin 测量取样适当性 | | 0.914 |
| Bartlett 的球形检验 | 近似卡方 | 6097.421 |
| | Df | 78 |
| | 显著性 | 0.000 |

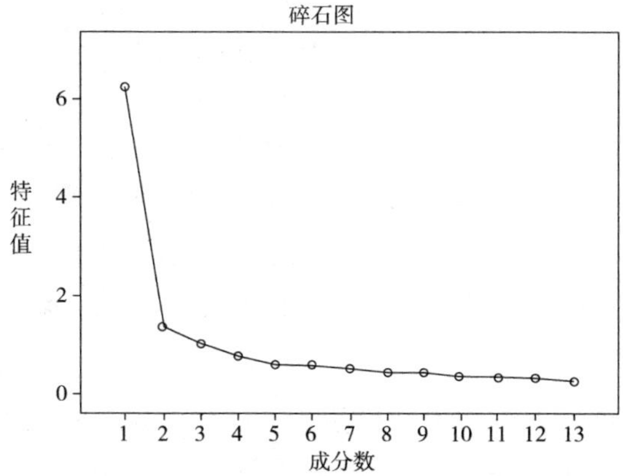


**图 4-12　信息技术维度因子萃取成分示意图**

对第五个维度（教学评估因素）进行探索性因素分析后发现，其 KMO 值为 0.884，Bartlett 球形检验值达到显著水平，萃取 1 个因子（图 4－13）。

| KMO 与 Bartlett 检验 | | |
|---|---|---|
| Kaiser－Meyer－Olkin 测量取样适当性 | | 0.884 |
| Bartlett 的球形检验 | 近似卡方 | 2336.913 |
| | Df | 21 |
| | 显著性 | 0.000 |

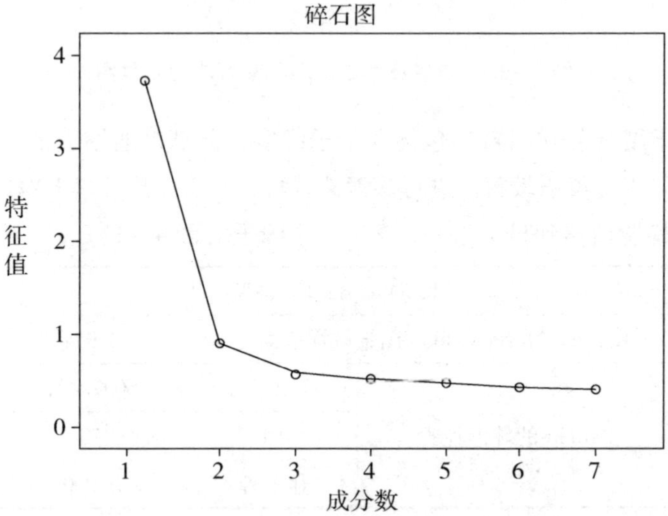


**图 4－13　教学评估维度因子萃取成分示意图**

根据上述对大学英语课程中影响学生自主学习的因素各维度的验证性因子分析发现，各维度萃取因子与子问卷中的维度和子维度基本对应；而上述所有的 KMO 值和 Bartlett 球形检验值也都同时验证了各维度的相对独立性。进而说明本子问卷具有良好的结构效度，对测量对象具有一定的测量能力。

2. 定性数据分析

问卷最后的开放式题目和半结构访谈，构成了本研究的定性数据。本研究使用主题分析法对所获定性数据进行分析，即通过对数据进行研读、编码和分类发现数据反映出的与研究问题相关的主题和规律（Miles &Huberman，1994）。

通过定性分析，旨在验证、解释、补充说明定量数据分析结果，更深入地回答问题，最终使研究能够更加客观、全面。基于此，本研究采用了定量和定性相结合的分析框架，见图4－14。

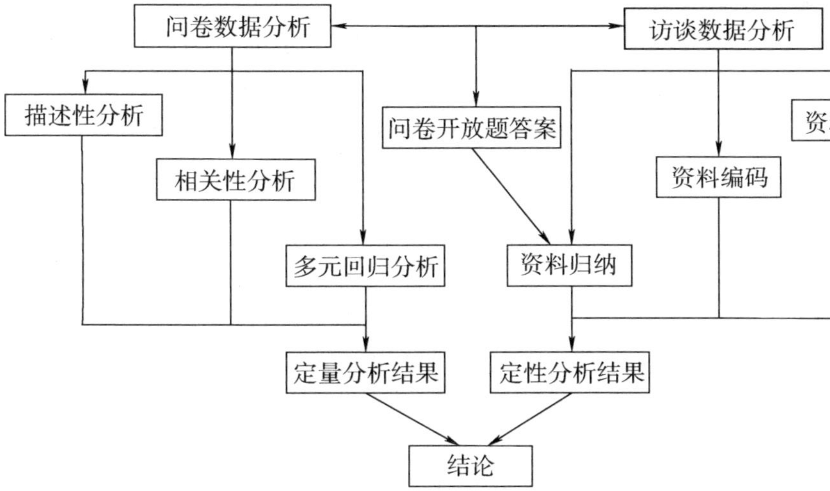


**图4－14 本研究数据分析框架图**

### 三、本章小结

本章对研究设计进行了系统的陈述。在先导研究部分，研究通过对前期文献的整理，编制出先导研究的访谈提纲，对10名外语专家、教师和10名学生进行了访谈，随后对录音转写资料进行编码、整理、分类，结合文献分析的结果，编制本研究的调查问卷，随后对问卷进行了多次的调整和修改，初步确定了研究中要使用的问卷。先导研究为正式研究奠定了坚实的理论和实践基础，因此在正式研究部分，首先陈述了3个研究问题；接着汇报了研究所要调研的11所高校的信息，以及受试者的性别、年级、所在高校类型、所在高校层次等基本情况；接着逐一展示了研究使用的具体方法，包括问卷调查法、访谈法等。在正式发放问卷之前，本研究发放了120份问卷进行试测，用SPSS22.0对101份有效问卷数据进行信度和效度检验，之后，再次修改问卷，形成正式研究中使用的问卷。最终形成的问卷包括3个部分，第一部分是学生信息包括4个题项；第二部分是大学生英语自主学习能力现状子问卷，包括 5 个维度 21 个题项；第三部分是大学英语课程中影响学生自主学习的因素子问卷，包括 5 个一级维度共 61 个题项。正式研究中的访谈主要根据 3 个研究问题，并且针对问卷数据中呈现出的问题，选择部分所调查高校的 8 名老师和 24 名学生进行访问。本章最后对数据如何收集、整理和分析也做了详尽的阐述，为进一步描述、分析和讨论大学生英语自主学习现状以及大学英语课程中影响学生自主学习的因素奠定了基础，在下一章，笔者将对本章研究设计的结果进行讨论和分析。

# 第五章

# 调查问卷的结果及其分析

在上一章中，本研究根据3个研究问题对研究设计进行了较为系统的规划和详尽的阐述，包括调查对象的选择、研究方法的使用、定量数据和定性数据的收集、处理过程，以及数据的初步分析。本章将对数据收集的结果进行讨论和分析，具体是按照3个研究问题对数据的不同需求方式来呈现结果、进行讨论与分析。对研究问题一“大学生英语自主学习的现状”主要使用调查问卷数据、师生访谈数据来呈现讨论和分析的结果，其中问卷数据为主要呈现方式，通过描述统计的方法，给出大学生英语自主学习能力各维度的均值和标准差，描述当前大学生英语自主学习能力的基本状态，结合访谈的质性材料共同呈现大学生自主学习现状。对研究问题二“大学英语课程中有哪些因素影响了学生的自主学习”主要使用调查问卷数据来呈现讨论和分析的结果，首先考察大学英语课程各维度与学生英语自主学习的相关性；如果相关性能够达到回归方程的要求，则进一步通过多元回归分析的方式来考察大学英语课程各维度对学生自主学习的影响力。对研究问题三“大学英语课程中的影响因素如何影响了学生的英语自主学习”的回答首先主要通过描述性统计分析，给出大学英语课程中影响学生自主学习因素的均值和标准差，并描述基本情况；然后针对问卷数据中呈现出来的问题，使用师生访谈的质性数据分析大学英语课程诸因素如何影响学生的自主学习，以及各维度分别会影响学生自主学习的哪些方面；最后，总结出课程各因素促进学生自主学习能力提高的建议。

## 一、大学生英语自主学习能力现状分析

根据本研究第二章对英语自主学习的分析，大学生英语自主学习包括确立

学习目标和学习计划、选择学习内容、使用合适的学习策略、监控学习的过程，以及反思、改进学习这五个步骤；本研究认为自主学习表现的不仅是学习过程，而且学习过程的完成会体现一定的学习能力。因此，对大学生英语自主学习能力现状分析就是对其学习过程的描述，描述结果体现的是一种学习能力。笔者通过描述统计分析的方法对大学生的自主学习能力现状整体先做一个描述，然后分维度对每个题项进行描述，并结合质性访谈的数据对大学生英语自主学习能力具体表现情况进行汇报。

（一）大学生英语自主学习能力现状整体分析

在对大学生英语自主学习能力现状进行描述时，本研究使用的是第一个子问卷中的5个维度21个题项，各个维度的均值和标准差结果见表5-1所示。

**表5-1　大学生英语自主学习描述统计结果（N=933）**

| 英语自主学习能力维度 | 均值 | 标准差 |
|---|---|---|
| 学习目标确立、学习计划制订 | 3.1568 | 0.47087 |
| 学习内容选择 | 3.5560 | 0.64043 |
| 学习策略使用 | 3.3733 | 0.74512 |
| 对学习过程监控 | 3.1449 | 0.77099 |
| 学习反思与改进 | 3.2296 | 0.75222 |
| 合计 | 3.2921 | 0.55019 |

从平均得分来看，最高分为学习内容选择（M=3.5560），最低分为对学习过程的监控（M=3.1449），5个维度平均均值得分为3.2921，处于不确定和基本符合之间，而且倾向于不能肯定，说明目前非英语专业大学生自主学习能力偏弱。从学生个体在自主学习过程中之间的差异来看，学习目标设定、学习计划制订（M=0.47087）方面差异最小，其次是学习内容的选择（M=0.64043），说明在这两个方面学生的水平差异较小。差异最大的是对学习过程的监控（M=0.77099），其次是学习反思与改进（M=0.75222），说明学生在对学习过程的管理程度方面差别性最大，在学习的反思与改进方面差别性也比较大。

总体来看，各维度的均值分布情况表明差异是存在的，但是不大。得分最高的是学习内容选择，接下来是学习策略使用、学习反思与改进、学习目标设定与学习计划制订、对学习过程的监控，这5个维度的均值得分都在3分以上，说明学生已具备了自主学习的意识或者潜能。在对学习过程的监控方面得分最低，但是离散度最大，说明学生在这方面的做法分歧较大。在学习目标的设定和学习计划的制订方面得分只比对学习过程监控高出0.0119分，同时它的离散度最小，说明大部分学生不知道如何设定学习目标或者制订什么样的学习计划。下面我们通过题项分析，来了解学生自主学习的具体表现情况。

（二）大学生英语自主学习能力现状题项分析

本书在该章第一节中首先对当前大学生英语自主学习现状做了一个整体的汇报，那么在各个维度内部的测量题项上，会出现什么样的情况呢？本节将从大学生英语自主学习的5个维度的具体测量项目来汇报学生英语自主学习现状情况。

1. 学习目标确立与学习计划制订

学习目标设定与学习计划制订维度有4个题项，其中题项3是一道测谎题，不纳入分析（表5-2）。从数据差异程度来看，题项1的差异最大，其次为题项2、题项4，这些差异说明了在数据分布上这些题项离散程度的大小。

**表5-2　学习目标的确立与学习计划的制订各题项描述统计结果（N=933）**

| 测量题项 | 均值 | 标准差 |
|---|---|---|
| 1. 在英语学习方面，我能根据自身实际情况确立学习目标 | 3.2583 | 0.97542 |
| 2. 我可以调整自己的学习计划 | 3.3173 | 0.92189 |
| 4. 我可以规划自己的学习时间 | 3.3140 | 0.91188 |

学习目标的确立与学习计划的制订主要考查学生在学习英语时能否根据自身的情况确定学习目标、调整学习计划以及较为合理地规划自己的学习时间。从表5-2中各题项的均值来看，差异不大，分值都偏低，最高的是题项2（M=3.3173），最低的是题项1（M=3.2583），介于中间的是题项4（M=3.3140），说明学生在这几方面能力普遍较差。在三个题项中，题项1均值分最低，数据离散度又最大，说明多数学生在英语学习中不能够根据自己的情况制定学习目标，或学习目标不明确的情况不知道要制订什么目标；但不排除有的学生有非常明确的学习目标。题项4的均值比题项2低0.0033，离散度值相差

0.01001，说明这两者的变化基本上呈现出一致的状态。在访谈中，我们发现学生在这三面的表现基本呈现出如下的特点，与描述统计数据分析结果呈现出基本一致的状态。

（1）目标不明确、计划搁浅型

访谈中，多数学生表达出在确定学习目标和制订学习计划方面存在盲目的一面，当学生只是心中有一个想法，而不是具体的可操作性强的目标或者计划时，一般都很难坚持，从而使计划搁浅、目标泡汤。

S16：我可能会确定目标，但是由于各种因素都没实现过。比如，我在听力、阅读方面都有计划，但是专业课太忙，课很多，再加上跟老师一起做项目啊什么的，也都很占用时间。这些事情一忙，计划就停了。当你荒废了一段时间之后，就不知道该干什么、不知道从哪儿开始了，所以有时候干脆就不开始了，省得完成不了，心里还有挫败感。

S16 用到了“可能会”一词，表明他的不确定性，可能会，也可能不会，说明了目前学生自主学习的状态，即自主学习的意识是有的，但只是一种自发的状态，跟有意识、有计划性地自主学习还相差较远。S23 用的“感觉”一词也表达出类似的情况。

S23：我感觉有时候会给自己制订一些计划，就像他们刚才说的，不一定坚持下来，三天打鱼两天晒网，今天做了，明天遇到一些事情就拖过去了，没有一直坚持。自控能力还不是很强。课时本来就比较少，课上讲的东西也是有限的，课下感觉自己需要花一些时间去补，但是直接做到的话也是比较少的。还有其他课嘛，还有其他一些事啊，比较忙就把自己的计划拖过去了。也有是因为懒，想放松一下，计划也就没能完成。

（2）基本没有目标、计划型

部分学生在英语学习方面基本没有什么目标和计划，有的是不知道要制定什么目标，如 S14，S23 和 S24。

S14：就算我基本上制定了目标，也很少会去看、去做，所以我一般都不会去做什么目标或者计划。

S23：对自己的目标也不是很明确，不知道要怎么去学，没有头绪。

S24：我自己一般不制定目标或者学习计划。大学生活很放松，老师也没要求，加上很多社团的事情，忙着忙着就忘了。有时候忘了，有时候纯粹是懒，有时候也想在课外去补一下，但不知道该做些什么，效果就不怎么明显。自我反省也不到位。

有的则是因为自身专业学习很忙，给英语学习分配的时间会减少或者在没有英语课时干脆就不学了。

S11：比较忙，如果光从学英语的角度，时间还是不会用在这方面的。

S17：我基本上是考试前看看、背背单词，做做题。考完试之后，忙别的基本就没有时间学英语了。平时的话，基本上也没怎么看英语，没有英语课的情况下就不怎么看了。

还有的是因为目前还有明确的需求，所以就不会制订目标和相应的学习计划。比如，S7 就说："我觉得如果没有确定要出国的话，英语可能就不会列到我的单子里面，时间基本都在搞专业课。反正我身边的，如果没有出国打算，没有人会确立英语的学习目标，列一个英语的学习计划。"种种原因导致了大学生英语自主学习目标和计划缺失的较为普遍的状态。

（3）有目标、有计划型

有的学生也表示自己会有明确的学习目标，进而会制订相应的学习计划。访谈表明，学生一旦有了明确的目标，一般都可以较为合理地安排自己的学习时间，并且可以监督自己学习过程，进行适当的反思和改进。比如，S8 就会自己制订计划，S12 会使用一些软件帮助、督促自己执行计划，S15 则是一个计划性、执行能力都强的学生。

S8：我觉得老师给我们制订的学习计划，任务不是很多，所以也有时间定一些小的学习计划。像对于我来说，没有考虑出国，但四、六级也是很重要的，所以我会安排一些时间加强一些训练，比如说，翻译、听力，自己也会计划一下。

S12：我还是会稍微注意点，毕竟现在有好多方便的软件，比如说考四级，你可以选个可以打卡的背单词软件，它会每天给你制定一些安排或计划，根据要求你每天打卡。但是计划时间一般比较短，半个月左右，因为计划会有改变等情况。如果计划太长，越到后面照着计划完成的可能性就越小。短期计划完成得比较好，然后下一个阶段时间就会再加一点。

S15：我会自己制订学习计划，每天、每个礼拜都会。假如说，考英语四、六级的时候，就每天、每个礼拜规定自己做几套卷子，还给自己批改，根据答案和解题思路等进行整理，然后里面的一些出现频繁的词汇、词组都会记录在一本书上，自己有时间的话都会翻阅。平时的话，在手机上都会下些VOA广播什么的，周末回家时间比较多，这段时间我会利用起来听这段广播，这样我觉得时间利用充分。平时每周还会看一两部美剧，这样口语稍微有些提升。

因此，不管是因为没有目标，还是目标不明确，学生在制订目标和计划方面总体情况很差，在能够自己制定目标的学生里面，以考试为目的导向的短期学习行为居多，其结果是考试一旦结束，学习行为也就伴随着结束了。

S18：有一个动力促使我学的话，我会把这段时间安排得很好，如果那个目标已经达到，或者没有什么具体要做的，我就会不再去过多地关注它，也就不会把过多的精力再放在上面。比如说，我要考四、六级了，在这几个月，单词我要背多少、句型我要掌握多少，以及还有题得练多少，但是如果我已经考完，没有太多作用的话，我以后就可能不会再自主学习这块英语知识了。

2. 学习内容的选择

学习内容的选择维度包括4个题项（表5-3）。从数据的差异程度上看，题项5的差异最大，其次为题项8、题项6，说明在这些题项上数据分布的离散程度很大。

**表5-3　学习内容的选择各题项描述统计结果（N=933）**

| 测量题项 | 均值 | 标准差 |
|---|---|---|
| 5. 我会根据自己的薄弱环节进行学习内容的安排 | 3.4266 | 0.92777 |
| 6. 我可以按照自己的学习目标来安排自己的学习内容 | 3.4459 | 0.86944 |
| 7. 我可以安排一些自己感兴趣的学习项目进行学习 | 3.7128 | 0.85230 |
| 8. 我会按照老师布置的学习任务来安排学习内容 | 3.6388 | 0.87360 |

学习内容的选择主要考查学生在自主学习过程中是否能够根据自身的情况来进行内容选择、在安排内容时是否有明确的目标、在学习时是否会选择感兴趣的项目，以及在安排学习内容时老师的作用。从各题项的均值分布来看，有差异，但是差异不大，其中得分最高为题项 7（M = 3.7128），最低分为题项 5（M = 3.4266），题项 6（M = 3.4459）仅比题项 5 高出 0.0193 分，题项 8 比题项 7 低但比题项 5、6 高。数据的这些特点说明在学习内容的选择方面，学生倾向于选择自己感兴趣的学习项目来进行学习活动；然而大多数学生对自己的学习情况并没有明确的认识。在自己选择学习内容还是按照老师布置的学习任务来安排学习内容方面，更多的学生倾向于会按照老师布置的学习任务来安排学习内容。题项 6 均值得分情况，与第一节中探寻结果一致，因为对学习目标概念的不清晰或者根本没有学习目标，所以也就不能够安排学习内容。下面我们用访谈数据来做进一步的分析。

从描述性统计分析的数据来看，题项 7 得分最高，离散程度最低，说明大部分学生在选择学习内容时会根据自己的兴趣来安排，但在实际访谈中，并没有发现任何兴趣之类的词语或者内容，我们看到的是学生对于学习内容的选择基本上都是为了准备考试，提及比较多的是做题和背单词。

S16：我会在考试之前做几套卷子看自己的薄弱环节，看自己哪些方面是要增强的，然后背单词是绝对不会少的。美剧的话不怎么看，但是听力会多练一下，感觉听力挺弱的，抓不住重点，虽然经常有练习，真正考四、六级的时候，语速比较快，我还是会跟不上。

S17：我基本上就是考试之前大约一个月左右才看，看的话做一些真题，然后有针对性地背一些单词、词组，然后听力基本上就是考试之前每天听一套。考完之后，就忙别的了，基本就没有时间学英语了。平时的话基本上也没怎么看英语，没有英语课的情况下就不怎么看了。

S18：就是在有英语课程的时候，可能会安排一下。比如，我自己在写作、听力方面比较薄弱，如果我那个学期我选了相关课程，我会自己安排。英语课程结束后，我就没有什么主动地去学习，可能就是平时看看那些英语小说、电影之类的，很少去翻书。

S15：我就前两个礼拜还考了 BEC。

可以看出，学生的学习内容多以考试为主，面对考试时他们基本上能够按照自己的薄弱之处有针对性的学习，但是，随着考试结束，学习行为也随之结束，这与第一个维度的讨论结果一致。考试之外对学习内容的安排，一般是有英语课的时候，还会跟着看看，没有课了，学习行为也会随之结束，如上文提到的 S17：“就大一、大二，大一、大二有课的话就看英语，没有课的话就不看了。别的也很忙，忙些专业的东西。”

当学生发现，学的东西在实际中没有办法使用时，她意识到了要改变，但是又没有办法去改变。比如，S18 是一个目标性非常强的学生，有考试需要，她可以把内容、时间，安排得非常好，但是她却发现现实工作中，那些词组、短语没帮上忙。但是她的有目标性可能会促进她下一阶段会使用别的策略来学好英语。

S18：我也想学好英语，每次都不敢说，我感觉课上学了好多句型，但我就是不敢说出来，也不敢应用。我打工的期间，经常有外国人，我就在心里反复练习好几种表达方式，可就是说不出口，看他们过来我就想躲，但是同事就会把我推出去，跟他们说几句。我那蹩脚的英语，我不好意思说。当时我就想为什么不把英语学得更好一点，我必须有一个动力促使我，必须有一个目标努力把它转换成自己的东西。

在选择学习内容时，很多学生表示会按照老师的要求或者安排去学习英语，自己基本没想着看，也没多余时间看。可见，在学习内容安排这个部分除了按照老师布置的任务做以外，就是按照考试要求自己去复习、准备了。

3. 学习策略的使用

学习策略的使用维度包括 4 个题项（表 5－4）。从数据的差异程度上看，题项 10 的差异最大，其次是题项 9，明显高于其他两项，说明数据在这些方面离散程度很大。

**表 5-4　学习策略的使用各题项描述统计结果（N=933）**

| 测量题项 | 均值 | 标准差 |
|---|---|---|
| 9. 在听力练习中，我可以使用有效的听力策略 | 3.1265 | 1.00806 |
| 10. 在说和写的过程中，我会使用相关策略（如考虑语法规则） | 3.2465 | 1.01454 |
| 11. 在阅读过程中我会使用相关策略（如看图片、标题、关键词、查字典帮助理解生词，努力猜测生词等） | 3.5445 | 0.94108 |
| 12. 我会使用已经学过的知识去学习新的知识 | 3.5756 | 0.89462 |

学习策略的使用主要考察学生在听力、口语、写作、阅读等方面具体策略使用情况，以及运用已有知识构建新知识的能力。从各题项的均值分布来看，差异性不大，都在4分以下，说明学生在学习策略使用方面能力较差。得分最高的是题项12（M=3.5756），得分最低为题项9（M=3.1265）；说明学生自身具有学习的潜力，学生的听力策略的使用情况是所有策略里面最差的。题项11（M=3.5445）均值仅仅低于题项12，说明学生阅读策略情况使用较好。这也与我国大学英语教学大纲的要求和我国大学英语教学实践相符合。数据的离散度表明，学生在听力策略的使用方面差异性最大，其次是说和写方面的策略，说明学生在使用这两个策略时候的差异性比较大。根据访谈内容，我们把学生在策略使用时的情况大致分为3类。

（1）学习策略缺失者

访谈中，部分学生认为自己没有学习方法，比如S21；或者认为自己还是维持高中的刷题模式，如S24、S22认为没有练习口语的环境，S23因为自己语法不好而不敢表达，这些都表现出一种策略缺失的状态。

S21：我觉得我的学习方法一点都没有，上了大学就放松下来了，也不太想这个事。

S22：对，我感觉还是没有那个语言环境，每人说的全都是普通话，你就是想说英语也说不出来。

S23：我觉得我们学英语就是要说出来，可是我的语法不好，我怕我一说出来就是错的，其他人听不懂会笑话我，然后我就害羞不敢说。

S24：学习方法还是像高中那样，不断地刷题，可到大学才发现刷不了题，因为没有题可以刷。而且你会发现大学题仅仅提供参考答案，没有解析，你不知道为什么对或为什么错，老师又忙，加上你又不知道老师在哪个地方，很多东西拖下来，一天两天还想，时间一长就忘了，不了了之。

（2）策略使用模糊者

有的学生表达出想要学习的心理，但是说不出具体的策略使用，把策略归结为做题、背单词，表现出对学习策略概念的模糊性。比如 S23 就提到想要练习口语、听力，但是没说出具体所以然。

S23：我是河南来的，我们那儿高考不考听力，不考口语；现在我的口语、听力特别差，特别是听力，有时候几十分的听力我还拿不到一半分。现在要补的就是听力了。而且我口语也不好，想说说不出来那种。另外，背单词还是要有的。至于做题，感觉像高中，有时想做一些题多巩固，但是又不像高中有很多配套的资料，就找不到题，仅仅是课后练习几道大题而已，有时候找一些题，又不一定有详解答案。

S11：因为觉得自己哪个方面都不是太好，所以哪个方面都要付出一些。主要就是背单词，我希望整体英语能力有一定的提高！不一定为了四、六级，或者雅思。因为上课时想用英语表达什么，但是说不出来，这种感觉很不舒服。

S16：比如说，做听力方面，有时候会发现是自己有些单词不认识，会做错，所以还是要增强背单词，要多听一些英语方面的文章，考试题真的是语速比较快，一下子就过去了，我还没反应过来。所以，还是要多听、多练。

S17：我觉得听力的话，还是要知道这个单词怎么读，你自己想象中的读法和标准读法是不一样的，可能会导致你本来熟悉的单词，你听的时候就听成另外的单词了，就是去看那些单词的读法。

S13 和 S14 谈到了写作策略的使用情况，显然他们也是对策略使用存在模糊性的问题，没有描述出来具体怎么练习写作。

S14：我觉得一般情况下，如果老师不安排写作，我是不会主动去写的。

S13：我是觉得，平常并不会特别地去关注写作，除非老师布置的话，我一定会写。但是，平常如果不布置的话，我不会有这种自主性去找一个话题去写。但是平常会关注一些小短文之类的，也会看一看。

（3）善用策略者

访谈中也会发现善于使用策略的学生，如S15，不仅会使用策略，还对学习的结果进行反思、改进。

S22：我就是有做笔记的习惯，老师讲的重点单词，我平时看书、做课后练习的翻译，觉得比较好的句子都会摘抄到本子上，考试之前拿出来翻一翻。

S15：听力的话，我四、六级考试那段时间，每次听一遍就把答案写下来，就是每一种题型都会涉及，后来我就看着中文翻译，都会像歌词一样显示出来，然后我就看着它，看着它在心里想一遍，然后再听第三遍，第三遍然后再听一遍，最后听一遍题目有什么问题，再看底下的答案，之后再分析一开始哪里错了、哪些重点没有抓到，进行对比、整理。

通过讨论我们发现，学生说到英语学习策略时，提到频率最高的词汇之一就是听力，说明学生在听力方面普遍较差，他们也知道听力的重要性，但是缺乏有效的学习策略。在写作方面，学生本身写的就少，有效策略使用就谈不上了。对于阅读策略，学生普遍采取做题的方法。总体来说，学生的策略使用能力很差。

温德（1987）认为语言学习策略是促进自主学习的关键因素，在语言学习过程中学习者都会有意无意采用自己偏好的学习策略；科恩（Cohen）（1998）认为，第二语言学习的过程就是运用学习者策略学习语言知识和语用知识的过程，因为关于外语自主学习能力培养方法和途径的研究基本上都是围绕语言学习者策略培训进行的；里特（1991）也非常重视语言学习者策略培训对于提高学习者自主学习能力的作用。

从描述性统计数据和质性访谈中我们看到学生认识到了这个问题，如果教师可以在教学过程中对其加以引导，并在教学内容、教材中设计相关策略培训环节，学生在这方面的能力会相应有所提高。

4. 对学习过程的监控

对学习过程的监控维度包括5个题项（表5-5）。从数据的差异程度上看，题项13的差异最大，其次是题项16，说明数据在这些方面离散程度很大。

**表5-5 对学习过程的监控各题项描述统计结果（N=933）**

| 测量题项 | 均值 | 标准差 |
| --- | --- | --- |
| 13. 在课外，我会主动寻找各种机会练习英语（如与同学用英语讨论日常话题，参加英语角、英语社团活动等） | 2.8639 | 1.07134 |
| 14. 在英语学习中，我会主动克服不利于英语学习的情感因素（如焦虑、自卑、压抑、害羞等） | 3.2508 | 0.98775 |
| 15. 我能够利用已有的学习资源（如图书馆、网络、参考书、英语广播、字典、语法书等）来提高英语水平 | 3.4598 | 0.92633 |
| 16. 我能够主动与他人合作学习（如寻找口语交流伙伴，与其他同学交流学习心得，与其他同学一起练习、复习等） | 3.0011 | 1.01649 |
| 17. 我能够选择有效的途径（如与英语学习成功者交流学习经验；用日记或周记记下学习感受；主动听英语广播；阅读英文报纸、杂志和小说；选择适合自己的学习环境等），使自己成为一个更好的语言学习者 | 3.1490 | 0.99154 |

对学习过程的监控主要考查学生课外主动练习英语、主动克服学习中不利的情感因素、利用已有学习资源、与他人合作学习，以及选择学习途径等方面的能力。从各题项的均值分布来看，差异性不大，而且普遍偏低，得分最高的是题项15（M=3.4598），最低的是题项13（M=2.8639），说明学生在使用资源方面做得较好，在主动学习英语方面做得很差。但是，均值最低的题项，标准差却最大，说明不同学生在此项的选择差异性较大，也就是说，学生的英语学习主动性是因人而异。另外，题项16（M=3.0011）的均值处在临界点，基本接近不确定，一方面说明学生学习的主动性很差，这一点与题项13的结果一致，不善于主动学习，另一方面说明学生与他人合作学习不够；但是此题项的离散度比较大，说明学生的选择差异性较大。题项15的均值最高，离散度最小，说明大部分学生能够使用已有资源来提高自己的英语水平。题项17（M=3.1490）的均值也接近于3，说明学生在选择有效的学习途径使自己成为更好的语言学习者方面做得较差。

在问及是否主动寻找机会练习口语时，虽然很多学生也表达了想要练好英语，但是参加访谈的学生基本上没有人说自己会有这方面的主动性。在与他人合作学习方面，一般都是按照老师布置的主题分组学习、合作学习，但是其他的如寻找口语交流伙伴、与其他同学一起练习、复习等这些方面基本没有。

S15：我算比较内向的人，合作会有的，但是我比较倾向于幕后的，从制定、规划、制作成 PPT，然后让他们讲（同组同学）。

S16：我们以前上过黄老师的英语课，如果老师要求的话，比如，布置一个课题，我们才会有这样的一个交流，一般情况下 4 个人一组，商量怎么怎么完成，然后把任务分配下去。如果没什么要求的话，我们也不会有什么讨论。

在是否能主动克服不利于英语学习的情感因素方面，S18 和 S23 都表现出了人本主义关于学习者的学习理念，即每个人都有学习能力，她们经过自身的努力，克服了学习中焦虑、自卑、羞怯的不良情绪。

S18：我也有鼓起勇气来，但我有几次说的语法也不对，可能让客人明白就行了，但是我就怕他们会笑我，但是感觉他们就无所谓。我记得见第一个客人，我就是想了好半天，那些句子都在脑海里，但是我就是说不出来，就感觉说出来别人会笑我，旁边或许有人懂英语的知道我说的语法都不对，可能会在旁边笑话我。但后来我说出来了，反正对不对，只要客人能够明白我的意思就行了。

S23：我觉得我们学英语就是要说出来，可是我的语法不好，我怕我一说出来就是错的，其他人听不懂会笑话我，然后我就害羞不敢说。

笔者追问她（S23）后来怎么办，是放弃了，任由这种不良情绪扎根了，还是老师、别的同学鼓励她了，继续说呢；出乎笔者的意料，她竟然是自己克服的。

S23：但是有时候实在被逼的没办法豁出去了，就说出来了。后来发现，其实没什么，当你说出来了，你就明白当时的那些担心、恐惧、忧虑等，都是没必要的。

可以看出，学生在学习过程中，主动学习方面做得很差，既不自己主动学习，也不主动与他人一起学习。基本可以使用现有资源，但是在选择有效途径使自己成为一个更好的语言学习者方面做得比较差。

5. 学习反思与改进

学习反思与改进维度包括4个题项（表5－6）。从数据的差异程度上看，题项21的差异最大，其次是题项18，说明数据在这些方面的离散程度大。

**表5－6　学习反思与改进各题项描述统计结果（N＝933）**

| 测量题项 | 均值 | 标准差 |
|---|---|---|
| 18. 在完成某项语言任务时，我能够检测自己预先制定计划的完成情况 | 3.2337 | 0.94543 |
| 19. 在完成某项语言任务时，我能够检查并更新自己对前面知识的理解 | 3.2990 | 0.92159 |
| 20. 在学习过程中，我能找到错误的原因（如母语干扰、不熟悉语法规则等）并采取相应措施更正错误 | 3.3591 | 0.91407 |
| 21. 我会每隔一段时间对自己的英语学习情况进行总结 | 3.0268 | 0.98613 |

学习反思与改进主要考察计划完成情况、对前面知识的理解情况、找到犯错误的原因，以及对英语学习的总结等方面。从各题项的均值分布来看，分值普遍偏低，最高的只有3.3591，最低的为3.0268，说明学生在学习反思与改进方面普遍做得较差。均值最低的第21题，离散度却最大，说明学生在对自身学习情况反思与总结方面做法差别较大。

在访谈时许多学生都说最难的就是监控自己的学习过程了，S11就此想出办法：把时间缩短，因为如果学习过程中监控力不够，计划完不成或者缩水，会让人有挫败感。S19则表示反思后会进行改进。

S11：比如，突然会有点事的时候，就会计划延后，所以一般计划都比较短，大概半个月左右。如果计划太长，越到后面照着计划完成的可能性就越小。如果完不成计划，就会有挫败感。如果短期计划完成得比较好，然后下一个阶段时间比较多就会再加一点。

S19：我就是最近在背考研单词，有3个小册子，它那个上面有一周一周的安排，本来是45天之内把它全部过完，但现在45天早过了，我那个册子只背了一册半，我觉得这个执行起来，效果不太满意。我的执行力存在问题。如果有一天事情比较多，比如，今天忙到11点还没忙完，洗漱一下熄灯了，看不了了不看了，然后就这样过了，有好长一段时间就是这样，我就没有坚持下来，中间间断了好些天，3册就缩水成1册半了。但之后我可能强度会大一点，最近几天看的时间会久一点，把它补上去。

但是，也有的同学会想出别的办法来帮助监控学习，比如S12会用到一些软件帮助监控学习过程。

S12：我还是会稍微注意点，毕竟现在有好多方便的软件，比如，你考四级，你可以选个什么单词软件，它就会每天给你安排内容或者计划，根据它每天打卡什么的，不是说你自己去做计划，你把你的目的放进去，按照那个做就可以了。

S18：我也差不多吧，即使制定了很多目标，比如，要背单词，一天要背多少，可能就是一天事比较多，拖到后面，我们那个软件就会提醒你今天没背，然后明天就会多一个，也就是说，可能中间会耽误，你在后面的学习过程中不断调整，最终还是能完成目标的。背单词，背了有印象，感觉真正用的时候，可能就是太死板，不能灵活地把它转化为自己的知识。还有就是感觉我们学到的跟真正用到的，真的关联性很小，就可能也是我们平时锻炼的机会也比较少，就感觉即使你把课文背得滚瓜烂熟，你那些理论多么强，但是英语和别人交流的时候，就有很大一个坎迈不过去。

大多数同学在学习中不会去反思自己的学习情况。

S16：自己是工科的，英语不是主要的，会减少对它的关注，不会过多地去想，也不反思。

可以看出，在整个自主学习过程中，反思是学生做得最差的方面，一般不去思考；就算有反思，也是针对自己的分数反映出来的问题进行某方面的技能练习。

根据以上对学生自主学习5个方面的讨论，我们可以看出，大学生的英语自主学习能力普遍较差。在制定目标方面，不管是因为没有目标，还是目标不明确，学生在制定目标和计划方面总体情况很差，在能够自己制定目标的学生里面，以考试为目的导向的短期学习行为居多，其结果是考试一旦结束，学习行为也就伴随着结束了。选择学习内容时，很多学生表示会按照教师的要求或者安排进行学习，自己基本没想着看，也没多余时间看。可见，在学习内容安排这个部分除了按照教师布置的任务做以外，就是按照考试要求自己去复习、准备了。在策略使用方面，学生认识到了这个问题，如果教师可以在教学过程中对其加以引导，并在教学内容、教材中设计相关策略培训环节，学生在这方面的能力会相应提高。在学习过程中，学生主动学习方面做得很差，既不自己主动学习，也不主动与他人一起学习。学生基本可以使用现有资源，但是在选择有效途径使自己成为一个更好的语言学习者方面做得比较差。学生最难做到的就是对自己学习的反思，一方面学生基本就没想着去反思，另一方面所谓的反思就是针对考试成绩所反映的某一方面技能的练习。

## 二、大学英语课程中预测学生自主学习能力变化的因素

本书在第一节中对当前大学生英语自主学习能力现状进行了汇报。那么，在大学英语课程中，到底是哪些因素对学生的自主学习能力产生影响、它们对学生的自主学习能力又会产生多大的解释力？本节首先会通过相关分析得出的数据探讨大学英语课程中的因素与学生自主学习能力之间的相关性，进而使用多元回归的方法考察大学英语课程中有哪些因素对学生自主学习能力具有解释力。

### （一）大学英语课程各因素与学生自主学习能力相关性分析

相关性分析是研究现象之间的依存关系，并对具有依存关系的变量探讨其相关方向及程度。一种因素的变化往往引起其他因素的出现或变化，前者称作自变量，后者称为因变量。变量之间的相关关系有 3 种情况：正相关、负相关和零相关；当两个变量的变化方向相同时，它们是正相关；当两个变量的变化方向相反时，它们是负相关；零相关表示两个变量之间的变化无规律。统计学中，一般绝对值低于 0. 20 的相关系数为最低相关，绝对值在 0. 20—0. 40 为低相关；绝对值在 0. 40—0. 70 为切实相关，即较显著的相关；绝对值在 0. 70—0. 90 为高相关，即显著的相关（秦晓晴，2009）。本小节将用 Pearson 相关系数分析大学英语课程各因素与学生自主学习能力之间的关联性。

1. 教师与大学生英语自主学习能力相关性分析

本小节汇报大学英语教师与学生自主学习能力的相关性，包括教师的教学理念、教学方法，以及教学手段3个方面，分析结果见表5-7。

**表5-7 教师因素与大学生英语自主学习能力相关系数（N=933）**

| | | 教学理念 | 教学方法 | 教学手段 |
|---|---|---|---|---|
| 大学生英语自主学习能力 | 皮尔森（Pearson）相关 | 0.365** | 0.328** | 0.343** |
| | 显著性（单侧） | 0.000 | 0.000 | 0.000 |

注：**，表示相关性在0.01层上显著（单侧）。

从表中可以看出，教师的教学理念、教学方法和教学手段与大学生英语自主学习能力的相关系数分别为0.365、0.328、0.343，说明它们之间具有正相关的线性关系。显著水平为0.000，表明具有统计意义，显著性水平达到了0.01的显著水平。因此，教师因素的3个方面和大学生英语自主学习能力存在着显著的相关关系。

2. 课程设置与大学生英语自主学习能力相关性分析

本小节汇报大学英语课程设置与学生自主学习能力之间的相关性，包括通用英语课程、通识英语课程，以及专门用途英语课程3个方面，分析结果见表5-8。

**表5-8 课程设置因素与大学生英语自主学习能力相关系数（N=933）**

| | | 通用英语课程 | 通识英语课程 | 专门用途英语课程 |
|---|---|---|---|---|
| 大学生英语自主学习能力 | 皮尔森（Pearson）相关 | 0.555** | 0.470** | 0.425** |
| | 显著性（单侧） | 0.000 | 0.000 | 0.000 |

注：**，表示相关性在0.01层上显著（单侧）。

从表中可以看出，课程设置因素中的通用英语课程、通识英语课程，以及专门用途英语课程与大学生英语自主学习能力的相关系数分别为0.555、0.470、0.425，说明它们之间呈正相关的线性关系。显著水平为0.000，具有统计意义，显著性水平达到了0.01的显著水平。因此，课程设置因素的3个子维度与大学生英语自主学习能力存在着显著的相关关系。

3. 信息技术与大学生英语自主学习能力相关性分析

本小节汇报信息技术与大学生英语自主学习能力之间的相关性，包括信息技术下的学生个性化需求、自主学习方式，以及互动学习表现3个子维度，分析结果见表5-9。

**表5-9 信息技术因素与大学生英语自主学习能力相关系数（N=933）**

| | | 个性化需求 | 自主学习方式 | 互动学习表现 |
|---|---|---|---|---|
| 大学生英语自主学习能力 | 皮尔森（Pearson）相关 | 0.467** | 0.593** | 0.361** |
| | 显著性（单侧） | 0.000 | 0.000 | 0.000 |

注：**，表示相关性在0.01层上显著（单侧）。

从表中可以看出，信息技术因素中的学生个性化需求、自主学习方式、互动学习表现3个子维度与大学生英语自主学习能力的相关系数分别为：0.467、0.593、0.361，说明它们之间呈正相关的线性关系。显著水平为0.000，具有统计意义，显著性水平达到了0.01的显著水平。因此，信息技术的3个子维度与大学生英语自主学习能力之间存在着显著的相关关系。

4. 教材跟大学生英语自主学习能力相关性

本小节汇报教材因素与大学生英语自主学习能力的相关性，包括通用英语教材内容设置、通用英语教材策略培训内容、通识英语教材，以及专门用途英语教材4个子维度，分析结果见表5-10。

**表5-10 教材因素与大学生英语自主学习能力相关系数（N=933）**

| | | 通用英语教材内容设置 | 通用英语教材策略培训 | 通识英语教材 | 专门用途英语教材 |
|---|---|---|---|---|---|
| 大学生英语自主学习能力 | 皮尔森（Pearson）相关 | 0.397** | 0.456** | 0.396** | 0.382** |
| | 显著性（单侧） | 0.000 | 0.000 | 0.000 | 0.000 |

注：**，表示相关性在0.01层上显著（单侧）。

从表中可以看出，教师因素中各子维度与大学生英语自主学习能力相关系数分别为：0.397、0.456、0.396、0.382，说明它们之间呈正相关的线性关系。显著水平为0.000，具有统计意义，显著性水平达到了0.01的显著水平。因此，大学英语教材的3个子维度与学生自主学习能力之间存在着显著的相关关系。

5. 教学评估跟大学生英语自主学习能力相关性分析

本小节汇报教学评估因素与大学生英语自主学习能力的相关性，分析结果见表5－11。

**表5－11　教学评估因素与大学生英语自主学习能力相关系数（N＝933）**

| | | 教学评估 |
|---|---|---|
| 大学生英语自主学习能力 | 皮尔森（Pearson）相关 | 0.554** |
| | 显著性（单侧） | 0.000 |

注：**，表示相关性在0.01层上显著（单侧）。

从表中可以看出，教学评估因素与大学生英语自主学习能力的相关系数为0.554，说明它们之间呈正相关的线性关系；显著水平为0.000，具有统计意义，显著性水平达到了0.01的显著水平；因此，教学评估与大学生英语自主学习能力之间存在着显著的相关关系。

（二）大学英语课程各因素与学生自主学习能力多元回归分析

在第二节中本研究对大学英语课程中各维度与学生英语自主学习能力的相关性做了汇报，结果表明，虽然对应不同的维度时相关系数不同，但是课程各维度与大学生英语自主学习能力之间呈显著相关性。为了进一步考察大学课程中各个维度对学生英语自主学习能力影响力的大小，本研究以课程体系各维度为自变量，以学生英语自主学习能力为因变量，采用逐步回归法进行多元回归分析，揭示它们对学生英语自主学习能力的预测作用。多元回归分析过程如下。

**表5－12　多元回归引入和移除变量表**

| 模型 | 变量已输入 | 变量已移除 | 方法 |
|---|---|---|---|
| 1 | 信息技术学生自主学习方式 | | 逐步（准则：F－to－enter 的概率＜＝0.050，F－to－remove 概率＞＝0.100）。 |

续表

| 模型 | 变量已输入 | 变量已移除 | 方法 |
|---|---|---|---|
| 2 | 教学评估 | | 逐步（准则：F－to－enter 的概率 < ＝0.050，F－to－remove 的概率 > ＝0.100）。 |
| 3 | 通识英语课程 | | 逐步（准则：F－to－enter 的概率 < ＝0.050，F－to－remove 的概率 > ＝0.100）。 |
| 4 | 信息技术学生个性化需求 | | 逐步（准则：F－to－enter 的概率 < ＝0.050，F－to－remove 的概率 > ＝0.100）。 |

注：a. 因变量：大学生英语自主学习能力。

表5－12呈现出了4个模型，共有“信息技术学生自主学习方式、教学评估、通用英语课程、信息技术个性化需求”4个变量进入了回归方程模型，没有任何变量被移除，4个变量的F概率值都小于或等于0.05。

**表5－13　多元回归模型摘要**

| 模型 | R | R平方 | 调整后R平方 | 标准偏斜度错误 |
|---|---|---|---|---|
| 1 | 0.593[a] | 0.352 | 0.351 | 10.23292 |
| 2 | 0.648[b] | 0.420 | 0.418 | 9.68685 |
| 3 | 0.658[c] | 0.433 | 0.432 | 9.57755 |
| 4 | 0.661[d] | 0.436 | 0.434 | 9.55621 |

注：a 因变量：大学生英语自主学习能力；

b 预测值：（常数），信息技术学生自主学习方式；

c 预测值：（常数），信息技术学生自主学习方式，教学评估；

d 预测值：（常数），信息技术学生自主学习方式，教学评估，通用英语课程设置；

e 预测值：（常数），信息技术学生自主学习方式，教学评估，通用课程设置，信息技术学生个性化需求。

从表5－13可以看出，模型1（信息技术学生自主学习方式）的复相关系数为0.593；模型1和模型2（评估方式）的联合复相关系数为0.648；模型1、模型2和模型3（通识英语课程）的联合复相关系数为0.658；模型1、模型2、模型3和模型4（信息技术学生个性化需求）的联合复相关系数为0.661；结果表明，前三个模型对数据的拟合情况良好，调整后的R平方数据也证明了这一点，即4个模型总共解释了学生英语自主学习能力变异的43.4%，其中前三个维度一共解释了学生英语自主学习能力变异的43.2%，第四个只增加了0.02%的解释力。因此可以说，前三个影响较大，而这三个变量分别隶属于大学英语课程中的信息技术维度、教学评估维度，以及课程设置维度。

**表5－14　方差分析结果**

| 模型 | | 平方和 | df | 均值平方 | F | 显著性 |
|---|---|---|---|---|---|---|
| 1 | 回归 | 52899.593 | 1 | 52899.593 | 505.188 | 0.000[b] |
| | 残差 | 97487.516 | 931 | 104.713 | | |
| | 总计 | 150387.108 | 932 | | | |
| 2 | 回归 | 63120.532 | 2 | 31560.266 | 336.338 | 0.000[c] |
| | 残差 | 87266.576 | 930 | 93.835 | | |
| | 总计 | 150387.108 | 932 | | | |
| 3 | 回归 | 65170.519 | 3 | 21723.506 | 236.822 | 0.000[d] |
| | 残差 | 85216.589 | 929 | 91.729 | | |
| | 总计 | 150387.108 | 932 | | | |
| 4 | 回归 | 65641.094 | 4 | 16410.274 | 179.699 | 0.000[e] |
| | 残差 | 84746.014 | 928 | 91.321 | | |
| | 总计 | 150387.108 | 932 | | | |

注：a 因变量：大学生英语自主学习能力

b 预测值：（常数），信息技术学生自主学习方式

c 预测值：（常数），信息技术学生自主学习方式，教学评估

d 预测值：（常数），信息技术学生自主学习方式，教学评估，通用英语课程设置

e 预测值：（常数），信息技术学生自主学习方式，教学评估，通用课程设置，信息技术个性化需求。

方差分析结果表明，模型1的回归平方和小于残差和，说明这个模型只解释了因变量的部分方差，需要寻找其他的因素来帮助解释因变量其他部分的方差；引入了别的变量后，模型2的回归平方和提高了很多，但是依然比残差和要小，说明还需要寻找更多的变量来帮助解释因变量的方差；再次引入新的变量后，模型3的回归平方和又有了提高，但这次提高的幅度没有第一次大，而

且还比残差和小，说明还需要别的变量来帮助解释因变量的方差；又一次引入新的变量后，模型4的回归平方和有了小幅提高，但还是比残差和小，这说明依然存在没有进入回归方程的变量可以解释因变量的方差。

通过多元回归（表5-14）得到大学英语课程中可以预测学生自主学习能力的因素后，我们发现大学英语课程中的教师因素和教材因素没有任何子维度进入回归方程。按理说教师在大学英语课程教学中承担着重要的角色，是与学生学习关系有着密切联系的人，是学生获得信息、资源的重要渠道，教师以怎样的方式教学在很大程度上决定了学生以怎样的方式来学习。目前信息技术对大学英语的教和学产生了很大影响，但是教师的作用依然十分重要。就目前大学英语实际教学状况而言，大多数高校依然在使用第四代教材，它是学生获得信息的直接来源。但是，根据多元回归的数据结果，教师因素（教学理念、教学方法、教学方式）和教材因素（通用英语教材、通识英语教材、专门用途英语教材）对学生的英语自主学习能力都没有预测性，这在理论上有些说不通。因此，本研究会对这方面的数据做进一步的研究，结合对师生的访谈的质性材料来分析究竟是什么原因导致了这种情况。

**表5-15　多元回归系数表**

| 模型 | | 非标准化系数 | | 标准化系数 | T | 显著性 |
|---|---|---|---|---|---|---|
| | | B | 标准错误 | Beta | | |
| 1 | （常数） | 34.313 | 1.601 | | 21.426 | 0.000 |
| | 信息技术学生自主学习方式 | 2.094 | 0.093 | 0.593 | 22.476 | 0.000 |
| 2 | （常数） | 21.554 | 1.948 | | 11.068 | 0.000 |
| | 信息技术学生自主学习方式 | 1.447 | 0.108 | 0.410 | 13.419 | 0.000 |
| | 教学评估 | 0.896 | 0.086 | 0.319 | 10.437 | 0.000 |
| 3 | （常数） | 20.326 | 1.943 | | 10.461 | 0.000 |
| | 信息技术学生自主学习方式 | 1.264 | 0.113 | 0.358 | 11.148 | 0.000 |
| | 教学评估 | 0.779 | 0.088 | 0.277 | 8.820 | 0.000 |
| | 通用英语课程 | 0.523 | 0.111 | 0.143 | 4.727 | 0.000 |

续表

| 模型 | | 非标准化系数 | | 标准化系数 | T | 显著性 |
|---|---|---|---|---|---|---|
| | | B | 标准错误 | Beta | | |
| 4 | （常数） | 19.223 | 1.999 | | 9.618 | 0.000 |
| | 信息技术学生自主学习方式 | 1.198 | 0.117 | 0.339 | 10.260 | 0.000 |
| | 教学评估 | 0.727 | 0.091 | 0.259 | 7.983 | 0.000 |
| | 通用英语课程 | 0.443 | 0.116 | 0.121 | 3.820 | 0.000 |
| | 信息技术学生个性化需求 | 0.252 | 0.111 | 0.074 | 2.270 | 0.023 |

注：a. 因变量：大学生英语自主学习能力。

非标准化系数是指估计的回归模型的系数。本研究中，估计的模型 1 为：大学生英语自主学习能力 =34.313 +2.094 ∗ 信息技术学生自主学习方式；模型 2 为：大学生英语自主学习能力 =21.554 +1.447 ∗ 信息技术学生自主学习方式 +0.896 ∗ 评估方式；模型 3 为：大学生英语自主学习能力 =20.326 +1.264 ∗ 信息技术学生自主学习方式 +0.779 ∗ 评估方式 +0.523 ∗ 通用英语课程；模型 4 为：大学英语自主学习能力 =19.223 +1.198 ∗ 信息技术学生自主学习方式 +0.727 ∗ 评估方式 +0.443 ∗ 通用英语课程 +0.252 ∗ 信息技术学生个性化需求。标准化系数的 Beta 系数也表示出不同模型对因变量的不同预测值。表中 T 值均大于 2 说明都是有用的预测变量；显著性水平值都小于 0.05，说明回归系数是显著的。

为了进一步检测上述因素具体对学生自主学习能力某一方面的影响，本研究把大学生英语自主学习能力的 5 个维度分别与这 4 个因素做多元回归分析，即以多元回归结果的 4 个因素作为自变量，以大学生英语自主学习能力的 5 个子维度分别作为因变量，考察课程体系中各预测因素解释力的大小。

1. 学习目标的确立与学习计划的制订能力

对于学习目标的确立与学习计划的制订方面能力而言，具有预测力的影响因素分别是信息技术下学生自主学习方式和评估方式这两个因素，说明学生在确立学习目标和制订学习计划时，主要会考虑到信息技术和评估方式这两个因素（表 5 –16）。

**表 5-16 与学生学习目标设定和学习计划制定能力多元回归结果**

| 模型 | | 非标准化系数 | | 标准化系数 | T | 显著性 |
|---|---|---|---|---|---|---|
| | | B | 标准错误 | Beta | | |
| 1 | （常数） | 6.763 | 0.435 | | 15.545 | 0.000 |
| | 信息技术学生自主学习方式 | 0.380 | 0.025 | 0.442 | 15.016 | 0.000 |
| 2 | （常数） | 4.122 | 0.542 | | 7.605 | 0.000 |
| | 信息技术自主学习方式 | 0.246 | 0.030 | 0.286 | 8.202 | 0.000 |
| | 教学评估 | 0.185 | 0.024 | 0.271 | 7.765 | 0.000 |

注：a. 因变量：学生目标设定和学习计划制定。

2. 学习内容的选择能力

对于大学生学习内容的选择能力而言，具有预测力的影响因素分别是信息技术学生自主学习方式、评估方式，以及信息技术学生个性化需求这三个因素，说明学生在选择学习内容时，一般会受到信息技术因素和评估方式的影响（表5-17）。

**表 5-17 与学生学习内容选择能力多元回归结果**

| 模型 | | 非标准化系数 | | 标准化系数 | T | 显著性 |
|---|---|---|---|---|---|---|
| | | B | 标准错误 | Beta | | |
| 1 | （常数） | 8.777 | 0.357 | | 24.573 | 0.000 |
| | 信息技术学生自主学习方式 | 0.324 | 0.021 | 0.455 | 15.593 | 0.000 |
| 2 | （常数） | 6.996 | 0.450 | | 15.562 | 0.000 |
| | 信息技术学生自主学习方式 | 0.234 | 0.025 | 0.328 | 9.388 | 0.000 |
| | 教学评估 | 0.125 | 0.020 | 0.221 | 6.312 | 0.000 |
| 3 | （常数） | 6.519 | 0.464 | | 14.056 | 0.000 |
| | 信息技术学生自主学习方式 | 0.199 | 0.026 | 0.279 | 7.553 | 0.000 |
| | 教学评估 | 0.099 | 0.021 | 0.175 | 4.765 | 0.000 |
| | 信息技术学生个性化需求 | 0.093 | 0.025 | 0.136 | 3.789 | 0.000 |

注：a. 因变量：学生学习内容选择。

3. 学习策略的使用能力

对于大学生英语学习中策略使用能力而言，具有预测力的影响因素分别是信息技术学生自主学习方式、评估方式、信息技术学生个性化需求、通用英语课程，说明在学生选择自主学习策略时会受到多种因素的影响和制约（表5－18）。

**表5－18 与学生学习策略使用能力多元回归结果**

| 模型 | | 非标准化系数 | | 标准化系数 | T | 显著性 |
|---|---|---|---|---|---|---|
| | | B | 标准错误 | Beta | | |
| 1 | （常数） | 7.203 | 0.416 | | 17.299 | 0.000 |
| | 信息技术学生自主学习方式 | 0.374 | 0.024 | 0.452 | 15.448 | 0.000 |
| 2 | （常数） | 4.627 | 0.518 | | 8.933 | 0.000 |
| | 信息技术学生自主学习方式 | 0.243 | 0.029 | 0.294 | 8.492 | 0.000 |
| | 教学评估 | 0.181 | 0.023 | 0.274 | 7.922 | 0.000 |
| 3 | （常数） | 4.017 | 0.533 | | 7.530 | 0.000 |
| | 信息技术学生自主学习方式 | 0.199 | 0.030 | 0.240 | 6.573 | 0.000 |
| | 教学评估 | 0.148 | 0.024 | 0.224 | 6.172 | 0.000 |
| | 信息技术学生个性化需求 | 0.119 | 0.028 | 0.150 | 4.215 | 0.000 |
| 4 | （常数） | 3.956 | 0.533 | | 7.425 | 0.000 |
| | 信息技术学生自主学习方式 | 0.182 | 0.031 | 0.220 | 5.845 | 0.000 |
| | 教学评估 | 0.138 | 0.024 | 0.209 | 5.668 | 0.000 |
| | 信息技术学生个性化需求 | 0.098 | 0.030 | 0.124 | 3.318 | 0.001 |
| | 通用英语课程 | 0.072 | 0.031 | 0.083 | 2.316 | 0.021 |

注：a. 因变量：学生学习策略使用。

4. 对学习过程的监督能力

在学生对学习过程的监控能力方面具有预测力的影响因素分别是信息技术学生自主学习方式、评估方式、通用英语课程这三个因素，说明学生在对学习过程的监督方面，更多会考虑到信息技术、所用评估方式，以及所学习的通用英语课程内容（表5－19）。

表 5-19 与学生对学习过程的监控能力多元回归结果

| 模型 | | 非标准化系数 | | 标准化系数 | T | 显著性 |
|---|---|---|---|---|---|---|
| | | B | 标准错误 | Beta | | |
| 1 | (常数) | 5.516 | 0.497 | | 11.092 | 0.000 |
| | 信息技术学生自主学习方式 | 0.607 | 0.029 | 0.567 | 20.992 | 0.000 |
| 2 | (常数) | 2.767 | 0.623 | | 4.443 | 0.000 |
| | 信息技术自主学习方式 | 0.468 | 0.034 | 0.437 | 13.569 | 0.000 |
| | 教学评估 | 0.193 | 0.027 | 0.226 | 7.030 | 0.000 |
| 3 | (常数) | 2.617 | 0.623 | | 4.199 | 0.000 |
| | 信息技术学生自主学习方式 | 0.439 | 0.036 | 0.409 | 12.171 | 0.000 |
| | 教学评估 | 0.152 | 0.031 | 0.178 | 4.840 | 0.000 |
| | 通用英语课程 | 0.123 | 0.046 | 0.098 | 2.684 | 0.007 |

注：a. 因变量：对学生学习过程监督。

5. 学习反思与改进能力

学生在学习反思与改进能力方面具有预测力的影响因素是评估方式、信息技术学生学习方式、通用英语课程这三个方面，说明学生在反思自己的学习效果时，会参照现有评估方式、信息技术学生自主学习方式以及大学英语课程内容（表5-20）。

表 5-20 与学习与反思能力多元回归结果

| 模型 | | 非标准化系数 | | 标准化系数 | T | 显著性 |
|---|---|---|---|---|---|---|
| | | B | 标准错误 | Beta | | |
| 1 | (常数) | 4.250 | 0.508 | | 8.365 | 0.000 |
| | 教学评估 | 0.328 | 0.019 | 0.493 | 17.307 | 0.000 |
| 2 | (常数) | 3.042 | 0.505 | | 6.030 | 0.000 |
| | 教学评估 | 0.211 | 0.022 | 0.318 | 9.508 | 0.000 |
| | 信息技术学生自主学习方式 | 0.256 | 0.028 | 0.306 | 9.154 | 0.000 |

续表

| 模型 | | 非标准化系数 | | 标准化系数 | T | 显著性 |
|---|---|---|---|---|---|---|
| | | B | 标准错误 | Beta | | |
| 3 | （常数） | 2.946 | 0.506 | | 5.826 | 0.000 |
| | 教学评估 | 0.185 | 0.025 | 0.278 | 7.266 | 0.000 |
| | 信息技术学生自主学习方式 | 0.237 | 0.029 | 0.283 | 8.101 | 0.000 |
| | 通用英语课程 | 0.079 | 0.037 | 0.081 | 2.134 | 0.033 |

a. 因变量：学生反思与改进。

多元回归的数据结果表明，大学英语课程中的 4 个影响因素对自主学习 5 个维度具有不同的预测力，详见表 5－21。

**表 5－21　对自主学习各维度具有预测性的课程因素**

| 自主学习维度（因变量） | 课程因素（自变量） |
|---|---|
| 学习目标的确立与学习计划化的制定 | 信息技术下学生自主学习方式 |
| | 教学评估 |
| 学习内容的选择 | 信息技术下学生自主学习方式 |
| | 教学评估 |
| | 信息技术下学生个性化需求 |
| 学习策略的使用 | 信息技术下学生自主学习方式 |
| | 教学评估 |
| | 信息技术下学生个性化需求 |
| | 通用英语课程 |
| 对学习过程的监控 | 信息技术下学生自主学习方式 |
| | 教学评估 |
| | 通用英语课程 |
| 学习反思与改进 | 教学评估 |
| | 信息技术下学生自主学习方式 |
| | 通用英语课程 |

综上所述，在使用相关分析法探讨了大学英语课程各因素与学生自主学习

能力的关联性后，又在第二节中运用多元回归法对可以进入回归方程的变量进行了分析，结果表明，大学英语课程中有4个（次）维度（它们分别隶属于信息技术、评估方式、课程设置3个一级维度）对学生自主学习能力有显著性影响，一共解释了学生自主学习能力变异的43.4%，并且前三个因素影响较大（解释了自主学习能力变异的43.2%）。在多元回归分析的过程中，本研究发现，回归系数始终小于残差系数，说明还有可以预测学生自主学习能力的变量没有进入回归方程。为了进一步考察多元回归结果的4个预测因素具体影响的是学生英语自主学习的哪一方面，本研究又以4个预测因素作为自变量，以大学生英语自主学习能力的5个维度分别作为因变量来进行多元回归分析，结果表明大学生英语自主学习能力的不同方面会受到不同的预测因素的影响。鉴于以上的发现，本研究在下一节会对多元回归中产生的数据进行解释，挖掘影响大学生英语自主学习能力的因素和背后的原因，借以回答第三个研究问题，即大学英语课程中的影响因素是如何影响了学生的自主学习。

## 三、大学英语课程中影响学生自主学习的因素解析

本节首先通过第二个子问卷的5个维度61个题项的描述性统计分析呈现大学英语课程中影响学生自主学习的因素；然后结合上一节多元回归的分析结果，使用对所调查高校师生的质性访谈数据和开放题的答案进一步阐释和说明这些因素是如何影响了学生的英语自主学习以及影响了自主学习的哪些方面。

### （一）大学英语课程中影响学生自主学习的因素整体分析

使用第二个子问卷的5个维度61个题项对大学英语课程中影响自主学习的因素进行描述，各维度的均值和标准差见表5－22所示。

**表5－22　大学英语课程中影响学生自主学习的因素描述统计结果（N＝933）**

| 维度 | 均值 | 标准差 |
|---|---|---|
| 教师 | 3.9144 | 0.69471 |
| 课程设置 | 3.4633 | 0.86265 |
| 信息技术 | 3.6189 | 0.73374 |
| 教材 | 3.6767 | 0.97544 |

续表

| 维度 | 均值 | 标准差 |
|---|---|---|
| 教学评估 | 3.7696 | 0.64558 |
| 平均 | 3.6886 | 0.78242 |

从各维度均值来看，最高分为教师因素（M=3.9144），其次为教学评估因素（M=3.7696）、教材因素（M=3.6767）、信息技术因素（M=3.6189），最低分为课程设置因素（M=3.4633）；数据的离散度表明，教学评估因素的离散度最低（值为0.69471），其次为教师因素（值为0.69471）；说明学生认为普遍认为教师对其自主学习影响最大，课程设置因素对其自主学习影响最小；另外，学生对教学评估对其自主学习影响的看法趋同。在5个维度中，有4个维度的均值大于3.6，只有一个的均值小于3.5，说明学生认为这些因素对他们自主学习都有着比较大的影响。

然而，根据上一节多元回归的结果（参见表5－12、表5－13），我们发现，对学生自主学习具有预测力的因素有4个，按照进入回归方程的顺序依次为：信息技术自主学习方式、教学评估、通用英语课程设置、信息技术个性化需求，其中信息技术自主学习方式对自主学习预测力最大，能够解释自主学习35.1%的变化。令人惊讶的是，教师维度的3个因素没有一个进入回归方程，这与描述统计中学生认为的情况不相符；教材维度的几个因子数据也没有进入回归方程，但是从描述统计分析的数据来看，教材的均值要高于课程设置和信息技术，说明学生认为教材在他们自主学习中也起着一定的作用；均值较低的课程设置因素、信息技术因素却进入了回归方程；此外，上一节（参见表5－15）多元回归系数表明，回归系数始终小于残差系数，说明还有可以预测自主学习的其他变量没有进入回归方程。鉴于以上这些原因，本研究在下一节将通过分维度、逐题项分析的方法，来进一步阐释影响自主学习的课程因素。

（二）大学英语课程中影响学生自主学习的因素题项分析

1. 大学英语教师与学生自主学习

大学英语教师在学生自主学习过程中起着至关重要的作用。那么，教师在大学生英语自主学习过程中到底怎样起作用，这些影响体现在哪些方面，本研究通过调研对教师作用的测量结果如表5－23所示。

**表 5-23 大学英语教师因素各维度描述统计结果（N=933）**

| 测量维度 | 均值 | 标准差 |
|---|---|---|
| 教学理念 | 3.8449 | 0.72415 |
| 教学方法 | 4.0401 | 0.66814 |
| 教学手段 | 3.8581 | 0.69184 |
| 平均值 | 3.9144 | 0.69471 |

大学英语教师维度主要考察教师在教学理念、教学方法，以及教学手段上对学生自主学习产生的影响。从表中数据来看，均值最高的为教学方法（M=4.0401），其次为教学手段（M=3.8581），最低为教学理念（M=3.8449）；3个子维度平均均值3.9144，接近于4分，说明学生认为教师，尤其是教师的教学方法在其自主学习过程中起着很大的作用。从数据的离散度来看，教师的教学理念选择性差异最大（值为0.72415），而教学方法的选择差异性最小（值为0.66814），说明学生对教师教学理念的感受差别较大，而在对教师的教学方法在自主学习中的重要性认识基本趋同。然而多元回归结果显示教师维度没有进入回归方程，那么这中间的偏差到底是什么因素导致的呢？我们下面将通过具体的测量项目结合质性访谈数据来进行讨论分析。

（1）教师的教学理念与自主学习

本维度包括4个题项（表5-24）。从数据的差异程度上看，题项1呈现出的差异最大（值为0.91376），其次是题项4（0.89134），说明学生在这两项上的选择差异性比较大，也就是说，学生对于老师引导学生制订学习目标和计划、老师要求我们反思自己的学习这两个方面的理解、选择有很大的差异性。离散度最低的是题项2（值为0.82300），说明学生普遍认为老师在教学活动中会引导他们思考并选择使用相应的学习策略。

**表 5-24 教学理念各题项描述统计结果（N=933）**

| 测量题项 | 均值 | 标准差 |
|---|---|---|
| 1. 老师引导我们制订切实可行的学习计划和目标 | 3.7760 | 0.91376 |
| 2. 老师通过教学活动引导我们思考并选择使用具体的学习策略 | 3.9368 | 0.82300 |

续表

| 测量题项 | 均值 | 标准差 |
|---|---|---|
| 3. 老师教会我们评价自己的学习情况，并鼓励学生监督自己的学习过程 | 3.8446 | 0.89014 |
| 4. 老师要求我们反思自己的英语学习情况 | 3.8221 | 0.89134 |

从各题项的均值来看，得分最高的是第 2 项（M = 3.9368），其次是第 3 项（M = 3.8446），说明学生普遍认为教师在教学过程中会引导他们思考并选择使用相应的学习策略。得分最低的是第 1 项（M = 3.7760），其次是第 4 项（M = 3.8221）；但是数据离散程度最大的也是第 1 项，其次是第 4 项，说明学生在关于老师引导自己制订学习计划和目标方面、老师在要求学生反思学习方面的选择差异性较大。下面通过访谈资料来进行分析这些论述。

**引导学生制订目标和计划的讨论**

对于学生访谈资料也说明大部分教师基本上不会明确地让学生制订计划、目标，大部分老师就是口头说说，没有进一步具体的监督、检查机制。

S1：老师布置一些作业，学习计划和目标这个好像没有，大学不应该是要自主学习吗？老师一般让我们自己来做。

S2：老师一般在第一节课上，给我们讲这门课程他会教我们的内容，相当于一个教学大纲之类的吧。学习计划和目标的方面，一般都是学生根据自身的情况制定的。

S6：应该是老师自己制订教学计划。

S13：我觉得肯定会有，因为老师作为教书育人的工作者，他可能在平常的上课当中会提到说，如“马上要考试了，你们可以根据什么什么，自己制订一下计划等”。

对于老师的访谈资料也基本验证了老师一般情况下都是在上一门课的第一节课，会给学生说明这个学期（或学年）要教的内容、使用的教材是什么、教的方式是什么、学生需要做些什么、怎么考核，以及纪律要求等。但是没有明确地让学生制订计划、目标，也基本没有进一步的监督、检查环节。

T4：一般倒没这么非常明确说，你要制定一个学习计划或目标，但是我们老师一般在上课之前会有一个目标，就是教学方案、计划，希望学生能配合、能跟上。但是要求他自己制定一个的话，这个倒没有明确提出来，但是会尽量说，比如，你听力不太好，你自己做一个计划，一个礼拜安排哪几天听多长时间。不是要求学生必须每个人都这么来做，这个倒没有要求。

T7：我们一般不会，但是平时的话还是会鼓动他们说，你应该如何做，但是不会说具体的做法，非常具体、细节的指导是没有的。除非，我有教学任务，要学生自主完成，这个我会单独给他就这个任务本身你的目标是什么、过程怎样；或者说这个学生自己有什么问题，在课外自主学习的时候他自己去学，然后回来问我，我会给他解释。

然而，也有学生持有不同的观点，认为老师会引导他们制定明确的目标和计划来指导他们的学习，但是能够明确地表达出老师的计划要求的学生很少。

S9：会。我们老师就讲，大学学习肯定也全不能靠老师，鼓励我们制定一些学习计划吧，而且他会专门花一两节课教我们，他是讲四级的，教我们如何准备，如何备考，相当于交给我们这些自主学习的方法。

部分老师也表示自己对学生有非常明确、具体的要求，让他们制订学习目标和计划。

T1：一般来说，是要求他们制订学习计划和目标的。我把我自己的教学大纲和要求跟他们说了以后，然后学生根据这个情况，来制订相关的他们自己的课外的学习目标或学习计划，在这个大的框架之下，进行自己设计的。

T6：我会让我的学生去做，但是不是强求的，我是觉得他们都是大人、成年人，所以他可以管自己，但是作为老师，应该把这种清晰的 instruction 给学生，告诉他首先做一件事情是要有学习目的的，所以我会让学生把他的学习目标自己理一下，然后每一次课之后我会让学生写一个学习日记，当然这些东西都不是强求的，都是学生自己自主的，像上学期有 4 个班，然后有一个班就做得特别好，基本上像大部分学生每一次课以后，都会交给我一份学习日记。

从以上两种意见来看，一类老师对学生只有比较笼统的要求，更关注自己教的方面，即知识输出的方面；这样信息传送到学生身上就变得更弱一些，就会导致出现学生在自主学习时没有目标、计划性，或者学习计划不清晰、盲目的状况（见第一节）。但另一类老师有着明确、具体的要求，学生在学习时就可以根据老师的这些要求制订自己的明确的自主学习计划。

**引导学生选择学习策略的讨论**

关于老师在教学活动中引导学生使用具体策略方面，从描述性统计的数据来看，学生基本都表示了相同或相似的看法，认为老师会在具体的教学过程中教他们使用相关的策略，在访谈中学生也表示了基本肯定的态度，但是具体又说不出来是哪方面具体，怎么个具体法。而且通过第一节学生自主学习策略使用现状差强人意的水平来看，这中间有个鸿沟，学生认为的老师的教和学生实际的使用水平之间不匹配。S6 的访谈说明了学生对策略概念的模糊性。

S6：有时候可能是方法不对，还是高中的方法，适应不了大学的学习环境，也就坚持不了。还有跟我们周围学英语的环境也有关系，比如，练口语，有没有地方能读一会儿？

下面我们通过对教师访谈的几段话分析一下从老师的角度认识的策略概念。

T1：如果针对我的课程，听力要求很高。因为我们有学生是 A、B、C 的，C 级的学生相对来说听力比较差。针对 C 级的学生，我会提供一些相关的材料、网站，让他们课外去看，这些我不会检测；或者我在某平台上发布一些材料或者通知之类的，让他们根据自己的情况，如果懂的话就少听点，不懂的话就多听点。反正网上资源很多嘛，让他们根据自己的情况去看，去听。

T4：教学的过程当中也会适当地引导学生，比如说听力啊，某个技能方面啊会跟他讲，如果是自己这个方面比较薄弱的话，建议他在课外安排一定的时间来提高，这个会引导他的。

T5：不是说具体怎么听，而且你要去听，每天安排多少时间去听，具体怎么听，课堂上我们会结合题目，穿插着讲，比如，涉及有什么技巧。

从对T1、T4和T5访谈的内容来看，他们认为自己在教学中对学生进行了某方面策略使用的引导，但具体怎么引导，并没有说出什么具体内容，就如同在访谈中学生的回答一样，答案是肯定的但说不出具体的内容。而T8老师的访谈内容说明了老师的策略指的就是怎么应付四、六级考试。这一点和之前汇报学生自主学习现状时的内容一致，学生的学习策略要么没有，要么模糊，要么就是刷题、背单词、考试。

T8：我这边主要教的是General English，所以每个学生的诉求不一样，我之前是带三级，后来是交互（相当于大学英语四级），他们考四级的时候一般就是三级快结束的时候，通常上三级的时候，他们这一个学期主要的学习目标就是过四级，那可能我会针对他的具体学习提供一些建议。在这一个学期比如说你的英语学习过程当中，哪些方面需要你去准备，考试也好，你有其他的学习目标，就是主要针对四级。那交互这个层面呢，到了交互之后接下来就是考六级，我觉得反正对于我这边的学生来说，他们主要的诉求还是要过四、六级，因此给他们说得多的也是关于考试的策略，因为学生需要。

从以上对老师的访谈我们发现，老师自己对策略的含义就不是非常清楚，把它理解为具体上课的教学，或者根本就没有引导学生使用策略的意识。因而，学生对策略的理解也就模棱两可，说不清所以然。另外，学生必须要考四、六级的学习现实也让他们把很大的精力放在应对考试上，对学习策略的认识容易窄化为考试法宝。

**引导学生评价自己学习、鼓励学生监督自己学习的讨论**

这部分的访谈资料说明，学生认为老师很少引导他们评价自己的学习，或者鼓励他们监督自己的学习。然而，S6和S21的访谈结果说明，学生有需求被监督，但是由于自己无法监督自己而把这种诉求转到老师身上。这说明了自主学习监督、评价机制的不健全。

S21：我感觉如果老师能多给学生布置一些任务，对学生的目标，要求高一点，稍微强一点，学生学习的自主性会比平时加大。

S6：老师只会对整体做一评价，反正老师觉得我们做得不好，他就会抱怨，但是我感觉这种抱怨挺好的，因为有些老师就不抱怨。如果老师能够对我们要求多一点，任务多一点，通过做作业的过程自己也学得多了。平时把老师布置的作业写完，想偷懒一下就不学其他的了。

S8：就是没有自由说话的空间，比如，在宿舍里，舍友在忙其他事情就不好说话，而且你想学习的时候可能也缺乏监督，自己懒惰的时候就懒惰了。

而从对老师的访谈结果来看，老师对学生的引导表现在以下两种情况。第一种是不对学生进行引导，把监督的任务留给考试。访谈 T4 时，她说老师和学生都很忙，一般都是上课来、下课走，除非个别同学自主找老师，他们才会交流。这说明师生之间缺乏沟通、交流。

T2：一般不做要求，足够的交流是不太可能的，但是比较落后的我会通过 QQ 或微信联络他，会不时给他敲敲警钟。然后我们的考试也很多。你看我们一个学期基本每个月都有一次大考、三次小考。一般是考试成绩出来了，会给他们敲敲警钟。

第二种把引导学生评价和监督做成了自己监督学生。T6 老师不可谓不是一个很敬业的老师，她带的是拓展类商务谈判课程，从谈话中可以看出，她非常用心地设计自己的课程，对学生的要求也比较严，而学生本身水平也比较高，然而她在教学中把引导学生监督自己的学习情况变成了老师监督学生的学习情况。

T6：就是因为老师对学生的要求不一样。如果老师能够稍微强势一点，就是说你必须要给我（作业），那么学生肯定也能做到。但是如果你不是那么强势，你可以交给我，也可以不交给我，那么这就是一个额外的东西。这是一个软的条件。那学生也很聪明的，为什么给自己增添麻烦呢？但是在这个学期，我又做的是另外一个方向，带了一个谈判课程，设计一个比较大的活动，然后每一组的学生就分做是不同的板块，比如，围绕一个谈判，能扩展出好几个谈判，那么每一个组负责其中的一方，然后在课下基本上是不能互相交流的，只能和老师交流。那我在预先的时候就会要求把他们谈判提纲、他们谈判之前要回答的十个问题全部回答完，要收集的信息都找好，然后来找我，这些都是课下他们自己做的。

综合以上我们发现，老师在教学中一般不引导学生对自己的学习进行评价和监督，监督的任务留给了考试，其结果是学生自主学习过程中自我监控的能力没有得到锻炼，处于靠自觉的状态，但是大多数学生都是无法监管自己的。

**引导学生反思学习的讨论**

访谈中学生反映老师一般不要求他们对学习进行反思，最多是泛泛地说一下，或者根据成绩要求其反思自己在哪些方面需要改进。

S8：我们的情况只会从考试成绩里反映出来，成绩出来之后，老师就会指出你们哪里需要加强。但，也只是笼统地说说而已，没有采取任何的行为措施。

S2：上大学以后就没有了，老师一般不告诉我们这些，我们和辅导员沟通的时间多，和老师之间也就是问个问题，反倒是在高中的时候，老师经常会要我们反思自己的学习。

但也有学生表示出相反的意见，如S16："老师会引导我们反思自己的学习，并提很多建议，最后因为时间呀什么的原因，自己执行不到位；他会给我们很多好的想法，但是我们基本上没有时间去落实。比如说，老师会给我们推荐好的网上课程啊，好的句子，好的视频，但是他没有办法监督我们真的去学这些视频。如果没有检查或者考核，更没有人去做了。"也就是说，老师也会引导学生反思学习情况，并给出建议和意见，然而由于没有相应的监督机制，结果也只能是不了了之。

从对老师的访谈来看，老师的做法一般分为两种。一种是基本不引导学生反思自己的学习，同样用考试来做让学生反思的指挥棒。T4说的话反映出大学英语教学中老师和学生的真实状态，老师和学生都在赶点儿，没时间交流。

T4：不是说全面地让学生反思，一般是考试成绩出来会给他们敲敲警钟。你说让他们去反思，怎么反思，让他们写下来，还是说找课外时间跟他们交谈，这个我觉得，我们一般下了课，学生他也要上别的课，没有这个沟通的机会，除非说他自己主动地说，老师我最近学习好像有点问题哦，他找到我们了，我们回去单独给他指导一下。因为学生的课也比较多，下了英语课，你想找他谈或者他想找你谈，都感觉急匆匆的。

另一类是老师自己在教学过程中发现问题，进行反思，改进教学效果，注重的还是知识的输出，还是没有引导学生反思的行为。T6 老师说到自己在要求学生做课堂展示方面的要求发生变化的一个反思的过程：

T6：对，就在每一个环节里面给学生一个清晰的指导，他需要做些什么。因为你没有一个清晰的指导的话，他不知道的。最开始的时候就没有给他们最清晰的、明确的 instruction，最后学生做出来的东西就不是你想象的。就像我们很多老师经常会这样子，布置作业给学生，你下一次课或者每个学生每学期要做一个 presentation，或者两次。老师布置下去，然后就不管了。我以前也曾经做过这样的事情，刚开始的时候。学生当然也有自己的自主性，做出来的东西千奇百怪，什么样子的都有，也确实蛮有趣的，再有的学生也的确蛮有创造力的，能做出来很好的东西。但是很多学生就照着读。这个东西对于精英一类的学生来讲，是一种培养。但是对于差一点的学生来讲，这就是在"放羊"。所以我就觉得要改变这种现状，怎么改变，然后就是需要自己的一个清晰的教学目的。我让学生做这个事情，我要达到一个什么样的目的。所以我就让学生把他做的 presentation 必须要和我的课文契合起来，就是相当于让他们戴着镣铐来跳舞一样的。

从教师和学生两方面的访谈数据说明了我国目前大学生英语自主学习中反思能力不够的原因，教师要加强教学中对学生的引导作用。

综合上述四个方面的讨论，我们总结出教师的教学理念对学生自主学习有影响作用。

（2）教师的教学方法与自主学习

本维度包括 5 个题项（表 5－25）。从数据的差异程度上来看，题项 7（值为 0.89821）所呈现出的离散度最大，说明学生在此项上的选择差异性最大。离散度最小的是题项 8（值为 0.82266），其次是题项 9（值为 0.83243），说明学生普遍认为老师在课堂上会注重学习氛围的营造，并且会选择学生感兴趣的话题激发其学习兴趣。

表 5-25　教学方法各题项描述统计结果（N=933）

| 测量题项 | 均值 | 标准差 |
| --- | --- | --- |
| 5. 老师鼓励我们在课外寻找一切机会提高英语水平，如听英语广播、去英语角 | 4.0782 | 0.84995 |
| 6. 老师鼓励我们参与课堂交际活动（如组织小组讨论、角色扮演、短剧表演等），用英语表达自己的想法 | 4.0943 | 0.83877 |
| 7. 老师帮助我们克服焦虑、紧张、羞怯的情感因素来鼓励我们学习英语 | 3.8328 | 0.89821 |
| 8. 老师会讲一些我们感兴趣的话题来激发我们英语学习兴趣 | 4.0675 | 0.82266 |
| 9. 老师在课堂上会营造一个民主、和谐的英语学习氛围，激发我们学习的积极性 | 4.1275 | 0.83243 |

从各题项均值来看，得分最高的是第 9 项（M=4.1275），说明老师会通过营造课堂氛围来促进学生学习。题项 5（M=4.0728）、6（M=4.0943）、8（M=4.0675）也都在 4 分以上，说明学生认为老师对于教学过程各个部分都比较满意。而且，本维度的均值在教师因素的 3 个维度中均值得分最高，说明学生对老师的教学方法还是认可的。从访谈中，我们同样可以看到，学生就老师鼓励其参与课堂活动感触最深，S22 就表示小组学习活动能够激发其学习动力和兴趣，感到是自己在学，也能学到很多东西，觉得很有成就感。S1、S3、S4、S9、S11、S12、S14 等也有同样的说法，S9 表示自己在英语课上得到的锻炼，在其他课上也显示出了优越性。

S9：小组讨论的学习方法还是很有用的，因为我经过一年的锻炼，跟他们大一的一起上材料论坛课，那个也是讨论课，只不过用中文，但我还是明显感觉到跟他们没有锻炼过的有不一样的感觉，而且感觉还很明显。

S22：我觉得老师的作用还是挺强的。我上大一的时候，我们老师就说，会让大家分组进行课堂展示活动，他就布置题目，四个同学一组。刚开始根本就不知道自己要讲什么，根本没有头绪，然后我们就分头从网上查、找课本、找资料，尽可能多地找资料，把自己该说的，该写的都记下来。有时候，一个话题可以产生好多个你不知道的但感兴趣的知识点，你就可能在顺便查查这些东西。如果要讲得利索，肯定得有演讲稿，就把那些全都写在稿子上，然后了解的内容多了，比如，一些好的句子、短语，也知道了一些，PPT 你要精心地去做得好一点，演讲之前还要演练，讲的时候把自己的努力展示出来。在这个过程，感觉是你自己很充实地学习了英语。你讲完之后，然后他就会点评你，夸奖你就是很有成就感，很满足的那种。

在访谈中，我们发现老师在帮助学生克服消极情感因素方面起到了很大的作用，比如 S1 讲的同学被老师鼓励的事，S10 讲的自己的事情都表达了同样的看法。

S1：不过，我在大学遇到一个蛮温柔的女老师，她上课提问的时候，大家都不吭气，因为大家从小到大都不太属于那种积极发言的那种人，怕说错。有一次有一个女孩就不好意思回答问题，很害羞，结巴，脸都羞红了，但是那个老师就一直鼓励她，然后我们还为她鼓掌，后来她就把那个问题表达清楚了，其实她是可以回答的，只不过，因为英语吧，大家平常很少用，如果你去发言的话，真的会很担心自己表达错误，不是说别人怎么看自己，就是自己的内心都是很羞愧的。

S10：我就觉得这样会很尴尬，其实我还蛮喜欢自我表达的，比如像戴老师的课经常会让我们自己发言，计入平时分，我承认其实有时候我的答案可能是对的，但是不大敢去发言（笑），但是今天老师倒是给我了一个机会。他看了我那样（想回答就不敢主动说的状态），然后就叫我回答问题。我就觉得可开心了，觉得我把自己想法表达出来了。

S4 也表达了相同的看法。但也有 S2 学生表示要跟老师沟通，让老师知道你的问题，老师才有可能帮你；不然，他都不知道，就不可能提供帮助。

S4：我们的老师好像就会看到下面的同学欲言又止，然后他就会点名。这样蛮好的，对学习有积极的促进作用，因为当你想好了，但自己又不好意思说的时候，老师这样子拉你一把，你就有机会表达了。

在提到课堂氛围问题时，几乎所有学生都表示好的课堂氛围能激发其学习积极性。也表示老师会找一些有趣的话题来激发其学习兴趣。

S2：当然，比如，举一些例子，讲一些故事之类的，都有。有时候老师会放一些片子。当然，一般老师会截取一小段来给我们看，一般情况下都挺好看的，有时候那些美国幽默啊什么的，我们就看不懂。不过，还是蛮喜欢看的。

可见老师的教学方法对学生的学习自主性也有一定的促进作用，方法得当可以促进学生学习的积极性和兴趣，那么学生就愿意去学习。

（3）教师的教学手段与自主学习

本维度包括5个题项（表5-26）。从数据的差异程度看，题项14离散度最大（值为1.12151），其次是题项12（值为1.05055），说明在这两项中学生的选择差异性比较大。题项13离散度最小（值为0.81166），说明学生选择此项时差异比较小。

**表5-26 教学手段各题项描述统计结果（N=933）**

| 测量题项 | 均值 | 标准差 |
|---|---|---|
| 10. 老师会给我们推荐一些有用的英语工具和学习参考资料，如报刊网站等，并鼓励我们在课外使用这些工具和资料学习英语 | 4.0922 | 0.86793 |
| 11. 老师鼓励我们用网络学习英语 | 3.9486 | 0.89917 |
| 12. 老师鼓励我们用网络工具（如QQ、Email）用英语跟他交流并解答问题 | 3.6752 | 1.05055 |
| 13. 老师在教学中使用多媒体课件进行教学 | 4.2315 | 0.81166 |
| 14. 老师使用一些新的方法如慕课、微课等进行教学 | 3.3430 | 1.12151 |

从各题项的均值来看，得分最高的是题项10（M=4.0922），其次是题项11（M=3.9486），说明老师在教学中经常会给学生推荐工具书、学习资料等，并且鼓励学生用网络学习英语。得分最低的是题项14（M=3.3430），其次是题项12（M=3.6752），说明老师基本没有使用微课、慕课讲课。在访谈中，学生表达了基本相同的看法。

S1：老师会给我们提供一些学习资源、网站，让我们下载，英语都要靠平时积累，所以他平常会给我们一些辅助性的帮助，主要让我们自主学习。

S4：比如，在听力方面，老师给我们推荐了3个网站还有几个App，让我们自己听。

谈到交流方式时，学生表示用QQ等工具交流很普遍，但基本都是汉语，除非那个老师本身是英语母语者。问到多媒体教学时，学生普遍反映，现在多媒体教学比较普遍。但是显然，他们对于微课、慕课等比较新一些的东西，所知甚少。访谈老师也表示微课目前也只用于讲课比赛，教学中还没有使用。

在网络环境下的英语自主学习活动中，学生永远应是学习的主体，教师起主导作用。但学生的自主学习并不等同于学生的自学，自主学习模式其实并不是对学生学习过程放任自流和不管不问，从表面看，学生独立性的增强，降低了教师的作用，实际上自主学习模式对教师提出了更高要求，即要求教师为学生提供更多的独立学习和独立钻研的条件和环境；要求教师有更高的教学水平，如对学习材料及相关资料的选择运用、对学生动机的唤醒和目标的确定、对学生学习结果的评价，都需要教师不仅要充分了解学生的知识水平、动机水平、个性特点、学习技巧、兴趣爱好等，而且还要根据这些特点采取不同的辅导方法来组织教学。

综合以上3个方面的论述，我们看到教师因素的3个方面都会对学生的自主学习产生一定的影响，其中，教学理念对自主学习影响最大，因为教师的教学理念的4个题项跟自主学习的第一个维度直接相关；但是从访谈中所了解的信息来看，教师在实际教学活动中偏重于教的行为，忽视了引导的行为，基本没有引导学生制定明确的计划和目标，也没有引导学生来监督、评价自己的学习，至于反思更认为是考试的事，教师教学观念的现状是导致目前大学生自主学习能力差的一个重要因素。自主学习能力培养的最重要的一个方面就是对学生元认知策略的培训，这就要求教师把教学中的要求、教学目标、具体任务告诉学生，并且引导学生制订适合自己的学习目标和计划，这样就有利于学生主动规划自己的学习。

另外，教师的教学手段对学生的自主学习也有一定的影响。信息技术在大学英语教学领域的广泛使用给传统的教学方式和模式都带来了巨大的冲击和挑战。它可以使学习不受时间和地点的制约，使教育模式从密集型的课堂教育和学校教育转向个性化、分散化和社会化。无论接受还是抵制，信息技术已经实质性地进入大学英语教学。大学英语教师必须顺应时代的发展，了解现代教育技术理论，更新自己的教学手段，学会制作多种电子课件（如多媒体）并应用于教学、通过网络工具，如QQ、微信等发布信息，与学生交流。教师教学手段的更新与提高会满足学生在信息技术环境下自主学习的需求。

再者，教师的教学方法对自主学习也有一定的影响，体现在促进学生学习兴趣等方面。正如建构主义学习理论给外语学习的启示：外语学习不是单纯的记语法、词汇，而是学习者积极参加意义构建过程，教师应该利用各种方法使学生积极建构对语言的理解，教他们如何学习。建构主义学习理论的最大意义是把有利于学生自主学习的教学环节以一种明确的线性关系排列出来，那就是创设问题情境——学生自主学习——小组讨论——结果评价。也就是说，在教学过程中，教师的任务并非机械地将自己的知识、经验武装到学生大脑之中，而是引导学生积极主动建构起新的经验，这是一个双向互动的过程。

不论教师还是学生，都有人认为教学就是教师的责任，教师将教学领域的责任交给学生是一种“偷懒”“不负责任”的行为，这些是教师改变自己在课堂中的传统角色时需要注意纠正的观念。另一方面，自主性学习也容易被理解为教师完全放手，毫不干涉学生的选择。实际上，自主性学习不等于教师不参与。相反，教师需要付出比传统课堂教学中更多的努力，因为他们需要针对不同学习者的个体差异和个体需求提供咨询与帮助，组织教学活动，帮助学生成为更有效、更主动的学习者。哈默（Harmer，1983）将外语课堂教师角色概括为控制者（controller）、评估者（assessor）、组织者（organizer）、推动者（prompter）、参与者（participator）及资源提供者（resource）。Frasher（1986）、Wubbels 和 Levy（1993）强调教师是课堂气氛的营造者（creator of classroom climate）。因此，教师既不能撒手不管，也不能代替学生监督，要做到引导学生成为一个具有自主性的人。教师自己对师生在教学活动中担任的角色也应转变观念，他们更多要做的是积极参与、监控学习者的学习活动，为学习者学习策略的使用提供建议与指导，促进学习者自主性的培养。

教师还需要帮助学习者掌握学习技巧和学习策略并就技巧与策略的运用向他们提供指导和建议，为学习者提供有趣的学习材料和合适的学习资源并鼓励他们资源共享，为学习者提供自主选择的机会，与学习者共同创造包容、宽松的学习环境，帮助他们提高信心、增强动力。

2. 大学英语课程设置与学生自主学习

大学英语课程的设置方式直接导向学生对学习内容和学习方法的选择，那么在大学英语教学中到底应该怎样安排通用英语、通识英语和专门用途英语的权重，才能够有利于学生进行自主学习，就成为本节要讨论的话题。下面本研究首先通过描述性统计对课程设置概况进行描述，然后对具体题项进行描述性统计分析，并结合多元回归的分析结果和师、生访谈数据分析不同的课程设置对学生自主学习的影响。

**表 5－27 大学英语课程设置因素各维度描述统计结果（N＝933）**

| 测量维度 | 均值 | 标准差 |
|---|---|---|
| 通用英语课程 | 3. 2999 | 0. 82863 |
| 通识英语课程 | 3. 5233 | 0. 86907 |
| 专门用途英语课程 | 3. 5666 | 0. 89026 |
| 平均值 | 3. 4633 | 0. 86265 |

表 5－27 中可以看出，均值普遍不高，最高分为专门用途英语（M＝3. 5666），最低为通用英语（M＝3. 2999），课程设置的平均均值为 3. 4633，说明学生对于开设什么样的课程总体上有一定的倾向性，最倾向开设的是专门用途英语课程。而多元回归结果显示，通用英语课程进入了回归方程，对学生的自主学习能力具有预测力，通识英语和专门用途英语没有进入回归方程。然而，描述性统计分析却又呈现出学生的选择倾向是专门用途英语，其次是通识英语。下面通过对题项的分析，笔者结合质性访谈数据来解释它们各自是如何影响学生自主学习的。

（1）通用英语课程与自主学习

本维度包括 6 个题项（表 5－28）。从数据的差异程度看，题项 20 的离散度最大（值为 1. 17102），其次是题项 18（值为 1. 13924），说明在这两项中学生的选择差异性比较大。题项 17 的离散度最小（值为 1. 00152），其次是题项 15（值为 1. 03942），说明这两项学生的选择差异性比较小。

表 5-28 通用英语课程各题项描述统计结果（N=933）

| 测量题项 | 均值 | 标准差 |
|---|---|---|
| 15. 我每天花 1~2 个小时练听力，它对学英语很重要 | 3.4502 | 1.03942 |
| 16. 我会寻找更多的机会练习口语，它在以后的工作中可能会用得上 | 3.5005 | 1.07010 |
| 17. 我会找寻更多的材料进行阅读，以提高自己的阅读水平 | 3.4791 | 1.00152 |
| 18. 我用英语写日记、小作文、读后感等来提高自己的写作能力 | 3.0686 | 1.13924 |
| 19. 我会做一些翻译练习，包括句子、段落、篇章等的翻译来提高自己的翻译水平 | 3.1704 | 1.12230 |
| 20. 我会参加一些培训课程（如口译、雅思、托福等），它有利于我的职业发展 | 3.1308 | 1.17102 |

从各题项的均值的总体来看，分值都不高，全部在 3.5 分以下，说明学生肯定了课程对自主学习的影响，但是认为影响得不那么强烈。其中，得分最高的是题项 16（3.5005），其次是题项 17（M=3.4791）、题项 15（M=3.4502），说明学生平时学习中比较注重口语、阅读和听力。得分最低的是题项 18（M=3.0686），其次是题项 20（M=3.1308）、题项 19（M=3.1704），说明学生在英语学习中写作、翻译、培训等占的比重比较小。多元回归的结果显示，通用英语课程是对自主学习有预测力的一个因素。下面我们通过访谈数据来分析通用英语课程到底是怎么影响学生的自主学习的。

学生的访谈结果，表明他们对通用英语课程的态度可以概括为：通用英语是语言的基础，学什么都得把基础打好；考试需求；修学分需求；学生本身水平所限；兴趣使然。

S8：如果不打算考研啊什么的就没有兴趣，因为我觉得没多大用处。该学的时候自己就会主动去学。

S21：我是觉得挺有用的，因为不管做什么得把基础打好。

S22：我也认为有用，会涉及日常生活中的一些口语等，遇到外国人要说英语，这些基础都是必要的，在这个基础之上可以开些专业的英语课。

S3：其实主要看课程，因为毕竟是为了考试。

S2：选这门课就是为了要得到学分的。

S15：我们其实选英语什么的都是为了学分吧，这方面因素比重占大一点。

S1：除了学分外，对于我而言，口语方面我更喜欢一点，所以平常就会结交一些外国朋友，上一些培训课之类的，还参加了一个英语的club。

S4：没用。因为，暂时报了也跟不上进度。

S9：选择什么样的课程，与其说兴趣影响，不如说需求可能会更好些。比如说，有的国家它比较认雅思，有的国家它比较认托福，你提前选好去哪个国，你选课的时候你就选好学那个就行了。

在笔者追问学生是否会专门花时间来练习自己的听、说、读、写、译各个方面的语言能力时，学生反映他们自己的学习活动大都跟听力、口语有关，阅读只有在考四、六级的时候会大量做题，翻译、写作除了跟上课内容相关外，其他额外的练习基本没有。总体而言，学生的自主学习活动基本都是围绕着课程、课堂的要求来进行。

S2：不会刻意的，就是每周会看美剧，会注意上面的字幕，通过中英对比的方式来学习英语，其实我听力还可以。

S3：每周会做一些练习，不过练习的种类是根据上什么课程而定，像比如说，我上学期选的英语翻译，那么我做的练习就偏翻译一些；现在我上的是口译课，做的练习就跟口译相关，毕竟还要考试，做的练习就要跟考试挂上。

S1：平时可能就是听力和口语练的比较多，像阅读，除非考四、六级的时候就要狂补。实际上我平常也会考虑实际需求，毕竟还是要考试的，毕业、口试、笔译等，我也会花很多时间来准备，怎么说，都得兼顾吧。

S9：我们平时的练习就是做那个学校要求的材料。虽然老师没有强制我们去做，但是心想着与其考试要考，又有题目在手头，就去做那个了。

老师的访谈结果表明，所有被访老师都认为通用英语有开设的必要。T2老师所在的学校是一所985高校，但她认为通用英语十分有必要开设，主要因为学生的英语水平参差不齐，2014级新生将近4000人，开学进行分班考试之后，大部分学生都需要上二级、三级（起点是二级），能够直接上四级的学生不到

1000人，她以自己所带的班做了一个例子说明。

T2：比如说我这个学期40个人的班我就做过调查，班上只有2个人是江苏的，江苏的学生英语水平高一些；其他的像来自福建、西部的，尤其是高考时不考听力的，他们的听力就很差，他们学的课程其实很简单，但是他们经常都听不懂的，所以你要听、说、读、写都抓。就是你设置东西太难，他们根本做不到。

T6老师所在的高校是一所省属重点高校，她同样认为通用英语有存在的必要，她叙述了自己参与所在高校的英语教学改革中学生的学校情况，当时英语还是每学期6—8个学分，先上大课，结束之后每个学生要去自主学习中心学3个小时，学生学完一个单元后，经过测试，通过后可以进入下一单元的学校；接下来上小课，主要以听、说为主；学生把自己学到的东西再以Project的形式展示出来；这样的方式非常奏效，她所带的2个班在一年级第2学期只有3个学生没有通过四级。

T7老师所在高校是一所省属高校，她也认为通用英语非常有必要存在。

T7：因为大部分学生，这种非英语专业的学生，虽然说现在小孩英语起步比较早，但是非常好的这部分毕竟占少数；大部分同学，尤其是这种从外地来的生源啊，他们的英文可以说，笔试是可以的，但听啊，说啊，写啊都不是特别好。而且过了高考，一年之后，可能刚进来你觉得学生写点东西还可以，那可能是因为原来为了考试背诵的东西在支撑着，但是过了一年之后，到了二年级就是真的呈现退化的一个趋势，所以我觉得general English很重要，有必要让他们真正地学习听力、口语、写作等方面。

综合以上看来，通用英语在我国目前大学英语教学中依然占据着非常重要的地位，因为要考四、六级，学生课外的学习基本上是以考试为导向型的，这也正好解释了通用英语课程对学生自主学习具有影响力的原因。

（2）通识英语课程与自主学习

本维度包括4个题项（表5－29）。从数据的差异程度看，题项23的离散度最大（值为1.15149），说明学生在是否参加英语演讲和辩论方面选择差异性较大。题项 24 的离散度最小（0.94368），说明学生在此项上选择差异性较小。

**表 5－29 通识英语课程各题项描述统计结果（N＝933）**

| 测量题项 | 平均数 | 标准差 |
|---|---|---|
| 21. 我喜欢跨文化类课程，它可以让我了解国外文化和知识，以国际化视野考虑问题 | 3.5456 | 1.09785 |
| 22. 我喜欢英美文学类课程，它可以丰富我的文学素养 | 3.4802 | 1.09568 |
| 23. 我喜欢参加英语演讲与辩论，它可以激发我的学习兴趣 | 3.1543 | 1.15149 |
| 24. 我喜欢英美电影赏析类课程，它让我在轻松、有趣的氛围中学习英语，也可以让我了解西方社会与文化 | 3.9132 | 0.94368 |

从各题项的均值来看，得分最高的是题项 24（M＝3.9132），接近于 4 分，说明学生对通过电影赏析类课程来获取西方文化咨询持肯定的态度。得分最低的是题项 23（M＝3.1543），而且此项离散度最大，说明学生对此的态度不同。多元回归的结果呈现，通识英语课程没有进入回归方程。下面我们通过访谈数据分析，通识英语是否对自主学习产生影响，又是怎样影响自主学习的。

我们访谈的学生部分选修了拓展类课程（通识英语），现将其看法归纳如下。第一，兴趣使然，比如 S1、S2、S5、S6、S7 在被访时不由自主地提及了兴趣在其选课中和学习中所起的作用。有了兴趣，学生在学的过程中，可能就会自觉、自愿、自发、自主地来安排一些学习时间和相关内容，因为这是自己想做的事情、想了解的信息。

S6：我觉得首先是你的需求，其次是兴趣，就是你没有这个需求但是你有兴趣，你就可以制定一个的计划，然后进行实践。

S1：我选的口译、欧洲文化、报刊选读。报刊选读是我真的感兴趣的，我想可能会涉及报刊阅读方面的一些概念、专有名词、文章框架、内容等有所了解。至于欧洲文化，有那么一点儿感兴趣，但是上完之后呢，可能是因为老师的口语发音不好吧，我都听不懂，所以兴趣就没有了。我觉得这学期选口译选对了，老师很好的啊。而且，有点儿类似于那种小班教学。在大班情况下，可能我不适合，或者不愿意表达的情况下；在小班制度下，感觉氛围更活跃了一些，老师对我们大家都比较了解，我们也都可以互相交流，课堂也就很活跃了。

S2：我跟S1选的课一样。我对于欧洲文化、历史是比较感兴趣的，想通过英语这个媒介来了解欧洲文化。选报刊选读，是我觉得它很实用，我选口译也是它更偏向于实用方面。

S5：我选的是欧洲文化，一方面是自己的兴趣，选了之后觉得挺好的。这门课貌似是我一年级到现在最认真的英语课。

S7：我觉得有吧（通用英语对自主学习会有影响），因为有一个感兴趣的东西，你就会去钻研，花时间去学。

第二，根据时间安排或者实用性而定。比如，第一类里面S2选择报刊阅读和口译两门课都是因为实用性。

S4：我选的是报刊选读，主要根据自己的时间来定的。

S9：有高级阅读，还有一个学术报告，我比较想上学术报告那个，以后做报告有可能会经常用。阅读的话，相比较报告而言，兴趣不是特别大，听同学说那个东西实在是太坑了，太累了。平时太累了，就是专业课也要花很多功夫，会很累，会很累，不考虑。

第三，可以促进自主学习，在学习过程中的互动比较多，自己能参与到学习里面；相比之下，通用英语讲的东西还是偏基础，而且老师讲得多一些。

S17：我觉得对拓展课来说，因为它有一个主题，比如，商务英语、口笔译，然后就感觉能自主学习就更多一点，交流更多一点；不是讲一些基础性的东西，老师就讲得多一点。

S18：我觉得商务英语、高级英语这些课程能促进自主性。因为那个交流比较多，自己参与自己说，参与度还是挺高的。之前老师基本上就是讲很多基本知识，告诉你怎么写作文，这个模板、那个模板。

从以上讨论来看，学生选择通识类英语的目的主要是根据兴趣或者是个人需求来定的，有了兴趣之后，就会有学习的动力，才会促使学生自主的安排自己的学习。

（3）专门用途英语课程与自主学习

本维度包括3个题项（表5－30）。从数据的差异程度看，3个题项基本差别不大，值都在1.0左右；说明学生在这三个题项上的选择差异性不大。从均值来看，三个题项都在3.5—3.6之间，区别不大，说明学生对这三个方面的认识差异不大。多元回归的结果呈现，专门用途英语课程没有进入回归方程。但是课程设置总体情况的描述统计数据显示（表5－27），学生倾向性的选择是专门用途英语课程。下面我们结合访谈数据来分析专门用途英语到底对学生的自主学习有无影响，到底影响的是自主学习的哪一方面。

**表5－30　专门用途英语课程各题项描述统计结果（N＝933）**

| 测量题项 | 均值 | 标准差 |
|---|---|---|
| 25. 我愿意学习职业发展类课程（如旅游英语、商贸英语等），它可以让我熟知某一专业领域的知识 | 3.5874 | 1.03901 |
| 26. 我愿意学习普通学术英语类课程，它对于我研读专业知识、撰写学术论文、查阅文献资料、听取学术报告很有用 | 3.5916 | 1.02303 |
| 27. 我愿意学习专门学术类课程（如医学英语、工程英语等），它针对性很强，可以给我提供相关领域的知识 | 3.5209 | 1.08186 |

综合学生的访谈，我们归纳出学生选择专门用途英语的几个理由：第一，实用性，或者说专业需求。比如S24就认为专业英语学习的效果比较好，学习有针对性，否则觉得学英语没什么用。S1、S2、S3表示学习专门用途英语是出于专业的需要，跟兴趣没什么关系。S18也说到了英语跟自己所学专业之间的关系。

S24：我觉得吧，英语无非就是实用性，对我这个专业来说，学制药工程的，很多都是外国的，文章中有很多科学术语，学术论文根本没办法读。我们学的东西并没有什么用。这时候你只能自己去查字典，即使是查字典，你也不能很好地弄清楚文中想要表达的意思。所以我觉得，教学能够有针对性的，专门为某个专业开设的英语班，效果就会好。

S18：我会选择科技英语，选择对我专业有帮助的。因为我们这个专业是学习制药的，一些什么设备、药品的名称都是英文版的，所以我们对科技英语这方面很注重。

但是，S23 却表达了不同的看法，她说："我觉得不是所有的人都希望开设一门专业的英语课，不一定上那个课对所有人都有用，或者不一定所有人都对它有兴趣。"在笔者说到如果专门用途英语课对大家这么重要，不如直接不上通用英语了，直接上专门用途英语就行了，学生却表示出了不同的看法。

S24：不，应该是两个都要上（通用英语和专门用途英语）。因为如果不上这个（通用英语）的话，那个（专门用途英语）学起来也会很费劲的；这个相当于基本的，是基础，那个相当于更高层次的一种学习。

而且，学生还表达出了应该开设通用英语另一个专业理由。

S24：大一的时候专业课学的比较少，因为即使弄懂了英文意思，但中文意思还是不明白，所以应该先把专业课程学了之后，然后再是专业上的英语，通过专业课程做更高层次的研究，读国外的东西。

因此，学生选择专门用途英语的目的就是基于专业需求，因为需要所以产生学习的主动性。

综上所述，我们分别探讨了通用英语、通识英语，以及专门用途英语跟自主学习的关联，可以用 3 个词来代表讨论结果：考试、兴趣、实用。在学生眼里，学习通用英语是因为考试要考，而通用英语的学习有利于考试；通识英语是我们根据兴趣或者时间安排来选；专门用途英语是专业所需。我们认为，设置什么样的课程要以学生的需求为首要原则，因为学生是学习这些课程的人。而考虑学生的实际需求，不能仅仅依靠文件规定的标准来估计学生目前的英语水平，如果从《普通高中英语课程标准》来看，其九级标准基本已接近《课程要求》的一般的水平，但实际上大部分高校学生达不到九级标准，因为我们的中学教育基本上还是应试教育模式，从表象上看，很多学生在高中阶段英语比大学时候还要好（上大学后，经常会有学生说自己水平退步了），其实，学生只是学会了做题，并没有真正掌握英语，不会运用英语，到了大学阶段我们应该教学生怎么用英语，把它用起来，用活了，语言才是自己的。2009 年至 2010 年教育部高等学校大学外语教学指导委员会在对全国高校外语教学现状的调查结果显示：81% 高校认为大学英语教学应该得到进一步加强，15.7% 的高校认为可以保持大学英语教学的现状，3.3%的高校认为可以适当降低大学英语在整个学校教学中的地位。（王守仁等，2011）因此，大学英语仍然有进行通用英语教学的必要，但是通用英语的教学效果不能以考试来进行评价，否则，语言还只是考试的工具，不能达到真正掌握语言。

通识英语基本上是学生以兴趣为导向的选择，是他们在抛开考试之外，根据自己的学习特点、个人爱好和知识架构进行的选择，他们的学习动机性较强，因而自主性也会体现出来。

专门用途英语具有很大的优势，但是要具体情况具体对待，不能采用一刀切的方法，尤其在教育决策时如果采用一刀切的方法，很可能会产生急功近利、不可收拾的后遗症。且不说我国高校现实存在的资金、师资、生源等方面分布不均的现实，就是在同一所高校内也存在学生水平差别很大的情况，这就需要根据学生的个性化需求来选择，而不是一刀切的方法。此外，哈钦森与沃特斯（1987）认为，外国学生在进行专业课程学习前不需要一定具备某特定专业相关术语知识，但他们应该熟悉并能使用相当数量的用于技术或非技术环境环境中的普通词汇。这些普通词汇对于理解、记忆专业术语有着重要作用。因为职业人员即使使用了专业术语，也必将考虑如何用日常用语解释其相关专业信息并使得他们的服务对象能够理解、认同。通用英语是学好专门用途英语的基础，加之，学生在没有专业知识储备的情况下，直接开设专业英语课程，也会产生形同虚设的后果，照样是“费时低效”。因此，通用英语还是有存在的必要。

陈坚林等（2011）认为，大学英语课程内容应该由各高校根据自身的办学特色和培养目标自行选择；同时，学校也应该赋予学生根据自己的需要选择学习内容的权利；最佳办法是利用学习资源平台同时提供通用英语课程、通识英语课程和专门用途英语课程，学生可以自主选择、自主学习，老师提供必要的辅导，使大学英语兼有“学习方式个性化”和“学习内容个性化”的双重特点。

从以上的分析和讨论中我们得出结论，通用英语、通识英语和专门用途英语是构成我国大学英语课程体系不可或缺的3个部分，谁也不能取代另外两方成为唯一，这是由我国大学英语教学的实际情况决定的。基础教育发展不均衡的局面不可能在短时间内改变；不同类型高校人才培养模式不可能一致，同一高校内部各院校专业需求也不一致；学生个人的英语学习的需求、对职业的规划不尽相同；这些因素决定了课程设置不可能有一家独言的局面出现。三者之间并不是非此即彼的关系，通用英语是通识英语和专门用途英语的基石，在进行通识英语和专业用途英语教学时，载体依据是语言，只不过是用语言来承载文化和某一领域的专门知识。大学英语教学中，学生是学习的主体，不管设置什么样的课程，最终的完成者在学生，所以考虑学生需求和兴趣是课程设置最根本的诉求。

3. 信息技术与学生自主学习

计算机网络技术的快速发展使得信息技术以前所未有的速度介入大学英语教学，教学模式由计算机辅助教学向基于计算机和课堂的教学模式逐步发展，在此过程中学生的学习方式也发生了改变，他们从被动的知识接受者转变为主动的知识建构者；知识获取的方式不再只是来自老师，来自传统的课堂，而是学习者根据自己的时间、地点，主动地安排学习内容，选择适合的学习策略进行个性化学习和自主学习。那么，信息技术对学生的英语自主学习到底产生哪些影响呢？下面本研究首先对信息技术的概况进行描述统计分析，然后通过具体题项分析结合多元回归的结果，再加上访谈数据，对信息技术与自主学习的关系进行探讨。

**表 5 - 31　信息技术因素各维度描述统计结果（N = 933）**

| 测量维度 | 均值 | 标准差 |
|---|---|---|
| 信息技术个性化需求 | 3. 7483 | 0. 75144 |
| 信息技术自主学习方式 | 3. 3623 | 0. 71964 |
| 信息技术互动学习表现 | 3. 7462 | 0. 73015 |
| 平均值 | 3. 6189 | 0. 73374 |

信息技术维度包括 3 个子维度，分别描述信息技术环境下学生的个性化需求、自主学习方式以及互动学习表现。表 5 - 31 中数据显示，均值最高的为个性化需求（M = 3. 7483），其次为互动学习表现（M = 3. 7462），最低为自主学习方式（M = 3. 3623），说明学生普遍认可在信息技术环境下的个性化需求；而对于自主学习方式和互动学习表现也持认可态度，但认同性稍微低一些。离散度

最低的是自主学习方式（值为0.71964），说明学生在此项选择上比较有趋同性。多元回归结果显示，信息技术维度中有两个子维度进入了回归方程，分别是自主学习方式子维度（模型1）和个性化需求子维度（模型4），互动学习子维度没有进入回归方程。相比之下，信息技术维度有两个子维度都进入了回归方程，对自主学习具有较大的解释力，下面我们针对具体题项，结合师生访谈数据进一步解释它们是如何影响了自主学习的。

（1）信息技术个性化需求与自主学习

本维度包括5个题项（表5－32）。从数据的差异程度看，题项28的离散度最大（值为0.94062），其次为题项32（值为0.92758），说明学生这两项的选择差异性较大。题项30的离散度最小（0.86325），说明学生在这一项的选择差异性较小。

**表5－32　个性化需求各题项描述统计结果（N＝933）**

| 测量题项 | 均值 | 标准差 |
| --- | --- | --- |
| 28. 我喜欢在信息技术提供的仿真语言环境中学习英语 | 3.6752 | 0.94062 |
| 29. 在信息技术下我可以选择适合自己的时间、地点来进行英语学习 | 3.7889 | 0.89551 |
| 30. 在信息技术下我可以选择自己需要的材料和方法进行个性化学习 | 3.8253 | 0.86325 |
| 31. 信息技术可以帮助我获得必要的学习策略指导 | 3.7749 | 0.86833 |
| 32. 信息技术环境中对于学习效果的检测系统可以帮助我监控自主学习的效率和效果 | 3.6774 | 0.92758 |

从均值来看，最高值为题项30（M＝3.8253），说明学生基本都会在信息技术环境下选择自己需要的材料和方法进行个性化学习。最低值为题项28（M＝3.6752），但是大于3.5，说明学生在这方面也持肯定的态度。从访谈中，我们得知有的学生对于题项28所说的内容不太明白，有的同学对于题项32所表述的内容不熟悉，说明在学习中这两项对部分学生来说用得较少。多元回归结果呈现，信息技术下个性化需求子维度进入了回归方程（模型3），访谈资料显示，学生在这方面回应的最多，主要体现在对学习资料和方法的选择、学习策

略指导、适合于自己的时间、地点来进行英语学习 3 个方面，而对于仿真语言环境，以及检验学习效果的检测系统这两方面，有些学生表示不太清楚。S19、S23、S24 说到用网上下载的 App 满足比较基本的功能——背单词，下载到手机上后，可以在课间、寝室里，只要有时间就可以看。

S19：我背单词都是用软件背的，然后也有小册子，小册子就是平时课间带着有时间看一下。然后平常在寝室里背单词基本上用的是软件。

S24：下一些背词汇的 App，每天去打卡。这样每天打开手机就会记得背单词。还有就是看美剧，会有兴趣。

S23：我下载是背单词的 App，还有翻译词典，那个必应词典，然后在韦博英语上报了名，它每天就给你邮箱里发一个邮件，是一个课程，一段视频两个人的英语对话，就练习口语，还有下面的单词练习会让你翻译，然后还有句子，就每天发一个邮件。我看的最多的还是那个视频英语，因为我口语、听力不好。

S11、S15、S21、S23、S24 等学生说网络上围绕英语的软件很多，使用起来很方便，比如可以用网络练习听力、口语、看视频、学翻译等，也可以下载下来放在手机上，有时间随时就看了。

S21：我就下载沪江英语 App。我们学校以前叫沪江大学，我们学校外语学院创办的沪江英语，现在有视频。它有的课是免费的，有的是收费的。我一般就是下载英语词典，用它来翻译一些句子之类的。还有就是看一些美文，参加一些网络课程，听听他们怎么讲。

S11：我觉得围绕学英语的软件特别多，比如说，听力，现在我们想听 VOA、BBC 什么的，特别方便，一些英语学习资料在网站上找，都很容易，包括想看一些原版的英文书，电子版的，在网上一找下下来，放在手机上，随时就看了。

S14：现在有很多 App，肯定会在手机里下一个，然后有空没空看一看。简单翻一下，有个印象，如果时间比较多的话，就可以深入地学习。对，因为手机都随身带嘛，手机翻翻主页，翻的时候发现这个主页我好像很久没有看了，赶紧点进去看一下那样的。包括上课猛然遇到一个单词，就想着这单词什么意思，立马查，很方便，有道一开，就可以查到。

S15 不仅用网络学习公开课，还使用英语游戏来进行学习，提升学习能力。S5 使用网络来获得必要的学习策略指导。S12、S14 表达了自主学习时间和地点的灵活性的特点。

S15：搜一些应用的东西啊，网上有很多讲英语的公开课，比如 TED 演讲等。前两个礼拜我看到一款游戏，名字叫 Emily is away，估计知道人不多吧，它就是一款纯英文的游戏，跟它聊天，但是它有几个选项，你输进去，不同的对话有不同的影响，你会发现玩这款游戏虽然全是英文，但是我们都能读得懂了，有一些生僻的词也能查出来，我发现游戏的话挺能促进我们英语能力的提升的。

S5：学一些，就像翻译课比较难的，自己搞不懂的。可以找例题，通过例题把这个知识弄懂，因为不可能网上有一样的题目，肯定得举一反三，然后自己再解决。

S12：其实如果按照自己的规划，这么多单词，按三十天计划背下来，每天背多少，只是个任务而已，你背过之后了就可以干别的了。这就是自主学习的便利之处，利用零碎时间，无论什么时间，什么地点，只要有时间，就可以利用碎片化的时间来做事情。而不是说在课堂上，我们没有办法只能接受基本相似统一的教育方式。

虽然描述统计和前面数据都表明，学生在对信息技术环境中的检测系统使用较少，但 S2 学生明显表达了它的优势及其对自己学习带来的帮助，而且他还对比说明了传统环境下和网络环境下学习方式、获取资源渠道的不同。

S2：比如通过平板电脑、网络、手机等获取自身需求的知识。我觉得这个对自主学习是根本上的改变，可以说是革命性的变化。如果在没有网络的时候，学习就是通过老师本身，或者老师通过教材给大家传授知识，而我们是通过记录、写、听来获取知识，是比较狭隘的方式，最多通过和老师交流来得到你所需要的知识。但如果是信息环境下，情况就大不一样了。我曾经参与一个网站上的学习，你可以找一些题目写文章，然后传上去，不是人工帮你打分，是机器自动帮你打分，我觉得它的评分是蛮标准的，我觉得如果是这样的话，一个是对你自身自主学习的检测有很大的帮助，另外就是你获取信息的途径会非常广。在这里，如果是以前，你可能需要买《镜报》这样一些外文报纸来了解信息，但现在你通过网络完全可以找到各种信息。方法变得多样化了，真的，自主学习的方式变得多样化了。

也有学生表示使用网络比较少，比如 S1 就说："关于信息技术方面，我平时可能更传统一些，除非老师要求我们去做一些事情，我才会用到网络。以英美报刊选读为例，老师让我们做 presentation 时，他会提供给我们很多网站，比如 BBC 啊什么的，我会在很多网站上去搜一些有用的资料。" S18 也说："我很少，一般都是查字典什么，或者去图书馆找书。"

综合以上我们发现，信息技术环境可以满足学生自主学习所需要的资源（学习内容）、提供学生解决问题的方法（学习策略），这与表 5 - 21 所呈现的多元回归结果一致；还可以满足学生自主学习对时间、地点的需求，让学生不必拘泥于教室或者图书馆，而是在适合自己的方式下来学习。由此可见，信息技术个性化需求对自主学习是有很大的影响的。

（2）信息技术学习方式与自主学习

本维度包括 5 个题项（表 5 - 33）。从数据的差异程度看，题项 34 的离散度最大（值为 1.07682），其次是题项 36（值为 1.04950）、题项 33（值为 1.04779），说明学生在这些方面的认同度差异较大。离散度最小的是题项 37（值为 0.88123），其次是题项 35（值为 0.98562），说明学生在这两项选择差异性较小。

**表 5 - 33　学习方式各题项描述统计结果（N = 933）**

| 测量题项 | 平均数 | 标准差 |
|---|---|---|
| 33. 我去自主学习中心学习英语 | 2.8403 | 1.04779 |
| 34. 我学习在线课程 | 2.9818 | 1.07682 |
| 35. 我用搜索引擎查找资料 | 3.7814 | 0.98562 |
| 36. 我在网上和同伴使用写作交流的方式学习，这样提高了我和同伴的协作、交流和沟通的能力 | 3.2669 | 1.04950 |
| 37. 遇到困难我会自己上网查相关资料，想办法解决 | 3.9411 | 0.88123 |

从均值来看，最高值为题项 37（M = 3.9411），接近于 4，说明学生学习碰到困难时一般都会选择自己上网找资料解决。其次是题项 35（M = 3.7814），说

明学生学习使用网络比较频繁。题项33和34低于3分，说明学生倾向于没有这样做，访谈数据也证明了这一点，由于现在学生基本上都有笔记本，如果需要看资料，直接进教务处网站或者学校网站就可以了，除了规定要去自主中心而去外，其他时间基本没人去；对于网络在线课程，目前参加学习的人很少，因为网络在线课程一般要求要参与，但是学校的课业本身就很繁重，而且也不考核，所以一般也就是看看视频。多元回归结果呈现，信息技术下自主学习方式子维度进入了回归方程（模型1），对自主学习的预测力是最大的因素，但是通过描述性统计数字和访谈数据来看，除了题项35和题项37以外，其他几个方面实际上对学生作用不大。如前所述，除非有学分要求，一般情况下，大多数学生都不选择去自主学习中心学习英语，但也有学生会去。

S13：如果跑到自主学习中心，你想回宿舍就很麻烦，你就不愿意骑车，比如说图说馆太远了，也不想动弹。所以就不愿意出门，一般在寝室里搞定就行了。

S14：不会去。我们都有电脑了，自己打开，就是听听力啊我都是用自己的电脑。自己直接找教务处或学校网站，里面会有资源共享，直接在那里看或者听就行了。

S8：我经常去网络自主中心下载资料，或者做一些题，看视频什么的倒不会。就是感觉挺好的，就是唯一的缺点是老师反馈得不是很及时。做完题提交后，在内容方面，也不会给你细致地分析。可能还有些题是需要老师手动改的，但那种题我从来都没有收到回复。因为大多数人可能都不太使用这个了，所以老师可能就觉得就没有必要了。

从S8的描述可以看到，自主学习中心的检测系统功能并不完善，因为去的学生少了，老师的关注度也降低了，她做了题之后，会的还是会，不会的也没有得到帮助解决。还有S18、S19、S20同学这样描述在自主学习中心的学习，他们在上大学英语3的时候，有8个单元，每个单元学完后，会要求学生在自主学习中心学习3个小时，之后还要完成一个50分钟的测试，等于一直盯着电脑4个小时，所以很多同学就“挂”在网上，对播放的内容看都不看，然后做别的事情，只要不断地点击电脑提示的“确定”就可以继续播放，挂完之后，界面弹出来题之后把题做了，就算交差了。至于网络协作学习，访谈的学生反映说还没有。而根据表5－21来看，信息技术环境下的学习方式对学生自主学习5个方面都有影响，因此，最有影响力的因素在学生实际英语学习中，却没有发挥其应该有的作用，这也从一个角度很好地解释了大学生目前自主学习能力低下的原因。

（3）信息技术互动学习表现与自主学习

本维度包括4个题项（表5－34）。从数据的差异程度看，题项40离散度最大（值为0.97473），说明学生在此项的选择差异性较大。题项38离散度最小（值为0.85643），说明学生在此项的选择差异性较小。

**表5－34　互动学习表现各题项描述统计结果（N＝933）**

| 测量题项 | 平均数 | 标准差 |
|---|---|---|
| 38. 老师用计算机网络、各种教学软件或者音频、视频资料给我们教学 | 3.8521 | 0.85643 |
| 39. 老师的网络在线及时反馈，网络在线问答可以提高我的学习效率 | 3.7267 | 0.92492 |
| 40. 网络环境下的学习可以增加我与同伴一起学习的机会（比如通过小组合作等方式） | 3.6527 | 0.97473 |
| 41. 在多媒体教室上课时，其内容呈现方式对我的学习效果影响很大 | 3.7535 | 0.92492 |

从均值来看，最高值为题项38（M＝3.8521），其次为题项41（M＝3.7535），说明学生普遍认同信息技术环境下的教学模式，教学以软件、音频、视频、多媒体的形式来呈现。最低值为题项40（M＝3.6527），其次为题项39（M＝3.7267），说明学生对于网络环境下的学习是否可以增加与同伴一起学习的机会，以及老师的网络在线反馈持有不同的看法。多元回归结果显示，信息技术互动学习子维度没有进入回归方程。那它对于学习的自主学习的影响力到底有没有，又是如何体现的呢？本研究结合访谈数据，讨论两者之间的关系。

访谈数据呈现出，学生普遍喜欢网络教学模式，因为教学材料以图片、影视、动画、声音等动态形式展现给学生时，在一定程度上会刺激学生的感官，使学生有身临其境的感觉，从而达到吸引学生的注意力，增加学生的学习兴趣，增强学生对知识的建构。然而，对于网络环境下的学习是否可以增加与同伴一起学习的机会，学生的看法却不同。S8 就学生认为那项功能是虚设的，因为没见过哪位同学跟别人在网上共同学习。S11 等同学表达了不同的看法。

S11：网上会跟同学互动，我觉得这种方式还好，就是说错了，也没什么怕的。

S22：有，可是我参加那个课程是要写的。我就不想写，就只是看看。

S1：比如我参加的那个英语 club，我们经常在微信圈里讨论，包括这个圣诞节，我们还私自组建了一个小群，还在说要给老师送点什么表达心意的礼物，当然全部是用英文说，我觉得这个蛮有意义的，大家都好开心啊，聊得不亦乐乎，甚至有时候我们还用拼音去代替某些词，因为聊的时候不知道要用什么去组织表达我们那个意思，不过，后来，老师就会给我们一些纠正。

S2：其实我觉得，网上这些圈子大多不是进行学术性的讨论。

对于互动，也有的学生说因为大家离得近，基本上有话就直接说了，有时候不用在网上问。

S2、S3：学习论坛，有，我们有自己的圈子。就是老师把一些资料放上去，供大家课外学习。讨论吧，倒不多，因为平时都能见到，直接就问了。

S3：分宿舍的时候，大家都是同一个学院的分在一起，选修课先不提，同一个宿舍的专业课都是一样的，如果要讨论的话，也挺方便的，所以就不怎么去考虑这种网上的讨论了。

S1：但是网上讨论论坛还是有一定帮助的，不过就是不容易去挑选，如果它的普及度不广的话，真的我们就不知道到哪儿去寻找这些资源。

因此，信息技术环境下的互动学习对自主学习的影响在于在师生之间或者生生之间通过信息技术进行互动交流时，可以促进学生进行积极的学习和反思，感受到来自老师和其他人的支持和尊重，需要认识到自己拥有与他人分享的知识和经验，他人也有值得学习之处。

通过以上讨论发现，学生在信息技术环境下的学习更多体现在把网络作为工具来查询资料或者作为解决问题、提供帮助的途径。老师对信息技术的使用也基本上使用它作为一个媒介来进行教学，比如用多媒体、各种教学软件或者音频、视频来进行教学，从而使得教学手段更加契合时代的变化。真正意义上网络学习发生的条件，包括把真实问题作为起点、学习兴趣作为动力、学习活动的投入作为外显行为、分析性思考作为内隐行为、教师的指导和反馈作为外部支持。从这些条件来分析我国学生的网上学习现状后发现，我国学习者的网上学习很少满足上述条件，亦即网络学习即使发生了，也只是表面的学习，而没有深层次的学习（黄荣怀等，2007）。如何开展网上学习，以满足学生的个性化学习和自主学习还需要广大教师和研究者进一步的努力。

4. 大学英语教材与学生自主学习

教材在大学英语教学活动中有着举足轻重的作用，一方面是教学者和学习者之间的纽带，通过内容设置、选材安排和练习活动细化明确教学目的；另一方面是教师和学生之间的纽带，是学生学习外语知识、技能和学习策略的主要来源。那么，大学英语教材对学生自主学习的影响是如何体现呢，下面先对教材的概况进行描述统计分析，然后根据对具体题项的描述统计分析，结合多元回归分析结果和访谈数据来进行进一步讨论分析。

**表 5－35　教材因素各维度描述统计结果（N＝933）**

| 测量题项 | 均值 | 标准差 |
|---|---|---|
| 通用英语教材内容设置 | 3.8656 | 0.68977 |
| 通用英语教材策略培训 | 3.5185 | 0.76723 |
| 通识英语教材 | 3.7647 | 0.84318 |
| 专门用途英语教材 | 3.5579 | 0.91182 |
| 平均值 | 3.6767 | 0.80300 |

教材因素包括 4 个子维度，分别描述教材的内容设置、策略培训、通识英语教材和专门用途英语教材这几个方面。表 5－35 中数据显示，均值最高的为通用英语教材内容设置（M＝3.8656），说明学生普遍认可通用英语教材内容设置。均值最低的是专门用途英语教材（M＝3.5579），说明学生对专门用途英语教材认可度比较低，但是还是持肯定的态度。离散度最低的是通用英语教材内

容设置子维度（值为0.68977），说明学生在此项选择上差异性较小；离散度最高是专门用途英语教材（值为0.91182），说明学生在此项上的选择差异性较大。多元回归结果显示，教材因素各子维度没有一个进入回归方程。下面我们针对具体题项，结合访谈数据来分析教材跟自主学习的关系。

（1）通用英语教材

本小节包括2个子维度（表5－36），其中42、43、44是关于通用英语教材内容设置的题项，45、46、47、48是关于通用英语教材策略培训的题项，下面我们分别描述。对于内容设置部分来说，3个题项数据的离散度区别不大，说明学生的选择差异性不大；3个题项均值相对都较高，最高的是题项42（M＝3.9078），说明学生认为教材的选材比较结合学生的生活，能够调动其学习积极性。对于策略培训部分呈现数据的离散度来说，题项47的离散度最大（值为1.04780），其次为题项46（值为1.04115），说明学生在这两项选择上差异性较大；离散度最小的是题项45（值为0.91428），其次是题项48（值为0.92333），说明这两项选择差异性较小。多元回归结果显示，通用教材没有进入回归方程，下面我们根据访谈结果进一步探讨。

**表5－36 通用英语教材各题项描述统计结果（N＝933）**

| 测量题项 | 均值 | 标准差 |
|---|---|---|
| 42. 选材上结合学生生活或学习经验，能够调动我们学习英语的积极性 | 3.9078 | 0.83517 |
| 43. 可以兼顾我们的考试需求和实际语言能力提高需求 | 3.8478 | 0.86067 |
| 44. 在语言难易上有一定的区分度，适应不同基础的学生选择 | 3.8703 | 0.85625 |
| 45. 教材中设计的小组活动让我敢于尝试与他人交际，锻炼自己的交际能力 | 3.7663 | 0.91428 |
| 46. 我在没有老师指导的情况下可以独自完成教材中设计的学习活动 | 3.2444 | 1.04115 |
| 47. 我通过教材中配备的英文短诗、幽默等不断地练习语言的表达 | 3.4073 | 1.04780 |
| 48. 在学习中，我不仅关注语法和言语的表现形式，还可以注意到语言的意义和内容 | 3.6559 | 0.92333 |

访谈中笔者问到关于教材的话题时，相比于其他几个因素，学生的反映要弱许多，也就是说，认为自主学习和教材似乎不太搭界。个别学生，如 S6 表示现在的教材挺好的，在听、说、读、写方面自己都可以得到进步。但大多数学生有不同的看法，比如，S11 在非常清楚地重复了一遍问题之后，竟然说："哦，我课外用的是《新概念英语》。"相当大一部分学生认为大英教材大同小异，还是那一套，没什么感觉，与自主学习基本上没关系。

S21：我觉得这些教材基本上都是一样的，没有什么大的区别，跟自主不自主没关系。

S18：都是，只不过分了个 1、2、3、4 册。全部用的新世纪，只有听力用的是新视野。学校是一套发过来的，4 个学期用了 16 本书，包括快速阅读、阅读理解，还有听力，再加一个综合教程，就是每一学期 4 本。全都一样，跟以前的教材没什么区别。

S2：教材，怎么说，感觉它对自主学习没什么影响。其实教材这个因素，教材因为是每人都有一本的，有些人会觉得这本教材对于我来说是没多大用处，因为我的水平已经在这个教材之上了。就是说，对自主，对自主学习没有多大的影响。

S3、S15 等学生认为教材对自主学习可能会有点儿影响，但态度不十分确定。其中 S3 和 S2 认为对水平高的学生而言，通用教材就没多大用处，但对于水平差一些的学生来说，教材里面的内容等还是有用的。

S3：因人而异吧。我倒是觉得还是有帮助的。因为书吧，一些知识点都会记在上面，看书的话，就会对这些知识点熟悉一点儿。可能像他（S2）说的，跟自身水平相关吧，我觉得自己水平差一点儿，看书的话，怎么说，可以更加熟悉一点儿，巩固一下。

S15：应该会起点作用，里面会提点人文轶事，有些还挺适合阅读的。

S10：我觉得可能会有一点影响，但是影响可能不是很大。因为教材毕竟面向所有人嘛，每个人的兴趣点不一样，它可能涉及的面广一点，但还是不能满足所有人的要求。

说到教材里面涉及的策略培训内容时，学生并没有表示太大的赞同。

S4：大一的时候一开始每一个单元就教你一些词汇、阅读、听写的方法，看过现在都忘了。现在老师就是按照课文内容走。

S14：目前的课程初中、高中都是这个方式。教材内容，大致的内容其实都是差不多的，有种在重复学习的感觉。但是这种重复学习其实觉得还是不太好，想稍微接触点新的东西，截至目前，像 traveling experiences 之类的话题，我觉得大家在初中、高中都有过接触。就是教材都编得比较有重复性，其实话题并没有什么新的拓展，策略培训感觉也没什么感觉，就是看老师怎么上呢。

S2：就是说看我们老师的教学的方法有关系吧，书是死的，人是活的。

还有一些同学对现有的教材不满意，认为应该用别的内容来代替现在的教材，但也有不相同的看法。比如，S8 和 S14 就看法相左。

S8：我觉得现在的教材不太好。我是想学整本名著的那种，可以了解它的文化、日常用语，不像现在的教材一样太死了。我自己也看过一些名著，但是有好多不认识，如单词、文化典故，所以看了一半就停了，因为不懂的东西太多了。

S14：虽然大学的教材和初中、高中教材很多主题都一样，有雷同之处，但是教材，它会以一个不一样的高度来向你展示这个角度。比如说初、高中我们同样学 travelling experiences，初高中的时候单词啊，语法啊，句子啊都是以比较基础的方式向你展示。但大学会更侧重于更高层次、更高能力的一些要求，可能就会遇到更多的新单词。当然语法我觉得初高中已经学得差不多，所以大学并没有侧重于语法。

总体来看，因为通用英语教材基本都是一样的路数，基本没什么变化，导致学生认为教材跟自主学习不搭界，究其原因，学生认为学习通用英语的目的主要是为了通过四、六级考试，或者说至少是为了拿到学分，并没有把它当作真正提高语言使用水平的媒介，所以才会有认为教材跟自主学习没关系的看法或者模糊不清的看法。这一点也呼应了第三节中的讨论，大学通用英语课程是对学生自主学习有影响力的一个因素，我国目前的大英教学大多还是围绕通用英语。通用英语的目的在实际中是为了考试，所以学生还是为了考试而学，考试行为结束了，学习行为也随之结束，这是目前大学生自主学习能力比较差的一个重要因素。

（2）通识英语教材和专门用途英语教材

本小节包括2个子维度（表5-37），其中49、50、51、52是关于通识英语教材的题项，53、54是关于专门用途英语教材的题项，下面分别讨论。对于通识英语教材来说，离散度最大的是题项51（值为0.93015），说明学生的选择差异性较大；离散度最小的是题项49（值为0.83998），说明学生的选择差异性较小。49、50、52题项的均值相差不大，都在3.8—3.9之间，接近于4，说明学生对这几项的内容赞同度比较高；题项51均值比其他3项低，但也在3.7以上，说明学生对此项也持肯定的态度。对于专门用途英语来说，本研究从其分类，设计了2个题项，题项53是关于行业英语，题项54是关于学术英语，从均值和离散度来看，两者差别都不太大，说明学生对这两者态度持肯定的态度。多元回归结果显示，这两者也没有进入回归方程，下面我们根据访谈结果深入讨论。

**表5-37　通识和专门用途英语教材各题项描述统计结果（N=933）**

| 测量题项 | 均值 | 标准差 |
| --- | --- | --- |
| 49. 题材涵盖人文科学、社会科学、自然科学与技术领域的一般知识，为我们建立了知识的整体概念 | 3.8521 | 0.83998 |
| 50. 内容具备一定的深度，能够培养批判性思维能力，提升我们对不同文化和价值观念的辨识力 | 3.8499 | 0.86602 |
| 51. 文化类课程（如英美文学、英美概况等课程）的教材可以满足我了解英语文化的需要 | 3.7042 | 0.93015 |
| 52. 文化类课程（如跨文化交际、电影赏析等课程）的教材拓展了我的文化视野，使我可以分辨不同的文化价值观 | 3.8253 | 0.89738 |
| 53. 行业英语的教材（如工程英语、商务英语、旅游英语等）可以满足我学习本领域知识的需要 | 3.5434 | 0.98241 |
| 54. 学术英语类课程（如学术论文写作、医学学术英语等）的教材可以满足我的学术需要 | 3.5723 | 0.98724 |

访谈结果表明，大部分学生觉得通用英语教材模式陈旧，是老一套，跟初中、高中英语教材区别不大，所以想接触点儿新东西。大部分高校通识类都在开在通用修完之后，被访的学生大部分表示选择某门通识课是因为兴趣。

S13：我觉得如果有这样的课外拓展性的课程的话，首先我觉得我是有兴趣的，而且英语方面的能力要求也是比较高的，然后我自己来说也有兴趣去学习一些新的东西。

S1：就是跟兴趣有关，比如，《欧洲文化》的教材，它老不更新，甚至里面个别内容都是错的，所以我很少翻教材，我只要上课听老师讲就行了。所以，教材必须要进行及时地更新，像《英美报刊》，也许它教材比较旧，但学得是一些旧的、经典的案例，这个倒是没关系的，但是，那个《欧洲文化》，它真的是内容是错的，还没有及时更新，这个对我的兴趣真是一个很大的打击。

S11：如果真有时间的话，电影赏析那一块可能会选，因为我对这个感兴趣。这个是属于通识选修课的。

S3：《英语中级翻译》那本书倒是还可以，如果我用完后，扔给下一届同学，也是可以的。

S9：哎对，还有《跨文化沟通》那门课也蛮好的，那门课程是纯英文的，哦，不对，里面还有一些长的句子的翻译，我觉得它真的好好啊，那本书我现在还保留着呢。那是大一时候上的通识课。

可以看出，学生对所选的通识类英语课程都有不错的感觉，但是也发现了一些问题，比如，上面 S1 说的《欧洲文化》教材，内容有错误，一直没有更新，这就是教材的滞后性会影响学生学习的积极性。但是，访谈中笔者发现，除了以兴趣为基础外，学生对教材还提出了教材是否适合自己的诉求。比如，S4 说自己在选择某通识课程时：“他们那个教材，我后来打听了好像是英语专业的，一页好多字，图片好少，然后就上课听听。我认为好的教材应该字少一点，简单一点，图片多一点，还有就是信息多一些。这样有利于学生掌握学习。”

在专门用途英语教材方面，很少有学生说是为了兴趣而选择，基本都认为是基于专业需求。而且，学生希望可以有这么一本可以作为专业依据的英语教材作为依据。S1 甚至提出了以专业分类来出版教材的想法。

S1：我觉得如果要根据我们专业区分，然后再出版这些教材，我觉得还是蛮好的，至少以后我有什么不懂的地方呀，我会有一本可以依据的东西来参考。

S2：我们还没有到学习专业英语的时候呢，但是基本上，学校如果已经把它当作教材的话，那么肯定是会有它的依据的，应该能满足我们的专业需求吧。

因此，学生认为通识英语教材基本能够满足其了解文化的兴趣和需要，但是对于专门用途英语的教材，建议可以以专业来进行编撰，会作为一种依据，会满足学生的专业需求。但是，就使用什么样的教材跟学习自主性有关系而言，通识英语教材可以满足学生想要了解某方面知识的兴趣，有利于促进学生学习的积极性，因而可能会促发其学习的自主性。专门用途英语教材就是满足学生的专业需求，也就是满足学生的个性化需求，它是自主学习的前提和基础。

5. 大学英语教学评估与自主学习

教学评估是大学英语课程里面非常重要的环节，它可以反馈出课程设置是否合理、课程教学效果的好坏、教学方法是否合理、教材选用是否得当，最重要的是，评估方式的不同可以检测学生以什么样的方式来掌握知识。一般来说，教学评估方式可以分为终结性评估和形成性评估。终结性评估多是对学习效果的评价，而形成性评估更关注的是学习过程，到底哪一种评估方式对学生的自主学习会产生影响呢，下面我们通过描述统计法、多元回归的结果和访谈数据进行综合分析。

教学评估维度包括 7 个题项（表 5－38）。从数据的差异程度看，题项 59 的离散度最大（值为 0. 98175），其次是题项 57（值为 0. 90260），说明学生在这两方面选择差异性较大；题项 61 的离散度最小（值为 0. 82254），其次是题项 58（值为 0. 85813），说明学生在这两方面选择差异性较小。

**表 5－38　教学评估各题项描述统计结果（N＝933）**

| 测量题项 | 均值 | 标准差 |
| --- | --- | --- |
| 55. 采用对学习过程进行评价，而不是仅仅依据期末考试成绩的评估方式会减轻我的学习心理压力，增加我的学习动力 | 3. 9132 | 0. 89943 |
| 56. 课堂参与，如短剧表演、主题英语演示、小组讨论等活动形式会激发我的学习兴趣，增强我的学习信心 | 3. 9025 | 0. 87901 |

续表

| 测量题项 | 均值 | 标准差 |
|---|---|---|
| 57. 我能够根据老师的指导对自己的学习情况进行评价，然后制定相应的学习计划 | 3.6731 | 0.90260 |
| 58. 在实施学习计划时，我可以选择适合自己的学习策略 | 3.8017 | 0.85813 |
| 59. 我通常通过记笔记等方式来监控自己学习计划的实施情况 | 3.5563 | 0.98175 |
| 60. 我能够较为客观地对自己和他人的学习情况进行评价 | 3.7117 | 0.87860 |
| 61. 在老师的指导下，我能够对自己的学习能力、学习效果做出判断 | 3.8285 | 0.82254 |

从均值来看，题项55的均值最高（M = 3.9132），其次是题项56（M = 3.9025），说明普遍认为评价学习过程可以减轻学习心理压力、增加学习动力；学生对课堂参与持肯定的态度。题项59均值最低（M = 3.5563），其次是题项57（M = 3.6731），说明学生对用记笔记等方式来监控自己的学习计划认可度不是很高，但是还是持肯定的态度；在是否可以根据老师的指导来评价自己的学习，并制定相应的学习计划方面，虽然认可度不是很高，但是也是肯定的态度。多元回归结果显示，教学评估进入了回归方程（模型2），对自主学习的每一个方面都具有比较大的解释力（参照表5－21）。下面，本研究结合访谈的数据进一步解释、说明教学评估对自主学习影响的具体情况。根据访谈情况，本研究在此将其总结为几个主题来汇报。

（1）对课堂参与的讨论

根据访谈，基本上所有学生对课堂参与的方式都持肯定的态度，认为在准备的过程中，通过自己的不断查阅、学习、练习、汇报，体会到是自己在学东西，收获很大，很开心。

S1：课堂参与，比如，短剧表演、主题展示这些形式，一般都是老师给我们规定一个主题，然后我们去查资料，过程中会有一些小组讨论、交流等。说到短剧表演，我在大一的时候参加过，在正式表演之前，我们还准备了一个剧本，虽然最后演得不是特别好（自己评价），但是大家表述得都比较清楚，可以脱稿进行表演，当然，要做到这样，得付出很多努力，做完这个后，老师给我们的分数就很高，并且老师觉得我们做得很不错，我觉得这种方法是蛮激励的，我蛮倾向于用这种方式来评估学习。

通过这个例子，我们看到学生课堂参与所带来的正面效应，学生根据老师布置的主题任务，自己查阅资料，对这些资料进行阅读、分析，制作课件，进行展示，得到评论，改进学习，中间穿插着小组成员之间的讨论。这个过程体现了自主学习的一个完整的过程，学习自己建构了知识而不是被动接受了知识。下面的 S14 通过准备背景知识而自主学习的过程，也表现出形成性评估关注学习过程的方面。

S14：包括他会让我们准备 background information。所以就是在上这些课之前，除了自己对于课本上课文的预习之外，自己也会去搜一些东西，搜一些背景知识。在搜这些背景知识的过程中，你会搜到很多东西，但是你不可能把这些东西全部展现给班上的同学，然后自己就要筛选，我觉得这个也是锻炼找关键词、筛选的能力。而且你在搜那些背景知识的时候，你会发现很多有趣的东西，自己就会去关注其中的一些。会重新认识到很多东西，以前都不知道，哇，原来是这样，有一种这样的感觉。

（2）对自评、他评的讨论

访谈中当笔者问学生是否能够比较客观地对自己和他人进行评价时，学生普遍认为评价他人基本可以，但评价自己不行。但 S1 也说，有时候自己也可以较为客观地评价自己。

S2，S3：客观地评价自己，这个有点难，不确定。客观评价别人吧，还是可以的，因为看别人的表现时，你可以看得出来，听得出来，判断得出来。评价自己，就有点儿主观。

S2：最好是通过老师，或者别人来帮我们客观地评价一下。

S9：这个评价就相当于评价他们的结果吧，他们的过程我们一般都评价不了，因为你总不知道别人一天都在干什么，又是怎么学的。评价结果的话，应该能够比较客观地评价。

S1：不过有时候也结合自己情况。像我就曾经以为自己口语表达还是可以的，在安徽那边，但是来到这边以后，就发现自己和许多同学还有很大的差距。这时候，我就可以客观地看待自己的水平。

在讨论如何对自己评价时，S18 又绕回到分数上去，认为分数是评价一段时间学习成果的最佳办法。

S18：对自己的评价，成绩好像比较好评判一些，因为你这个阶段方法适当，自己每天做到了你该做到的，就会出来一个你比较满意的成绩，那应该说，考试还是比较好的评价方式。

可见，在自评和他评的时候，要清楚评价的内容和依据，学生才不至于有理解上的偏差。

（3）对形成性评估理解的讨论

访谈中，学生对形成性评估展开了热烈的讨论，主要挖掘了形成性评估的优点，S1、S2、S11 等学生对其现有的评估模式（可以称为形成性评估）进行了描述。

S1，S2：我们要通过指标之类的东西来衡量，要反映我们现在的学习情况，一般会通过作业、课堂展示等形式来体现，有分组还有个人的展示，这个算平时分。

S11：我们的方式挺好的，有期中的，有期末的，有平时做的 project，还有平时分，还有平时写作文的一些分，我觉得这挺好的，不只看期末的成绩。

S8、S13、S21 等学生认为形成性评估的监督效果好，充分体现了评估方式的指挥棒作用，在对学习过程的要求下，学生根据这些要求调整自己的学习方式，进入了自主学习的良性循环。

S8：形成性评估监督效果比较好，你要不断地调整自己的学习。

S13：像这种期末考试阶段，像大家在期末考试前几周多临时抱抱佛脚，但是如果多了几个阶段性测试，至少在阶段性测试之前再抱抱佛脚，这就是区别。然后还有平时成绩，就是为了平时成绩，你会到课堂上来而不是翘课之类的，像作业你会认真完成，就是有种督促性的作用，就是想为了自己的分数还是要认真对待，这样子。

S21：如果是卷子分数占的比例大一些，在考试之前肯定会好好复习，尽量把卷子分做得高一点。如果是关注过程，平时分占的比例大一些，那平时你做作业会更加积极，然后课堂出勤一定会高，课堂表现会积极。

上文S13形象地描述了终结性评估和她们现在用的评估方式（评估方式由“阶段性测试+平时成绩+口语考试+作业+考勤”构成，我们可以把它看成是形成性评估）的区别，她用“临时抱佛脚”来形容终结性评估，用“临时抱佛脚+平时成绩+作业+考勤”来描述形成性评估，最后指出了有督促性的作用，说明学生认识到了形成性评估是一个促使其自主学习的过程。S9认为英语课程的形成性评估可以为其他学科节省复习时间。

S9：对我们学生来讲，对整个课程体系的分配上来讲（除了英语以外的其他课），我觉得还是比较好的，因为我们不能说把所有的课程都集中到期末去复习，在英语课程方面使用这种对学习过程进行评估就是给我们其他课提供一点时间。我们高数还算好了，像物化的话就是期末考，一考定成绩了，就是这种感觉。

可以看出，大学里的许多必修课程依然使用的是终结性评估模式，那么，只有英语一科要进行形成性评估，也是有些“势单力薄”。如果其他的科目也可以开发适当形式的形成性评估模式，我们的大学教育也许更会朝着创新的方向发展，而非重理论、学习死知识、实践能力差的固有状态。

也有学生认为不管什么评估方式，都会认真学习，比如S24就说：“我就是感觉没有什么影响，无论是平时分占得高还是期末考试分占得高，我都会认认真真学习。”

从以上来看，学生对形成性评估有了一定的了解，认识到了形成性评估对于学习过程的促进作用。

（4）对有利促进自主学习的评估方式的讨论

访谈中学生对何种评估方式可以促进自主学习也进行了争论。比如，S4认为不能认为一张卷子就能决定学生的学习水平，因为考的东西不能体现出平时学的内容，关注学习过程的形成性评估方式对促进学习有利。S19等学生也表达了相同的看法。

S4：我觉得关注学习过程的评估方式好，因为期末考试就是一张卷子，考的一些并不能代表这一学期在这一门课上的东西，形成性评估的话还应该看这门课上你的表现。毕竟不能因为一次考试就觉得你的学习怎么样。

S19：就是你把平时比重放大一点，大家就积极一点，就可以促进自主学习。

S7所在的学校也在改革评估方式，用“形成性测试（每个月1次大考，3次小考）+课堂展示+口语+考勤”的方式代替原来的期末考试，但是他依然认为没用，考过就忘，没真正学会使用语言；考试太多了，依然是考试前背背东西，就可以拿到比较好的分数；S6却跟他有不同的看法，认为这种有几次小考试啊，平时分啊，这种评估方式挺好的，可以促进自己平时多花时间来学习。

S7：我觉得不能反映，因为就是每次考试前几天，我背一下短语，考完就忘了，但是还是可以得到一个不错的分数。我的意思是它尽管有这么多次考试，但实际上我什么也没学到（笑）。

S6：如果说一次考试的话（指的是期末考试），那岂不是忘得更快。

S7：我的意思是评估的分数可能和你的实际能力不匹配，就可能我是前几天背了，我可能得到一个很好的分数，但实际上我可能并没有这个能力。

S6：我感觉咱们这个评估方式已经相对不错了，因为想不出来相对它而言更好的，所以说我感觉它还是可以的。因为我感觉刚上大一的时候，这个英语的评估方式很新，感觉很好。可能过程有的来说相对难点，但是相对来说比较公平，因为它关注的是过程，这样你平时就可以安排学习，然后每次进步一点儿。

从S6和S7的对话中我们发现，形成性评估如果使用得当，能增加学习的学习收获，对原来学习有困难的学生帮助尤为明显（郭茜等，2003）。S6和S7的争论就证明了这一点，S6基础差一些，S7基础好一些，该校在形成性评估中，结合使用了形成性测试，那么S6就可以通过这一次次的测试前的准备和某一阶段的学习来提高自己的语言水平，那么S7就应该根据自己的实际需求和水平来调整自己的学习了。S9 的说法验证了形成性评估在语言使用能力方面的重要性。

S9：因为我大二就要慢慢考虑开始出国了，也有一种感觉就是不能全靠考试。就像我短时期上的英语强化训练，我们大作业就上去做 PPT 展示，全英文的，考试分数高跟你听得懂、说得好差距，还是蛮大的。像我许多同学，他 N1、N2（日本语水平考试）考过了，去日本跟人家交流，就是完全无法交流。就是感觉这么高的分数却没有跟语言的交流能力匹配，因为学了语言如果无法交流，我们会想学它的意义何在。

访谈中，虽然大多数学生表述的是形成性评估的好处、终结性评估的弊端，但是也有学生有不同的看法。S3 是考虑到学习之后考评方式的问题，S1 和 S2 认为相较于形成性评估的主观性，期末考试才是评估学生的一种比较公平的形式。

S3：我觉得期末测试也是很重要的，可能对于过程而言，你自己觉得在这个过程中学习得很好，但如果最终考试成绩比较低，（如果出现）这样的话，你就会考虑会不会是自己的学习过程哪里出了问题。

S1：而且，有的人也不一样，他可能天生的口才和表达能力都不错，但有的人可能就钻研书本学术性的多一点儿，他们是不一样的，所以，如果只看平时，就会对有些人不公平吧。

S2：对，期终考试是必须的，如果仅仅依靠平时表现的话，那么每个老师自身的评判标准不一样，那就可能造成不公平的情况，这时候考试就会相对避免这一现象，会比较公平一点。

综合以上讨论，我们认为，形成性评估关注学习过程，可以促进学生有效地进行自主学习。从这两方面来看，形成性评估是一种效度较好的评估方式。辛普森（1999）认为，形成性评估的效度取决于评估结果在多大程度上能使教师清楚了解该如何帮助学生克服评估中反映出来的学习困难。伍德（1993）也指出，形成性评估加强了教学活动与评估内容之间的一致性，因此提高了评估效度。

但是学生在描述形成性评估的过程中，对它的信度也产生了怀疑：不同老师的评价方式，同学自评、互评时的评判标准可能会不一致；同一位老师对不同学生的评判标准也可能因为学生的个体差异而不一致；对过程的关注让老师以学生付出努力和取得的进步为评判标准，而不是以学习学习上达到的成绩和能力水平为评判标准，会产生不公平的现象。

因此，在使用形成性评估时，要明白评估的目的是为了促进学生自主学习，在关注过程的同时，评估结果要用来调整教学。有效的形成性评价不排斥测试在学生学习中的作用，要充分发挥过程的主导作用，同时结合测试的正面反拨作用，不断根据评估结果促进教学，促进学生自主学习，确保每个学生有机会开发出自己的潜能。

## 四、大学生自主学习能力影响因素框架

通过第一节的讨论，我们得知大学生目前的自主学习能力普遍较差。第二节的相关性分析告诉我们，大学英语课程中的5个因素跟自主学习都呈显著相关，但是多元回归的结果却显示只有3个因素对自主学习具有解释力：信息技术、教学评估，以及课程设置（在图中用实线表示）。信息技术对学生自主学习变化的预测力最强，其中信息技术下学生的自主学习方式对自主学习的5个子维度都有影响；信息技术下学生个性化需求对学习内容选择、学习策略使用2个子维度产生影响。教学评估对自主学习具有导向的作用，它对自主学习的5个子维度都有影响。课程设置中的通用英语课程对自主学习的3个子维度具有解释力，分别是学习策略的使用、对学习过程的监控和学习反思与改进；课程设置中其他两个子维度在多元回归中没有出现（详细数据参见图5－1）。

此外，教师、教材因素对自主学习的变化没有预测力（在图中用虚线表示）。但是通过前期文献分析，教师通过理念、方法、手段对学生自主学习产生一定的影响，质性访谈数据说明，部分学生认为教师对自主学习没有什么影响，但是大部分学生认为教师有很重要的导向作用。教材因素也没有进入回归方程，但作为教学内容的直接现实载体，它对学生的自主学习应该会产生一定的影响，质性访谈的结果表明小部分学生认为教材对自主学习有影响，大部分学生认为教材对自主学习没有影响。教师、教材因素没有进入回归方程，这说明还有一

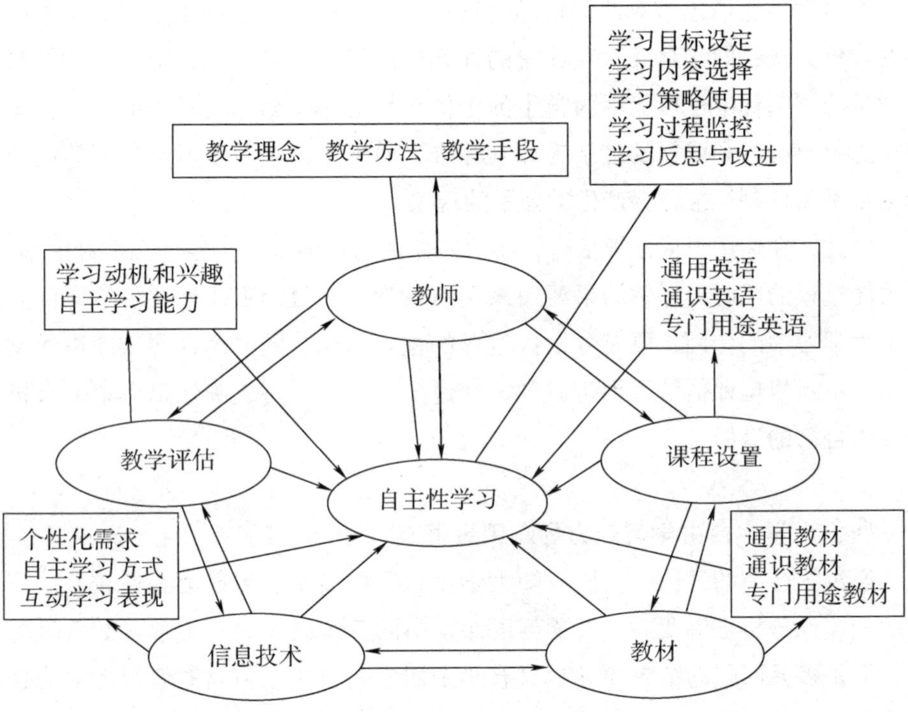


**图 5-1 大学生自主学习能力影响因素框架图**

些对自主学习有预测力的因素仍然存在，同时也说明我们的教学中存在的问题。下一节我们这些影响因素的角度，提出促进自主学习的方法和措施。

## 五、促进学习者自主性的课程因素建议

通过本章前三节的讨论，我们了解了影响大学生英语自主学习的课程因素，并在第四节给出了自主学习影响因素框架图（图 5-1）。那么，在大学英语教学中，我们就要从这些影响因素出发，针对课程中某一具体方面来进行改进，各种因素共同促进学习者自主性的促进和提高。

（一）教师要做好引导工作

1. 转变教学理念

通过前文讨论（详见第三节）得知，教师的教学理念对自主学习影响最大，因为教师的教学理念的 4 个题项跟自主学习的第一个维度直接相关；但是从访

谈中所了解的信息来看，教师在实际教学活动中偏重于教的行为，忽视了引导的行为，基本没有引导学生制定明确的计划和目标，也没有引导学生来监督、评价自己的学习，至于反思更认为是考试的事，可以说，教师教学理念的现状是导致目前大学生自主学习能力差的一个重要因素。因此，教师要做出调整和转变。

认识转变。教师要把培养学生的自主学习能力作为最重要的目标，在教学过程中发挥引领作用。自主学习能力培养的最重要的一个方面就是对学生元认知策略的培训，这就要求教师把教学中的要求、教学目标、具体任务告诉学生，并且引导学生制订适合自己的学习目标和计划，这样就有利于学生主动规划自己的学习。

角色转型。不论教师还是学生，都有人认为教学就是教师的责任，教师将教学领域的责任交给学生是一种“偷懒”“不负责任”的行为，这些是教师改变自己在课堂中的传统角色时需要注意纠正的观念。另一方面，自主性学习也容易被理解为教师完全放手，毫不干涉学生的选择。实际上，自主性学习不等于教师不参与。相反，教师需要付出比传统课堂教学中更多的努力，因为他们需要针对不同学习者的个体差异和个体需求提供咨询与帮助，组织教学活动，帮助学生成为更有效、更主动的学习者。因此，教师既不能撒手不管，也不能代替学生监督，要做到引导学生成为一个具有自主性的人。教师自己对师生在教学活动中担任的角色也应转变观念，他们更多地要做的是积极参与、监控学习者的学习活动，为学习者学习策略的使用提供建议与指导，促进学习者自主性的培养。

2. 提升教学手段

信息技术在大学英语教学领域的广泛使用给传统的教学方式和模式都带来了巨大的冲击和挑战。它可以使学习不受时间和地点的制约，使教育模式从密集型的课堂教育和学校教育转向个性化、分散化和社会化。无论接受还是抵制，信息技术已经实质性地进入大学英语教学。

提升自身的信息化教学能力。大学英语教师必须顺应时代的发展，了解现代教育技术理论，更新自己的教学手段，学会制作多种电子课件（如多媒体）并应用于教学，通过网络工具，如 QQ、微信等发布信息、与学生交流。教师教学手段的更新与提高会满足学生在信息技术环境下自主学习的需求。

培养学生的信息化技术能力。致力于培养21世纪的教学理念和信息技术基本技能，利用先进的教育理念和方法，在信息化社会中实现信息化教学在教育情景中的应用迁移，也就是信息化的教学实践。为此，教师要提高自己的信息化教学能力，有效应用信息技术支持课堂教学，提高学生的信息技术应用能力、高级思维能力和团队合作能力等。

3. 改进教学方法

教师还需要帮助学习者掌握学习技巧和学习策略，并就技巧与策略的运用向他们提供指导和建议，为学习者提供有趣的学习材料和合适的学习资源，并鼓励他们资源共享，为学习者提供自主选择的机会，与学习者共同创造包容、宽松的学习环境，帮助他们提高信心、增强动力。教师在重视授课技巧的同时也要增加其专业知识，教师不再是知识的唯一传递途径，学生也不再是一味地被动接受知识。在教学过程中，学生逐渐担当起主动吸收者的角色，不断探索未知领域并应用所学到的知识。为满足这些角色发展的要求，教师需要不断充实技能，完善教学方法，学生则需要学会多方法获取资源。

（1）创建和谐课堂，促进学生情感和认知的积极发展

教师必须充分认识到课堂环境对学生自主学习能力的影响作用，努力创建良好的课堂环境，促进学生认知和情感的积极发展。一方面，教师必须根据不同学生的不同情况给予不同的指导和帮助，积极采取相应的教学措施促进课堂环境对学生自主学习能力的积极影响。另一方面，教师要把学生看成是具有独特经验和情感的、有自我实现需要的个体，积极与学生建立互相尊重、相互信任的关系，努力构建一个民主平等、生动和谐的学习氛围，让学生在和谐安全的环境中有效地开展各种自主学习活动。

（2）重视课堂互动，促进学生对课堂活动的积极参与

学生作为学习的主体，必须积极参与到课堂活动中来，才可能承担更多的责任，由知识的被动接受者转变为知识的主动建构者。为此，教师要积极组织课堂互动活动，激发学生的学习兴趣，调动学生积极参与的主动性。互动活动可以使学生享有更多的独立性和自主性，在互动过程中所有学生都有机会参与其中，不仅可以在相互交流、相互合作的过程中复习巩固所学语言知识，提高

语言表达能力，而且可以自主把握学习过程，调整学习方式，并对部分学习活动进行自我管理与调整，因此，有利于培养学生的自主学习能力。

（3）强化策略培训，提高学生使用策略进行学习的水平

学习策略是学习者为了更有效地学习和使用语言而做出的选择和采取的措施，教师在教学中应不断提高学生使用策略的意识，并将策略培训贯穿于整个教学过程之中，不仅要让学生掌握用于解决学习过程中具体问题的认知策略，如记忆策略、阅读策略、写作策略等，而且还要掌握用于计划、监控和评估整个学习过程的元认知策略，以不断提高学生使用策略进行学习的水平。

（4）教师持有的教学观念影响着他们的教育技术实践

与坚持以教师为教学中心的教师相比，持有以学生为中心或“建构主义”教学观念的教师更注重技术的整合。教师的教学观念和教学实践及对待学生的方式之间存在一种交互关系。由此可见，教师要不断地提高自己的教学能力，包括更新教学理念、提升教学手段和方法，为学生自主学习做好引路人。

（二）课程设置要体现学生需求

在第三节，我们分别探讨了通用英语、通识英语，以及专门用途英语跟自主学习的关联，可以用 3 个词来总结学生对这种课程的看法：考试、兴趣、实用。也就是说，学生学习通用英语是因为考试要考，而通用英语的学习有利于考试；因此，目前大部分学生的学习自主性基本都是以通用英语的考试为驱动，其语言的真正使用水平仍然比较低。通识英语基本上是学生以兴趣为导向的选择，是他们在抛开考试之外，根据自己的学习特点、个人爱好和知识架构进行的选择，他们的学习动机性较强，因而自主性也会体现出来。专门用途英语具有很大的优势，但是要具体情况具体对待，要从我国高校现实存在的资金、师资、生源等方面不均的现实出发，根据学生的个性化需求来选择，而不是一刀切的方法。

1. 通用英语、通识英语、专门用途英语协同发展

我国大学英语教学的实际情况表明，通用英语、通识英语和专门用途英语是构成我国大学英语课程体系的不可或缺的 3 个部分，谁也不能取代另外两方成为唯一。基础教育发展不均衡的局面不可能在短时间内改变；不同类型高校人才培养模式不可能一致，同一高校内部各院校专业需求也不一致；学生个人

的英语学习的需求、对职业的规划不尽相同；这些因素决定了课程设置不可能有一家独言的局面出现。各学校应该根据实际情况来组织实施通用英语和专门用途英语教学或通识课程类。三者之间并不是非此即彼的关系，通用英语是通识英语和专门用途英语的基石，在进行通识英语和专业用途英语教学时，载体依据是语言，只不过是用语言来承载文化和某一领域的专门知识。在大学英语教学中，学生是学习的主体，不管设置什么样的课程，最终的完成者是学生，所以考虑学生需求和兴趣是课程设置最根本的诉求。

2. 改变通用英语的教学评估方式

无论从学生的真实语言水平、兴趣需求出发，还是从专业需要衡量，通用英语都有继续存在的必要，但是，其教学评估方式必须改变。改变以考试成绩作为教学和学习评价的方式，加大形成性评估的使用力度，要真正以学生为中心，关注学生的学习过程，让学生参与到学习中去，通过讨论、辩论、合作，来促成学习自主性的提高，达到自己建构知识的目的。

3. 建设校本化的专门用途英语课程

专门用途英语是以学习者的需要为基础，开发和设计的课程。为了激发学生的学习动机，我国大学英语教学应在英语与学科专业学习之间建立起联系，以体现英语学习的“实用性”，做到学以致用。专门用途英语教学需要大学英语教师要具备更高的素质，不仅要有较高的英语水平，还必须掌握一定的专业知识，以便对学生进行专业英语教学。这也是除了课程设置因素之外，我国专门用途英语面临的一个困境，英语教师专业知识不过关，专业老师英语水平又不行。我们建议可以由外语老师进行基本语言知识和技能的讲授，加上导入式的科普英语教学；专业教师进行专业英语教学或者双语教学，这样可以避免专业人士语言不过关的问题，也可以避免语言教师缺乏专业知识背景的问题。大学英语教师把主要精力放在大学英语人文性课程建设方面，培养学生深度思考能力和综合文化素质。

遵照“个性化”思想，以人为本的理念，我们在设计课程设置时，应以学生为本，以院系为本，构建适合学生个性发展需要的大学英语课程体系。在学校层面，要制定个性化的大学英语教学大纲；在教学层面，教学要朝着满足学生的个性化需求、促进自主学习方面发展；在学生层面，要提倡个性化学习、自主学习，根据自己的学习兴趣、特长、专业需求等进行学习。

（三）信息技术是自主学习的基础和保障

在第三节，我们通过讨论发现，信息技术下学生的学习方式和个性化需求这两个方面对自主学习具有比较大的解释力，这一方面说明了信息技术下学生的学习方式和个性化需求是适合学生进行自主学习的；另一方面也说明了信息技术在目前学生学习中的重要性。然而，我们也发现学生在信息技术环境下的自主学习更多体现在把网络作为工具来查询资料或者作为解决问题、提供帮助的途径。教师对信息技术的使用也基本上是用它作为一个媒介来进行教学，比如用多媒体、各种教学软件或者音频、视频来进行教学，从而使得教学手段更加契合时代的变化。真正意义上网络学习发生的条件，包括把真实问题作为起点、学习兴趣作为动力、学习活动的投入作为外显行为、分析性思考作为内隐行为、教师的指导和反馈作为外部支持，从这些条件来分析我国学生的网上学习现状后发现，我国学习者的网上学习很少满足上述条件，亦即网络学习即使发生了，也只是表面的学习，而没有深层次的学习（黄荣怀等，2007）。如何开展网上学习，以满足学生的个性化学习和自主学习还需要广大教师和研究者进一步的努力。

1. 促进信息技术与教学的融合

毋庸置疑，信息技术对教育的影响是革命性的，但是如果没有把它恰当地融入教育中，没有与课堂教学深度融合，那么它的革命性也只是镜中月、水中花。因而，如何将信息技术有效地应用在教学与学习中，使其充分发挥在创新型学习环境中的作用，并逐渐成为新的学习方式的工具，实现信息技术支持下的良性教育发展就成了需要关注的话题。也就是说，当信息技术进入课堂教学时，我们需要思考的是如何充分利用信息技术创设信息化的学习环境，改变传统的教学流程、设计信息化的教学活动和教学内容，真正达到创新课堂教学模式、促进学习者自主学习方式的教学目标。

2. 加强教学软件的开发

信息技术下我们拥有丰富的教学资源和学习资源以支持教师的教学和学生的自主学习。在我国，学校普遍重视硬件设备的投入，而软件资源方面的投入相对较少，导致信息技术设备在教学和学习中的使用非常有限，这是我们亟待改进之处。作为学生学习的辅助工具，教学软件能够增强学生学习的积极性和参与性，能促进学生进行自主学习；但是使用教学软件进行教学时，师生、生生之间无法进行互动性学习，因此，它不能完全取代课堂教学，不能取代教师在教学中的作用。我们要充分认识到，信息技术是互联网时代教育的脉搏，对它的评估不能是传统地仅以学生分数来评价，而更应该关注学生在学习过程中的表现，以及学生的信息素养和综合能力是否得到了提高。

3. 国家层面的政策支持

当国家通过投资教育政策变革来提升以学生为中心的教学和学习模式时，这些国家的教师在核心课程学习方面就会更加积极并且富有成效。同时，他们也能够在课堂中更好地实践自己在核心课程中学到的知识。那些不具备支持性政策环境的老师可能也会对核心课程的内容做出积极反应。但是，当他们准备在课堂中实践自己学到的知识时，许多教师很快就会遇到障碍。常见的障碍有以下几种：学校的教学安排没有为持续性的学习项目活动留出充足的时间；教师缺少机会来应用自己制定的课程材料；现行的评估方式无法全面反映学生的技能。

由于这些障碍的存在，教师很难或不能名正言顺地投入时间和精力来组织课堂活动，无法持续不能满足学生当前需求的课堂活动。多个国家评估结果显示，如果教育部门希望在项目学习和以学生为中心的学习活动中推广使用 ICT（Information and Communication Technology），那么国家课程安排和评估方式必须体现这一愿景（国家教育信息化，2004）。然而，事实上，许多国家处在课程改革和评估方式改革过程的某一阶段，但极少有国家完成这一过程，或全面执行与核心课程强调的教学和学习模式更匹配的新课程。

4. 学校层面的支持

为了保证教师能够使用信息技术，坚持以学生为中心的教学模式，促进学生学习的自主性，学校应该保证机器、设备工具方便教师使用，质量可靠，而且有重复的配套资源。只有这样才能有效地支持各项学生活动。即使对资源相对充足的学校而言，提供和维持技术保障仍然是一项持续的挑战。

5. 以学生为中心，促进学生全面发展

大学英语教育改革的目的是促进学生全面发展、终身学习，为社会和国家培养优秀的人才。面对知识型社会的发展，学生需要学会学习，培养自己的沟通能力、创造力、批判性思考等共通能力，体现了以学生为中心的教育理念；学生主导整个学习过程，找出问题，通过各种电子媒介进行探究并寻找答案，体现学生自主学习的能力。教师应该根据学生的需要及能力，为他们筛选合适的在线学习资源，引导学生有组织、系统地进行在线学习，协助学习处理咨询以解决问题，培养学生的自主学习能力。在线学习的多媒体互动极具创意特色，能提升学生的学习兴趣，营造愉快的学习环境，达成不同的学习目标。学生和教师应尽可能参与数字化学习并及时提供反馈意见以改进后续的学习。此外，当人们处于群体中与他人相互联系时能取得最佳的学习效果。而群体的形成有赖于人们的共同探索和协作，将各自的精力融合起来。任何促进学习的技术解决方式都必须增强协作和融合。如果没有达到这两点，那么网上互动学习就是空谈。

（四）教材是自主学习内容的直接体现

在第三节中，通过讨论我们得知，因为通用英语教材的编制基本都是一样的路数，没什么太大变化，导致学生认为教材跟自主学习不搭界。究其原因，学生认为学习通用英语的目的主要是为了通过四、六级考试，或者说至少是为了拿到学分，并没有把它当作真正提高语言使用水平的媒介，所以才会有认为教材跟自主学习没关系的看法或者模糊不清的看法。这一点也呼应了第三节中的讨论，大学通用英语课程是对学生自主学习有影响力的一个因素，我国目前的大英教学大多还是围绕通用英语，通用英语的目的在实际中是为了考试，所以学生还是为了考试而学习，考试行为一旦结束，学习行为也随之结束，这是目前大学生自主学习能力比较差的一个重要因素。

1. 通用英语教材的编排要重视对学生自主学习能力的培养

由于学生把通用英语课程的学习当成为了考试而学，而不是为了在学习中提高语言的综合应用能力；通用英语学习更多的是关注结果而不是关注学习过程，那么通用英语教材就难免沦为为了通过考试而学习的一个工具了。从理论上讲，教材应该体现的是学习的直接内容，会对学生学习的自主性产生直接的影响，但是本研究量化和质性访谈数据都显示教材与学习自主性关系不大。这一方面表明了上述我们认为的考试导向使得学生认为教材跟自主学习无关的观点，另一方面也说明，当今使用的第四代教材已经无法满足信息技术环境下学生的自主学习需求。外语教学新模式要求计算机要和课程整合，那么教材就是整合的直接体现（陈坚林，2010）。通过第三节中的探讨，我们知道目前新的教学模式中，计算机更多承担着查询资料的功能，它和外语课程远远谈不上真正的整合。因此，基于信息技术的基础保障，下一代教材在开发时应该从引导学生的兴趣出发，采取图文并茂的方式来呈现内容，激发学生的学习动机。可以在每一张每一节设定具体的学习目标，引导学生进行自主学习。注意引导学生的学习过程，设定具体的学习任务，并给学生提供学习反馈，使其可以反思自己的学习。

2. 加强通识英语教材的内涵和思想性

学生认为通识英语教材基本能够满足其了解西方文化的兴趣和需要。通识英语教材的编排基本上是以一个个的主题来进行内容构架，根据目录，学生就可以一目了然地获得自己感兴趣的信息。因此，在教材编排时，其内容和思想性就非常重要，太过陈旧的内容或者没有思想内涵的教材可能会影响学生在学习某一方面知识时的兴趣和积极性；而好的教材可以激发学生的积极性和自主性。

3. 开发“校本化”“专业本化”的专门用途英语教材。

对于专门用途英语教材，学生认为这是有用的、跟自己专业发展相关的，所以愿意去学习。但是，对于目前使用的教材不满意，认为应该根据不同的专业需求编撰相关教材，作为其在学习中的一种可供查询的学术依据。可见，在这方面，我们应该提倡编制校本化、专业化的教材，也就是根据不同学校、不同专业的人才培养目标和专业需求，制定适合本专业发展特点的教材，满足不同学校、不同专业对教材的真实诉求，这样才能够真正发挥专门用途英语教材的作用。

（五）教学评估成为自主学习的导向

1. 重视形成性评估对学习者自主性的促进作用

通过第三节的讨论我们认为，形成性评估关注学习过程，可以促进学生有效地进行自主学习。从这方面来看，形成性评估是一种效度较好的评估方式。辛普森（1999）认为，形成性评估的效度取决于评估结果在多大程度上能使教师清楚了解该如何帮助学生克服评估中反映出来的学习困难。伍德（1993）也指出，形成性评估加强了教学活动与评估内容之间的一致性，因此提高了评估效度。

自主性学习者掌握了学习策略，对学习的本质有足够的认识，对自己的学习负责，对未来的学习保持一种积极的态度。与一般学习者相比，他们更容易实现学习目标，取得学习成功，并成为不断进步的终身学习者。要培养学习者的自主性，需要增强他们的学习动力，提高他们的自信。形成性评估的一些特点使得这种评估方式有利于实现这两个目标，帮助学生成为自主性学习者。如果能够在大学英语教学中注意针对学习者的个体差异和个体需求为他们提供学习自主选择的机会，并恰当地运用形成性评估，就能促进学习者总体学习能力的提高，增强他们的学习自信和学习动力，帮助他们成为自主的语言学习者。

因此，在使用形成性评估时，要明白评估的目的是为了促进学生自主学习，在关注过程的同时，评估结果要用来调整教学。有效地形成性评估不排斥测试在学生学习中的作用，要充分发挥过程的主导作用，同时结合测试的正面反拨作用，不断根据评估结果促进教学，促进学生自主学习，确保每个学生有机会开发出自己的潜能。

2. 充分发挥综合评估体系的作用

学生在描述形成性评估的过程中，对它的信度也产生了怀疑：不同老师的评价方式，同学自评、互评时的评判标准可能会不一致；同一位老师对不同学生的评判标准也可能因为学生的个体差异而不一致；对过程的关注让老师以学生付出的努力和取得的进步为评判标准，而不是以学习学习上达到的成绩和能力水平为评判标准，可能会产生不公平的现象。因此，在发挥教学评估对教学的积极反拨作用时，我们就要考虑以下的因素。

建立综合性评估体系。从“个性化”理念出发，各校应朝建立大学英语教学综合评估体系方向努力，使教学评估从对学生语言水平单一的终结性考核转为对学生语言应用能力、自主学习能力和跨文化交际能力等培养过程的跟踪、诊断和反馈。综合评估体系需“充分考虑学习者的个体差异，注重学生个体在学习方法、能力、需求等方面的差异，加强对学生个体内差异的评估，并提供个性化的反馈信息，以帮助学生提高学习效率，激发学生的学习积极性”（金艳，2008）。

在综合性评估体系中，我们要充分发挥合作学习、小组学习的优势，使学习者在共同学习、互相评价和自我评价中达到共赢。

发挥合作学习的优势。有些人将自主性学习误解为完全独立的学习，其实自主性学习也强调合作，合作学习是自主性学习的一个重要方面。传统的大学教育的特点是个体的、竞争性的，不鼓励学生共同学习，以免他们相互间影响任务的完成。这种教学方式使学习者处于一种被动的、不利于学习提高的学习状态，因为学习者无法通过与他人进行讨论和资源共享得到提高。小组讨论、小组表演、学习者相互评价等合作性学习方式和形成性评价方式有利于学习者进行积极的学习和反思，并培养学习者团队合作的技能。在学习过程中，小组成员通过一定的交流、协商和讨论使学生原来已存的知识构建与当前所学的新知识内容进行更有效的融合，通过争辩和讨论完成对所学知识内容的意义建构，学生之间在共享内部小组思维成果之后，能够全面理解、吸收和消化所学的新知识内容，并在学习过程中进行自我评价和学习小组对个人的有建设性的评价。学生最后要达到的理想状态就是在没有教师的引导和帮助下，自己也能根据一定的概念框架对知识进行意义的建构。

综上所述，大学英语课程的5个要素都对促进学生自主学习有一定的作用，这5个方面又是一个统一的有机体，互相制约，共同服务于大学英语教学系统。我们要充分发挥教学评估的指挥棒作用，使教学更关注学生的学习过程，更注重提高学生的学习能力；要认识到掌握信息技术是时代的需求，把信息教学理论转化为教学实践，为学生自主学习提供更多的技术保障；课程设置要以考虑校本化、专业化的诉求，真正做到满足学生的个性化需求；信息技术时代，资源获取方式的丰富性使得教材的开发要以时代的发展为背景、以学生需求为根本；在培养学生的学习自主性方面，教师要更新自己的教学理念，提升自己的信息素养，做好引领的作用。

### 六、本章小结

本章以3个研究问题为主线对第四章中所收集数据的结果进行分析和讨论。具体是按照3个研究问题对数据的不同需求方式分为3节来论述和分析，第一节回答了研究问题一“大学生英语自主学习现状”，主要使用调查问卷的第一个子问卷部分的题项（21 个题项），首先对各维度进行描述统计分析，通过对平均值和标准差的分析，描述大学生英语自主学习能力整体状态；然后通过对各个题项进行描述性统计分析，结合师、生访谈数据共同呈现非英语专业大学生目前的英语自主学习现状的详细情况。结果表明，目前大学生英语自主学习能力比较差，5 个维度平均均值为 3. 2921，其中对学习过程的监控的均值最低（M =3. 1449），学习目标确立和学习计划制定的均值次之（M =3. 1568），说明学生在这两方面的自主性最差。

第二节回答了研究问题二“大学英语课程中有哪些因素影响了学生的自主学习”，主要使用了调查问卷的数据，首先对大学英语课程各维度和学生自主学习能力进行相关性分析，然后以大学英语课程的 5 个维度作为自变量，以大学生英语自主学习能力作为因变量进行多元回归分析，探寻大学英语课程中影响自主学习能力的因素。相关分析结果表明，大学英语课程 5 个维度与学生自主学习能力都有紧密的相关性；多元回归结果显示，大学英语课程中有 4 个（子）维度进入了回归方程，这 4 个子维度分别隶属于信息技术、教学评估，以及课程设置 3 个维度，其中信息技术对自主学习的解释力最大，其次为教学评估维度，课程设置维度。为了进一步弄清这 4 个（子）维度分别影响了学生自主学习的哪一方面，本研究又以 4 个（子）维度作为自变量，以学生自主学习的每个维度分别作为自变量进行多元回归分析，结果表明信息技术下学生学习方式和教学评估这两个因素对自主学习每个维度都有解释力，信息技术下学生个性化需求对学习内容选择和学习策略使用 2 个维度有解释力，通用英语课程对学习策略使用、学习过程监控和学习反思与改进 3 个维度有解释力。教师维度和教材维度没有进入回归方程，但根据第 3 章论述，它们确实与学生的自主学习有关系，所以在第三节会进一步分析这些影响因素是如何影响了学生的自主学习。

第三节回答了研究问题三“这些影响因素如何影响了学生的自主学习”，首先对调查问卷第二个子问卷进行描述统计分析，呈现各因素的总体概况，然后结合多元回归的结果，使用对师、生的质性访谈数据对进入回归方程的因素和没有进入回归方程的因素一一进行分析、解释、讨论，寻找现象背后的原因。

结果表明，大学英语课程各因素对自主学习都有一定程度的影响，其中信息技术环境体现着学生的学习方式，教学评估因素是学生自主学习的指挥棒，课程设置因素是学生自主学习的内容保障，教师因素是学生自主学习的帮助者，教材因素是学生自主学习的资源供给者。

基于前三节的讨论，本研究在第四节给出了自主学习影响因素框架图，并在第五节提出促进学生自主学习能力的建议。第一，教师要转变教学理念，从教书匠转变为指挥者；不再是手把手教会学生知识，而是引导学生自己建构知识；充当学生学习的帮助者、资源提供者、情绪疏导者，而不是知识传输者。第二，设置什么样的课程要考虑学生的个性化需求、专业需求和促进其自主学习能力的需求，因此通用英语、通识英语和专门用途英语在我国大学英语教学中会继续并存，不过各高校可以根据自身生源情况、专业需求等实际情况制订适合本校情况的课程体系。第三，在信息技术环境下，学生的学习不再受到时间、地点等条件的制约，学生可以根据自己的学习需求，选择适合自己水平和兴趣的内容进行自主学习，在学习结束之后对自己的学习结果进行评价和反思。由于目前我国高校大学英语课程和计算机基本还处于貌合神离的状态，但这又是影响学生自主学习能力最重要的一个因素，所以为了促进学生的自主学习能力的提升，我们要使计算机和外语课程真正整合起来。第四，在信息技术环境下，虽然网络可以提供许多的学习材料，但教材是学生获得信息的直接途径，是学生获得某方面知识的依据，但是量化数据和访谈数据都表明，学生认为教材对其自主学习基本不能产生影响。很大的一个原因是第四代教材不能满足信息技术时代学生的学习特点和学习需求，因此，有必要开发网络时代的第五代教材。第五，教学评估方式是学生学习的指挥棒，形成性评估关注的是学习过程，使学生在学习过程中单独、或小组通过完成一个个学习任务，不断地提高语言的综合运用能力，促进其自主学习能力；发挥终结性评估的效果评定作用，同时避免其在学生学习过程中的指挥棒作用，从而避免学生成为语言使用能力低下的“分数机器”。

# 第六章

# 结　论

上一章对本书的三个研究问题进行了逐一回答，并提出了促进学生自主学习能力的课程因素建议。本章将对全书进行总结，共分三节进行阐述。第一节归纳本研究基本观点和主要发现；第二节阐述本研究的贡献；第三节分析本研究的不足，以及展望未来研究的可能性。

## 一、本书基本观点和主要发现

本书认为，自主性学习是指学习者愿意并有能力对自己的学习负责的责任能力和学习能力的总和。在整个自主性英语学习过程中，学习者必须具备责任意识和学习的各种技能；学校和教师必须为学生营造宽松和谐的学习环境，包括提供先进的教育技术条件，构建合理的课程设置模式，使用合适的教学材料，以及公平公正的评估体系，以充分发挥学生学习的自觉性。责任意识、学习能力和英语学习环境的有机结合构成了自主性英语学习的概念模型。

本书是关于大学英语课程因素对学生自主学习能力影响的实证研究。第一，通过文献综述归纳大学生英语自主学习能力、影响大学生英语自主学习能力的因素的相关研究，确定本研究的理论框架。第二，从大学英语课程的角度解析其中的因素跟学生自主学习的关系，提出本研究的概念框架和先导研究访谈提纲。第三，在先导研究中使用半结构访谈的方法，归纳出影响大学生英语自主学习的课程因素，比对文献分析和先导研究的结果，确定调查问卷的维度，借鉴前人的相关研究编制本研究调查问卷初稿。第四，征求外语专家、一线教师的意见，对问卷进行多次修改，并发放试测问卷 120 份进行调查问卷的信度、效度检验，随后再次修改并确定用于正式研究的问卷。第五，根据方便抽样和分层抽样的原则，在全国选取层次、种类、地域不同的 11 所高校发放问卷，调研大学生的自主学习能力现状以及课程因素对自主学习的影响情况；第六，使用多层次访谈法探索大学英语课程中影响学生自主学习的深层次原因；第七，给出促进大学生英语自主学习能力的课程因素的建议。

用于正式研究的调查问卷包括学生背景信息和 2 个子问卷，第一个子问卷调查学生的自主学习能力现状，第二个子问卷调查大学英语课程中影响自主学习的因素。问卷发放的方式采取网络发放提交和邮寄笔答提交两种方式，经过初步删除、录入、测谎剔除后，用于统计分析的有效问卷是 933 份。在问卷调查的基础上，本研究对所调研高校师生采取半结构访谈、集体访谈和个人访谈等多种访谈形式了解数据背后的原因，解释、弥补量化数据不能解释的现象和问题。

本研究的研究问题有 3 个。第一，大学生英语自主学习现状如何？第二，大学英语课程中影响学生自主学习的因素有哪些？第三，这些因素如何影响了学生的自主学习？对于这三个研究问题，本研究采取了不同的方法来进行回答。

第一个研究问题是描述性的问题，使用对第一个子问卷进行描述统计分析，结合师生的质性访谈数据来进行分析和讨论。研究发现，学生的自主学习能力 5 个维度平均均值为 3. 2921，处于不确定和基本符合之间，而且倾向于不肯定，说明目前非英语专业大学生自主学习能力偏弱。总体来看，各维度的均值分布情况表明差异是存在的，但是不大。得分最高的是学习内容选择，接下来是学习策略使用、学习反思与改进、学习目标设定与学习计划制订、对学习过程的监控，这 5 个维度的均值得分都在 3 分以上，说明学生已具备了自主学习的意识或者潜能。在学习过程监控方面得分最低，但是离散度最大，说明学生在这方面的做法分歧较大。在学习目标的设定和学习计划的制订方面得分只比对学习过程监控高出 0. 0119 分，同时它的离散度最小，说明大部分学生不知道如何设定学习目标或者制订什么样的学习计划。

第二个研究问题是探索性问题，先使用相关性分析查看大学英语课程因素与学生自主学习能力之间的相关性，进而使用多元回归的方法考察大学英语课程中有哪些因素对学生自主学习具有解释力。研究发现，大学英语课程 5 个因素与学生自主学习能力都呈显著相关；多元回归结果表明，大学英语课程中有 3

个因素进入了回归方程，依次为：信息技术因素、教学评估因素和课程设置因素，教师因素和教材因素没有进入回归方程。为了进一步弄清进入回归方程的因素影响的是自主学习能力的哪一方面，本研究以其作为自变量，以自主学习能力的5个维度分别作为自变量进行多元回归，结果表明信息技术因素对自主学习每个维度都有解释力，教学评估因素对自主学习每个维度都有解释力，课程设置因素对学习策略使用、学习过程监控和学习反思改进3个维度有解释力。虽然教师因素和教材因素没有进入回归方程，但是根据第三章的论述，它们与自主学习有关系，所以在回答第三个问题时把它们一并纳入讨论分析。

第三个研究问题是分析性的问题，使用对第二个子问卷进行描述统计分析、多元回归的结果，加上对访谈数据的分析，共同阐述课程因素如何影响了学生的自主学习。研究结果如下。第一，教师对学生自主学习的每一个维度都有影响，在信息技术环境下，教师要改变教学理念，进一步完善自己的教学方法，提升自己的信息技术素养，从教会学生知识到引导学生自己完成知识的建构；有意识地引导学生自己制定切实可行的学习目标和学习计划，选择适合自己的学习内容，使用恰当的学习策略，学会监控自己的学习过程，学习过程结束之后反思自己的学习并进行改进。在自主学习的整个过程中，教师要扮演好帮助者、指挥家的角色，要帮助学生出谋划策，唤醒学生学习的潜力，激发学生的积极性、能动性，满足学生的个性化需求。第二，通用英语课程对学生自主学习的学习内容选择、学习策略使用、学习过程监控和学习反思与改进这四个方面有影响力。通用英语课程在未来一段时间内会长期存在，以满足基础差的学生提高语言使用能力，而不应当再充当提高学生应试技能的角色。学生选择通识英语，基本上都是以兴趣为出发点，学习兴趣会促使学生产生学习动机，从而使学生产生学习的自主性。专门用途英语可以满足学生的专业需求，虽然属于工具性动机，但也可以促进学生学习的自主性。第三，信息技术对自主学习的每个维度都有影响力，它最大的特点是使学习不再受时间和地点的限制以及网络资源的丰富性。学生可以选择适合自己的时间、地点进行学习，寻找需要学习的内容，还可以在网络上寻求解决问题的办法，获得必要的策略指导。然而，由于目前我国大学英语教学中计算机和课程整合在现实中处于貌合神离的状态，同时外语教学在大环境下已深受网络的影响，而实际上离整合的真正实现还相差很远，所以监控功能和反思功能还无法实现。因此，在外语教学中要真正做到计算机和课程的整合，发挥课程对学生自主学习的促进作用。另外，教材因素对自主学习的内容选择、策略使用方面有一定的影响力。这说明，第四代教材在促进自主学习的功能上有所欠缺，符合信息技术环境要求的第五代教材亟须面世。教学评估对自主学习各维度都有影响力，评估是教学和学习的指挥棒，有什么样的评估方式就会有怎样的学习方式，我们要发挥形成性评估的优势，更加关注学生的学习过程，使其在学习过程中通过完成一个个的具体任务不断地提高语言的运用能力；也要结合终结性评估的优势，对学习效果进行一定的测评，但是要避免以考试为指挥棒，避免学生成为分数机器。好的评估方式要公平、公正地考察每一个学生，从而激发学生的积极性和主动性，发挥其学习的自主性。

**二、本书的贡献**

本书的贡献主要从研究选题、研究理论、问卷编制、研究对象、研究过程几个方面进行论述。

第一，选题比较新颖，切合大学英语教学改革的实际需求。本研究首次从大学英语课程的角度论述了对学生自主学习能力的影响，以认知主义、建构主义和人本主义理论为指导，探讨大学英语课程中影响学生自主学习的因素，为促进学生自主学习能力提供建议。

第二，研究理论的创新。本研究认为在外语教学教学中，每一种理论都有其合理性，教学理论可以是并存的状态，而不是一言堂的局面，这样才能满足不同学生的个性化要求。

第三，问卷编制。本研究通过文献综述，建立影响学生自主学习的课程因素框架，结合对外语专家、一线教师、学生的访谈结果，以及借鉴前人的研究成果，首次编制了比较大规模的调查问卷。问卷编制了大学英语课程的 5 个维度对自主学习的影响，经过数次的修改、试测、再修改，最后确定共 61 个题项，并进行了实证研究和讨论。

第四，研究对象的选取具有代表性。为了使研究对象更具有代表性，本研究根据结合分层抽样和方便抽样的原则，考虑到高校地域、层次、类别等因素，在全国范围内选取了11所高校作为调研对象。按地域看，所选高校有东北、西北、中原、华东、华中等地区；按层次看，所选高校有985高校2所，211高校3所，其他高校6所；按类别看，所选高校有综合类高校、理工类高校、师范类高校等。

第五，研究过程严谨。通过阅读相关文献，搭建理论框架和概念框架；结合对外语专家和教师、学生的半结构访谈，确定调查问卷的维度和子维度，编制问卷并进行多次修改；对问卷进行试测，检验试测问卷的信度、效度，并再次修改；在选取的11所高校发放调查问卷，录入并分析问卷；根据问卷数据中存在的问题，对部分调查高校师生进行深度访谈；讨论、分析数据，得出结论。整个研究过程细致，严谨。

### 三、本书研究的不足及对未来研究的展望

本书的不足主要从研究工具、研究样本、研究内容、研究结论4个方面来进行阐述。

第一，在研究工具方面，由于笔者科研能力、时间等因素的限制，在本研究最重要的研究工具调查问卷的编制方面，虽然历经了自我评价、专家评价、同行评价，并经过数次的修改，但是因为前人的研究并没有与根本研究主题高度相关并且可以借鉴的问卷，所以编制本问卷时仍然免不了存在一定的问题，这对研究的结果可能造成一定的影响。

第二，在研究样本方面，由于时间、人脉、经济条件、可信度等条件的制约，笔者尽其所能，综合考虑地域、层次、类别等因素在全国抽取了11所高校作为调研对象，每所学校选取100名学生作为研究对象。深度访谈也只是根据抽样的原则选取4所学校的部分师生进行访谈。样本数量的有限性可能会对研究结果造成一定的影响。

第三，在研究内容方面，本研究的主题是大学英语课程中影响学生自主学习的因素研究，但是在研究中，笔者发现不同高校层次、不同性别、不同年级学生的学习自主性存在区别，但是限于篇幅和主题，笔者只能暂时不去探讨那些影响因素，但这些影响因素很有可能会产生更细致的研究结果。

第四，在研究结论方面，本研究主要关注影响学生自主学习的课程因素，

所以在进行了调研、分析和讨论后，找出大学英语课程中哪些因素影响了学生自主学习的哪个方面，并对如何促进学生自主学习能力提出了一些建议，没有再做进一步的实证检验研究。

基于以上的不足，本研究希望未来的研究者可以对以下的方面继续展开研究，对本研究做出补充和完善。

第一，进一步细化调查问卷，增加更多种类的研究方法，比如可以增加人种志的研究方法，增加观察法、日记法等，使研究更具信度、效度。

第二，组建研究团队，尽可能使样本数量更大、覆盖面更广，这样研究结果会更接近客观事实。

第三，对不同类型、不同层次、不同性别、不同年级学生的自主学习能力展开研究，看看课程因素在这些条件下对学生学习的自主性分别有何影响。这也是笔者下一步要继续研究的课题。

第四，研究影响因素的目的不止是为了知道这些因素怎样影响了学生的自主学习，还要明白怎样才能发挥这些因素的正向积极作用，即研究其如何促进学生的自主学习能力，因此，可以进一步做相关的实证研究，为外语教学提供一些实践经验。

# 参考文献

［1］ALKIN M C. Evaluation roots：tracing theorists' views and influences［M］. Califonia：Sage，2004：187.

［2］ALLAL L，Lopez L M. "Formative assessment of learning"［A］. In OECD（eds.）. Formative Assessment：Improving Learning in Secondary Classroom［C］. France：OECD Publishing，2005：241－264.

［3］ALLWRIGHT D. Autonomy is language pedagogy［R］//CIRCLE Working Paper 6. Lancaster：University of Lancaster，Center for Research in Education，1990：212－216.

［4］ALLWRIGHT R L. "Autonomy and individualization in whole－class instruction"［A］. In Brookes A，Grundy P（eds.）. Individalization and Autonomy in Language Learning［C］. London：Modern English Publications and the British Council，1988：35－44.

［5］ALLWRIGHT R L. Abdication and response in language teaching［J］. Studies in Second Language Acquisition，1978，2（1）：105－21.

［6］ASSINDER W. Peer－teaching，"peer－learning：one model"［J］. ELT Journal，1991，45（3）：218－29.

［7］AUSUBEL D P. Educational psychology：A cognitive view［M］. New York：Holt，Rinehart & Winston，1968.

［8］BACHMAN L F，PALMER A S. The construct validation of self－ratings of communicative languageability［J］. Language Testing，1989（6）：14－29.

［9］BARNES D. From communication to curriculum［M］. Harmondsworth：

Penguin, 1976.

[10] BENSON P. "Autonomy and information technology in the educational discourse of the information age" [A]. In Davison C (ed.). Information Technology and Innovation in Language Education [C]. Hong Kong: Hong Kong University Press, 2004: 173 –192.

[11] BENSON P. Autonomy in language teaching and learning [J]. Language Teaching, 2006 (40): 21 –40.

[12] BENSON P. Concepts of autonomy in language learning [C] //Pemberton R, et al. Taking Control – Autonomy in Language Learning. Hong Kong: Hong Kong University Press, 1996: 35 –48.

[13] BENSON P. Teaching and researching autonomy in language learning [M]. London: Longman, 2001.

[14] BENSON P, VOLLER P. Introduction: Autonomy and independence in language learning [C] //BENSON P, VOLLER P (eds.). Autonomy and Independence in Language Learning. London: Longman, 1997: 1 –12.

[15] BENSON P, TOOGOOD S. Learner autonomy 7: Challenges to research and practice [M]. Dublin, Ireland: Authentik, 2002.

[16] BERGEN. Developing autonomous learning in the foreign language classroom [M]. Bergen: University of Bergen, Institute for Praktisk Pedagogik, 1990.

[17] BLACK P, WILIAM D. Assessment and classroom learning [J]. Assessment in Education, 1998, 59 (1): 7 –74.

[18] BLACK P, WILIAM D. Inside the black box: Raising standards through classroom assessment[J]. Phi Delta Kappen, 1998b, 80 (2): 139 –148.

[19] BOEKAERTS M, PINTRICH P R, ZEIDNER M. Handbook of Self – regulation [M]. San Diego, CA: Academic Press, 2000.

[20] BOUD D. Moving Towards Autonomy [C] //BOUD D. Developing Student Autonomy. London: Kogan Page, 1988.

[21] BREEN M, CANDLIN C. Which materials? A consumer's and designer's guide [C] //SHELDON L E. ELT Textbooks and Materials: Problems in Evaluation

and Development. London: MEP/The British Council, 1987: 13 –28.

[22] BRIAN K L. Language program evaluation: Theory to practice [M]. Shanghai: Shanghai Foreign Language Education Press, 2001.

[23] BROWN H D. Principles of language learning and teaching [M]. New York: Pearson Hall Regents, 1994.

[24] BROWN J S, COLLINS A, DUGUID P. Situated cognition and the culture of learning [J]. Educational Researcher, 1989 (18).

[25] CANDLIN C. Syllabus design as a critical process [C] //BRUMFIT C J. Function and Structure of a State School Syllabus for Learners of Second or Foreign Languages with Heterogeneous Needs in British Council. 1984.

[26] CANDY P C. Self – direction for lifelong learning: A comprehensive guide to theory and practice [M]. San Francisco: Jossey – Bass, 1991.

[27] CARPENTER C. Peer teaching: A new approach to advanced level language teaching [C] //BROADYAND E, KENNING M – M. Promoting Learner Autonomy in University Language Teaching. London: Association for French Language Studies / CILT, 1996: 23 –38.

[28] CARTER B A. From awareness to counseling in learner autonomy [J]. The AILA Review, 2001, (15): 26 –33.

[29] CHAMOT A U, O' MALLEY J M. The CALLA Handbook: Implementing the cognitive academic language learning approach [M]. Reading, MA: Addison – Wesley, 1994.

[30] CHMENK B. Globalizing Learner Autonomy [J]. Tesol Quaterly, 2005, 39 (1): 107 –118.

[31] CLARK R E. Reconsidering research on learning from media [J]. Review of Educational Research, 1983, 53 (4).

[32] COHEN A D. Strategies in learning and using a second language [M]. London: Longman, 1998.

[33] COIRCRALL S. Promoting learner autonomy through the curriculum [J]. ELT Journal, 2000, 54 (2): 109 –112.

[34] COTTERALL S. Developing a course strategy for learner autonomy [J]. ELT Journal, 1995, 49 (3): 219 - 227.

[35] COTTERALL S. Promoting learner autonomy in curriculum: Principles for designing language courses [J]. ELT Journal, 2000, 54 (2): 109 - 117.

[36] CRABBE D, HOFFMAN A, COTTERALL S. Examining the discourse of learner advisory sessions [J]. The AILA Review, 2001, (15): 2 - 15.

[37] BANDURA A. Social foundations of thought and action: a social cognitive theory [M]. Englewood Cliffs, NJ: Prentice - Hall, 1986.

[38] BANDURA A. Social Learning Theory [M]. New York: General Learning Press, 1971.

[39] BANDURA A. Social learning theory [M]. New York: Prentice - Hall, 1977.

[40] BANDURA A. Self - efficacy toward a unifying theory of behaviour change [J]. Psychology Review, 1977 (84): 191 - 215.

[41] BOUD D. Developing student autonomy in learning [M]. London: Kogan Page, 1988.

[42] BRINDLEY. Language assesement in action [C]. Sydney: Macquarie Uniuversity, NCELTR, 1995: 271 - 306.

[43] BRUNER J S. Towards a Theory of Instruction [M]. Cambridge, Mass: Harvard University Press, 1966.

[44] COTTERALL S. Promoting learner autonomy through the curriculum: principles for designing language courses [J]. ELT Journal, 2000, 54 (2): 109 - 117.

[45] CROOKS T J. The Impact of classroom evaluation practices on students [J]. Review of Education Research, 1988, 58 (4): 438 - 481.

[46] CUNNINGSWORTH A. Choosing your coursebook [M]. London: Macmillan, 1995: 15.

[47] DAM L. Learner autonomy 3: From theory to classroom practice [M]. Dublin: Authentik, 1995.

［48］ DAM L. Learner autonomy：New insights ［J］. AILA Review，2001：15.

［49］ DAVID G，LINDSAY M. Establishing self - access—From theory to practice ［M］. Shanghai：Shanghai Foreign Language Education Press，2002：8.

［50］ DEWEY J. How We Think：a restatement of the relation of reflective thinking to the educative process ［M］. Boston，D. C：Heath，1933.

［51］ DIAS J. Learner autonomy in Japan：Transforming help yourselffrom threat to invitation ［J］. Computer Assisted Language Learning，2000，13 （1）：49 -64.

［52］ DICKINSON L. Learner autonomy 2：Learner training for language learning ［M］. Dublin：Authentik，1992.

［53］ DICKINSON L. Talking shop：Aspects of autonomous learning ［J］. ELT Journal，1993，47 （4）：330 -336.

［54］ DICKINSON L. Autonomy and motivation a literature review ［J］. System，1995，23 （2）：165 -174.

［55］ DICKINSON L. Self - instruction in language learning ［M］. Cambridge：Cambridge University Press，1987.

［56］ DIXON D. Recent literature concerning the support of initiatives promoting language learner autonomy around the World ［J］. Language Teaching，2011，44 （2）：266 -276.

［57］ DRNYEI. Motivation and motivating in the foreign language classroom ［J］. The Modern Language Journal，1994，78 （iii）：273 -284.

［58］ DRISCOLL M P. Psychology of learning for instruction ［M］. Boston：Allyn & Bacon，2005.

［59］ DUNN R，DUNN K. Teaching students through their individual learning styles：A practical approach ［M］. Reston，VA：Reston Publishing，1978.

［60］ EHRMAN M，OXFORD R. Effects of sex differences，career choice，and psychological type on adult language learning strategies ［J］. Modern Language Journal，1989 （73）：1 -13.

［61］ ELLIS R. Understanding second language acquisition ［M］. Shanghai：

Shanghai Foreign Language Education Press, 1999: 114 - 115, 157 - 159.

[62] ESCH E. Promoting learner autonomy: Criteria for the selection of appropriate methods [C] //Pemberton, et al. Taking Control—Autonomy in Language Learning [C]. Hong Kong: Hong Kong University Press, 1996: 35 - 48.

[63] FISHER D, HAFNER C, YOUNG J. Integrating independent learning: Lessons learned and implicationsfor the classroom [C] //GARDNER D. Learner Autonomy 10: Integration and Support. Dublin: Authentik, 2007: 33 - 55.

[64] FITZ - GIBBON C I, REAY D G. Peer - tutoring: brightening up FL teaching in an urban comprehensive school [J]. British Journal of Language Teaching, 1982, 20 (1): 39 - 44.

[65] FLOWERDEW J, PEACOCK M. Research perspectives on English for academic purposes [M]. Cambridge: CUP, 2001.

[66] FRAIDA D, OLSHTAIN E. Course design [M]. Shanghai: Shanghai Foreign Language Education Press, 2002: 13 - 17.

[67] GAGNE R M. Some new views of learning and instruction [M]. Curriculum Planning: A New Approach, Hass, Glen, 1980.

[68] GARDNER D. Learner autonomy 10: Integration and support [M]. Dublin: Authentik, 2006.

[69] GARDNER D, LAMBERT W. Attitudes and motivation in second language learning [M]. Rowley, MA: Newbury House, 1972.

[70] GARDNER D, MILLER L. Establishing self - access: From theory to practice [M]. Cambridge: Cambridge University Press, 1999.

[71] GREGORC A F. Learning and teaching styles: Potent forces behind them [J]. Educational Leadership, 1979 (36): 236 - 238.

[72] HARMER J. The practice of English language teaching [M]. London: Longman, 1983.

[73] HART N. Intra - group autonomy and authentic materials: A different approach to ELT in Japanese colleges and universities [J]. System, 2002 (30): 33 - 46.

[74] HEIDEGGER M. What is called thinking? [M]. New York: Hater Torchbooks, 1968.

[75] HO J, CROOKALL . Breaking with Chinese cultural traditions: Learner autonomy in English language teaching [J]. System, 1995, 23 (2): 235 -243.

[76] HOLEC H. Autonomy in foreign language learning (first published 1979, Strasbourg: Council of Europe) [M]. Oxford: Pergamon, 1981.

[77] HURD S, BEAVEN T, ORTEGA A. Developing autonomy in a distance learning context: Issues anddilemmas for course writers [J]. System, 2001, 29 (3): 341 -355.

[78] HUTCHINSON T, WATERS A. English for specific purposes: A learning -centered approach [M]. Cambridge: CUP, 1987.

[79] ILLICH I. Deschooling society [M]. Harmondsworth: Penguin, 1979.

[80] JOHNS A, DUDLEY - EVANS T. English for specific purposes: International in scope, specific in purpose [J]. TESOL Quarterly, 1991, 25 (2): 297 -314.

[81] JOHNSON K E. Understanding communication in second language classrooms [M]. London: Cambridge University Press, 1995.

[82] JONES J F. Self - access and culture: Recreating from autonomy [J]. ELT Journal, 1995, 49 (3): 228.

[83] JORDAN R R. English for academic purposes: A guide and resource book for teachers [M]. Cambridge: CUP, 1997.

[84] KINSELLA K. Understanding and empowering diverse learners in the ESL classroom [C] //REID J M. Learning Styles in the ESL/EFL Classroom. Boston: Heinle & Heinle Publishers, 1995.

[85] KNOPKE H J, DIEKELMAN N L. Approaches to teaching primary health care [M]. Toronto: CV Mosby, 1981.

[86] KOHONEN V. Authentic assessment in affective foreign language education [C] //ARNOLD J. Affectin Language Learning. Cambridge: CUP, 1999.

[87] KOZMA R B. Learning with media [J]. Review of Educational Re-

search, 1991, 61 (2): 179 - 211.

[88] KUMARAVADIVELU B. Beyond methods: Macrostrategies for language teaching [M]. New Haven: Yale University Press, 2003.

[89] LEE I. Supporting Greater autonomy in language learning [J]. ELT Journal, 1998, 52 (4): 82 - 288.

[90] LEUNG C, MOHAN B. Tearcher formative assessment and talk in classroom contexts: Assessmentas discourse and assessmeut of discourse [J]. Language Testing, 2004, (3): 335 - 359.

[91] LITTLE D. Learner autonomy: Definitions, issues and problems [M]. Dublin: Authentik, 1991.

[92] LITTLE D. Learner autonomy: A theoretical construct and its practical application [J]. Die Neueren Sprachen, 1994, 93: 430 - 442.

[93] LITTLE D. Learning as dialogue: The dependence of learner autonomy on teacher autonomy [J]. System, 1995, 23 (2): 175 - 182.

[94] LITTLE D. Learner autonomy is more than a Western cultural construct [C] //COTTERALL S, CRABBE D. Learner Autonomy in Language Learning: Defining the Field and Effecting Change. Frankfurt: Peter Lang, 1999: 11 - 18.

[95] LITTLEJOHN A. A procedural guide for teacherless language learning groups [D]. MA dissertation, University of Lancaster, 1982.

[96] LITTLEJOHN A. Increasing learner involvement in course management [J]. TESOL Quarterly, 1983, 17 (4): 595 - 608.

[97] LITTLEWOOD W. Defining and developing autonomy in East Asian contexts [J]. Applied Linguistics, 1999, 20 (1): 71 - 94.

[98] LITTLEWOOD W. Do Asian students really want to listen and obey? [J]. ELT Journal, 2000, 54 (1).

[99] MACARO E. Target language, collaborative learning and autonomy [M]. Clevedon: Multilingual Matters, 1997.

[100] MADSEN K S, BOWEN J D. Adaptation in language teaching [M]. Boston, MA: Newbury House, 1978.

[101] MASLOW A H. Towards a psychology of being [M]. Van Nostrand, 1968.

[102] DEE M G. Learner autonomy 4: The role of authentic texts [M]. Dublin: Authentik, 1995.

[103] MC DONOUGH J, SHAW C. Materials and methods in ELT [M]. Oxford: Blackwell, 1993.

[104] MC GRATH I. Teacher autonomy [C] //SINCLAIR B, et al. Learner Autonomy, Teacher Autonomy: Future Directions. London: Longman, 2000: 100 –110.

[105] MOZZON – MCPHERSON M. Supporting independent learning environments: An analysis of structures androles of language learning advisers [J]. System, 2007, 35: 66 –92.

[106] MOZZON – MCPHERSON M, VISMANS R. Beyond language teaching: Towards language advising [M]. London: Centre for Information on Language Teaching and Research, 2001.

[107] MURPHY L. Supporting learner autonomy: Developing practice thorough the production of courses fordistance learners of French, German and Spanish [J]. Language Teaching Research, 2008, 12 (1): 83 –102.

[108] MURRAY G. Autonomy and language learning in a simulated environment [J]. System, 1999, 27 (3): 295 –308.

[109] MURRAY G, KOURITZIN S. Re – thinking second language instruction, autonomy and technology: a manifesto [J]. System, 1997, 25 (2): 185 –196.

[110] NEWMAN R S. Adaptive help seeking: A role of social interaction in self – regulated learning [M] //KARABENICK S A. Strategic help seeking: Implications for learning and teaching. Lawrence Erlbaum Associates, Publishers, 1998: 13 –37.

[111] NUNAN D. The Learner – centered curriculum: A study in second language teaching [M]. Shanghai: Shanghai Foreign Language Education Press, 2001.

[112] O' MALLEY J M, CHAMOT A U. Learning strategies in second language acquisition [M]. Cambridge: Cambridge University Press, 1990.

[113] OSCARSON M. Self – assessment of language proficiency: rationale and applications [J]. Language Testing, 1989 (6): 1 – 13.

[114] OXFORD R L. Language learning strategies: What every teacher should know [M]. Rowley, Mass: Newbury House, 1990.

[115] PIAGET J. The origins of intelligence in children [M]. Basic books, 1952b.

[116] PALFREYMAN D, SMITH R C. Learner autonomy across cultures: Language educationperspectives [M]. Basingstoke, England: Palgrave Macmillan, 2003.

[117] PASK G G. Styles and strategies of learning [J]. British Journal of Educational Psychology, 1976 (46): 128 – 148.

[118] PEMBERTON R. Taking control: Autonomy in language learning [M]. Hong Kong: Hong Kong University Press, 1996.

[119] PEMBERTON R, TOOGOOD S, HO S, et al. Approaches to advising for self – directed language learning [J]. The AILA Review, 2001 (15): 16 –25.

[120] PHILLIPS M, SHETTLESWORTH C. How to arm your students: A consideration of two approaches to providing Materials for ESP [M] //SWALES J. Episodes in ESP. New York: Prentice Hall, 1978.

[121] REBECCA L O. Hero with a thousand faces: Learner autonomy, learning strategies and learning tactics in independent language learning [C] //HURD S, LEWIS T. Language Learning Strategies in Independent Settings. Bristol, England: Multilingual Matters, 2008: 41 –63.

[122] REES – MILLER J. Comments on Janie Rees – Miller's A critical appraisal of learner training: Theoreticalbases and teaching implications: The author responds [J]. TESOL Quarterly, 1994, 28 (4): 776 – 781.

[123] RICHARDS J C. Curriculum development in language teaching [M]. Foreign Language Teaching and Research Press, 2008.

[124] RICHARDS J C. Longman dictionary of language teaching and applied Linguistics [M]. Foreign Language Teaching and Research Press, 2005.

[125] RICHARDS J C. The language teaching matrix [M]. Cambridge: CUP, 1990.

[126] RILEY P. Who's who in self – access [J]. TESOL France News, 1986, 6 (2): 23 – 35.

[127] ROGERS C. Freedom to learn [M]. London: Prentice Hall, 1964.

[128] ROGERS C. Freedom to learn for 80's [M]. Columbus, OH: Merill, 1983: 18.

[129] RAMOS R C. Considerations on the role of teacher autonomy [J]. Colombian Applied Linguistics, 2006, (8): 183 – 202.

[130] ROLFE T. Self – and peer – assessment in the ESL curriculum [C] // BRINDLEY G. The Second Language Curriculue in Action. Sydney: Maquarie University National Centre for English Language Teaching and Research, 1990: 63 – 86.

[131] RUBIN J. What the good language learner can teach us [J]. TESOL Quarterly, 1975, 9 (1).

[132] RYAN R M. The nature of the self in autonomy and relatedness [C] // STRAUSS J, et al. The self: Interdisciplinary approaches. New York: Springer, 1991: 208 – 238.

[133] SADLER D R. Formative assessment and the design of instructional systems [J]. Instructional Science, 1989, 18: 119 – 144.

[134] SCARCELLA R. Academic English: A conceptual framework [J]. The University of California Linguistic Minority Research Institute. Technical Report, 2003 (1).

[135] SCHARLE A, SZABO A. Learner autonomy: A guide to developing learner responsibility [M]. Cambridge: Cambridge, 2000.

[136] SCHUMANN J. The acculturation for second language learning [C] // GINGRAS R. Second Language Acquisition and Foreign Language Teaching. Arlington, Virginia: Center forApplied Linguistics, 1978: 27 – 50.

[137] SCHUNK D H, ZIMMERMAN, B J. Self – regulation of learning and performance: Issues and educational applications [M]. Lawernce Erlbaum Associates, Publishers, 1994.

[138] SCOLLEN, REBECCA J. Understanding new audiences: An audience reception study of "non – theatregoers" attending La Boite Theatre Company's 1998 season [J]. 1999 Australasian Drama Studies Association Annual Conference: Industrial Relations, 5 – 9 July 1999, Brisbane, Australia, 1999.

[139] SINCLAIR B. Learner Autonomy: the cross – cultural questions [J]. LATEFL Newsletter Issue, 1997 (139).

[140] SINHA A C, SADORRA L C. A priner on ESP: For teachers of English [M]. Philippines De Salle University Press, 1991.

[141] SKILBECK M. School – based Curriculum Development [M]. London: Harper and row, 1984.

[142] SPOLSKY B. Conditions for second language learning [M]. Oxford: Oxford University Press, 1989: 13 – 14.

[143] STENHOUSE M. An introduction to curriculum research and development [M]. London: Heinemann, 1975.

[144] STERN H H. Fundamental concepts of language teaching [M]. Oxford: Oxford University Press, 1983.

[145] STERN H H. Issues and options in language teaching [M]. Oxford: Oxford University Press, 1992.

[146] STERN H H. Fundamental concepts of language teaching [M]. Shanghai: Shanghai Foreign Language Education Press, 1999: 269 – 288.

[147] TABA H. Curriculum development: Theory and practice [M]. New York: Harcourt, Braceand World, 1962.

[148] TARONE E, YULE G. Focus on the language learner [M]. Oxford: Oxford University Press, 1989.

[149] TARONE E, YULE G. Focus on the language learner [M]. Shanghai: Shanghai Foreign Language Education Press, 2000: 9 – 11.

[150] TOMLINSON B. Materials development for language learning and teaching [J]. Language Teaching, 2012, 45 (2): 143 - 179.

[151] TRIM J. Learner Autonomy and the Council of Europe [J]. LATEFL Newsletter Issue, 1997 (139).

[152] TYLER R W. Basic principles of curriculum and instruction [M]. Chicago and London: University of Chicago Press, 1949.

[153] VICTORI M, LOCKHART W. Enhancing metacognition in self - directed language learning [J]. System, 1995 (23): 223 - 234.

[154] VOLLER P. Does the teacher have a role in autonomous learning? [C] //BENSON P, VOLLER P. Autonomy and independence in language learning. London: Longman, 1997: 98 - 113.

[155] VYGOTSKY J S. Thought and language [M]. Cambridge: MIT Press, 1962.

[156] WACHOB P. Methods and materials for motivation and learner autonomy [J]. Reflections on English Language Teaching, 2006, 5 (1): 93 - 122.

[157] WARSCHAUCER M, TURBEE L, ROBERTS B. Computer learning networks and student empowerment [J]. System, 1996. 24 (1): 1 - 14.

[158] WEINER B. A Theory of motivation for some classroom experiences [J]. Journal of Educational Psychology, 1979 (92): 548 - 573.

[159] WEINER B. An attibutional theory of achievement motivation and emotion [J]. Psychological Review, 1985 (92): 548 - 573.

[160] WEINER B. History of motivational research in education [J]. Journal of Educational Psychology, 1990 (82): 616 - 622.

[161] WENDEN A, RUBIN J. Learner strategies in language learning [M]. New Jersey: Prentice Hall, 1987.

[162] WENDEN A. Learner strategies for learner autonomy: Planning and implementing learner trainingfor language learners [M]. Hertfordshire: Prentice - Hall International, 1991.

[163] WENDEN A L. Learner training in context: a knowledge - based ap-

proach [J]. System, 1999 (23): 183 - 194.

[164] WENDEN A, RUBIN J. Learner strategies for learner autonomy [M]. Great Britain: Prentice Hall, 1998.

[165] WHITE C, SHELLEY M. Open learning: Special issue on languages in distance education [J]. The Journal of Open and Distance Learning, 2003, 18 (1).

[166] WHITE C. Language learning in distance education [M]. Cambridge: Cambridge University Press, 2003.

[167] WHITE R V. Curriculum studies and ELT [J]. System, 1989, 17 (1): 83 - 93.

[168] ZIMMERMAN B J. A social cognitive view of self - regulated academic learning" [J]. Journal of Educational Psychology, 1989.

[169] ZIMMERMAN B J. Models of self - regulated learning and academic achievement [M] //ZIMMERMAN B J, SCHUNK D H. Self - regulated learning and academic achievement: Theory, research, and practice. Springer - Verlag New York Inc, 1989: 1 - 26.

[170] ZIMMERMAN B J. Self - regulated learning and academic achievement: An overview [J]. Educational Psychologist, 1990, 25 (1): 3 - 17.

[171] ZIMMERMAN B J. Academic studying and the development of personal skill: A self - regulatory perspective [J]. Educational Psychologist, 1998, 33 (2/3): 73 - 86.

[172] 艾伦·贾纳斯泽乌斯基. 教育技术：定义与评析 [M]. 北京：北京大学出版社，2010.

[173] 安琦. 外语教师自主教学实证研究 [J]. 外语电化教学，2011 (4): 49 - 54.

[174] 蔡基刚，廖雷朝. ELE 还是 ESP，再论我国大学英语的发展方向 [J]. 外语电化教学，2010 (135): 20 - 25.

[175] 蔡基刚. 传统大学英语教材编写理念的一次新突破 [J]. 外语电化教学，2011 (5): 3 - 9.

[176] 蔡基刚. 大学英语教学：回顾、反思和研究 [M]. 上海：复旦大学出版社，2006：121.

[177] 蔡基刚. 关于我国大学英语教学重新定位的思考 [J]. 外语教学与研究，2010 (4)：306-308.

[178] 蔡基刚. 我国大学英语消亡的理据与趋势分析 [J]. 外语研究，2012 (3)：46-52.

[179] 蔡基刚. 转型时期的大学英语教材编写理念问题研究 [J]. 外语研究，2011 (5)：5-10.

[180] 蔡基刚. 在转型时期的大学英语教材编写理念问题研究 [J]. 外语研究，2011 (5)：5-10.

[181] 蔡基刚. 新一代大学英语教材的编写原则 [J]. 中国大学教学，2008 (4)：85-90.

[182] 蔡基刚. 学术英语还是专业英语 [J]. 外语教学，2010 (6)：47-50.

[183] 蔡苏. 增强现实学习环境的架构与实践 [J]. 中国电化教育，2011 (8)：114-119.

[184] 曹超，等. 大学生英语语言应用能力形成性评估的检测方法 [J]. 外国语文，2009 (5)：154-156.

[185] 曹孚. 外国教育史 [M]. 北京：人民教育出版社，1979：211.

[186] 曹荣平. 形成性评估在中国大学非英语专业英语写作教学中的运用 [J]. 外语教学，2004 (5)：82-87.

[187] 陈冬纯. 英汉"自主学习"涵义与术语探析 [J]. 社科纵横，2006 (7)：166-168.

[188] 陈坚林，顾世民. 试论大学英语课程在通识教育中的地位和作用 [J]. 外语电化教学，2011 (1)：3-8.

[189] 陈坚林. 大学英语教材的现状与改革——第五代教材研发构想 [J]. 外语教学与研究，2007 (5)：374-378.

[190] 陈坚林. 试论立体式教材与立体式教学方法 [J]. 外语电化教学，2011 (6)：3-7.

[191] 陈坚林. 现代英语教学的组织与管理 [M]. 上海: 上海外语教育出版社, 2000.

[192] 陈坚林. 计算机网络与外语课程整合——一项基于大学英语教学改革的研究 [M]. 上海: 上海外语教育出版社, 2010.

[193] 陈美华. 计算机网络环境下大学生自主学习要素研究 [J]. 外语与外语教学, 2007 (3): 33-36.

[194] 陈美华. 大学英语口语能力形成性评估实证研究 [J]. 东南大学学报, 2008 (2): 119-123.

[195] 陈旭红. 形成性评估应用于大学英语课程口语测试的实证研究 [J]. 外语与外语教学, 2009 (7): 22-25.

[196] 陈青松, 徐罗迈. 大学英语教学中的网络化外语自主学习 [J]. 外语界, 2006 (6): 35-37.

[197] 陈颖. 教师自主与学生自主的相关性研究 [J]. 外语电化教学, 2011 (140): 55-60.

[198] 程京艳. 高校学生英语成绩评估体系的改革与实践 [J]. 江苏外语教育研究, 2010 (1): 23-28.

[199] 程晓堂. 论自主学习 [J]. 学科教育, 1999 (9): 32-39.

[200] 程晓堂. 关于高校英语教学若干问题的思考 [J]. 中国大学教学, 2010 (6): 40-44.

[201] 崔敏, 等. 大学英语教学新型评价体系的研究与实践 [J]. 中国外语, 2010 (2): 8-12.

[202] 教育部高等教育司. 大学英语课程教学要求 [M]. 上海: 上海外语教育出版社, 2007.

[203] 戴炜栋. 构建具有中国特色的英语教学"一条龙"体系 [J]. 外语教学与研究, 2001 (5): 322-327.

[204] 杜威. 我们怎样思维: 经验与教育 [M]. 北京: 人民教育出版社, 1991: 130-131.

[205] 范捷平. 研究型大学的外语自主学习与创造性人才培养 [J]. 外语与外语教学, 2004 (6): 19-21.

[206] 范捷平. 德国教育思想概论 [M]. 上海: 上海译文出版社, 2003: 116.

[207] 傅玲芳, 杨坚定. 基于网络多媒体大学英语教学模式的自主学习能力研究 [J]. 外语与外语教学, 2007 (10): 36 - 38.

[208] 高吉利. 国内外语自主学习研究状况分析综述 [J]. 外语教学, 2005 (1): 34 - 36.

[209] 高吉利. 国内学习者自主研究述评 [J]. 外语界, 2005 (6): 55 - 60.

[210] 高吉利. 自主性外语学习环境下的大学英语教师自主能力调查与研究 [J]. 外语界, 2011 (4): 29 - 35.

[211] 高鹏, 张学忠. 大学英语课堂中学习者学习自主性的培养 [J]. 外语界, 2005 (1).

[212] 高艳. 从社会. 文化理论的角度论语言教师的中介作用 [J]. 外语教学理论与实践, 2008 (3): 93 - 96.

[213] 龚嵘. 大学英语自主式课堂教学模式中教师角色探微 [J]. 外语界, 2006 (2): 16 - 22.

[214] 顾明远. 教育大辞典: 第 1 卷 [M]. 上海: 上海教育出版社, 1989, 261.

[215] 顾明远. 高等教育评估中几个值得探讨的问题 [J]. 高等发展与评估, 2006 (3): 1 - 3.

[216] 顾世民. 计算机网络环境下自主学习模式与课堂教学模式的综合应用 [J]. 外语电化教学, 2007 (6): 67 - 72.

[217] 顾世民. 虚拟学习环境下大学英语辅助教学模式研究 [J]. 外语电化教学, 2011 (6): 59 - 65.

[218] 龚嵘. 大学英语自主式课堂教学模式中教师角色探微 [J]. 外语界, 2006 (2): 16 - 22.

[219] 郭继荣, 戴炜栋. 大学生英语自主学习评价实证研究 [J]. 外语界, 2011 (6): 79 - 87.

[220] 郭茜, 杨志强. 试论形成性评价及其对大学英语教学与测试的启示

[J]. 清华大学教育研究, 2003 (5): 103 - 108.

[221] 郭茜. 利用形成性评价促进大学英语教学中学习者自主性的培养 [J]. 西安外国语学院学报, 2004 (2): 66 - 69.

[222] 郭瑞卿, 温耀峰. 外语教学中自主学习能力的培养 [J]. 中国高教研究, 2004 (7): 93 - 94.

[223] 郭万群. 外语学习虚拟环境评估综述 [J]. 外语电化教学, 2002 (6): 43 - 48.

[224] 国家中长期教育改革和发展规划纲要 (2010—2020 年) [EB/OL]. 中华人民共和国教育部网站, 2010 - 07 - 29.

[225] 国家中长期人才发展规划刚要 (2010—2020 年) [EB/OL]. 中华人民共和国教育部网站, 2010 - 06 - 06.

[226] 国际教育信息化典型案例 (2013—2014) [M]. 北京: 北京师范大学出版社, 2015.

[227] 韩刚. 课程与人 [M]. 北京: 外语教学与研究出版社, 2008.

[228] 韩金龙. EAP: 大学英语改革与双语教学 [J]. 高教探索, 2007 (6): 24 - 25.

[229] 郝钦海. 影响学习者自主的社会文化因素及其启示 [J]. 外语界, 2005 (6).

[230] 何克抗. 信息技术与课程深层次整合的理论与方法 [J]. 电化教育研究 (1): 7 - 15.

[231] 何莲珍. 自主学习及其能力的培养 [J]. 外语教学与研究, 2003 (4): 287 - 289.

[232] 何琼. 教师指导下的大学英语自主学习模式构建 [J]. 安庆师范学院学报 (社会科学版), 2008 (3): 74 - 77.

[233] 何晓东. 自主学习中的态度和行为变化: 一项纵向研究 [J]. 外语界, 2005 (6): 47 - 54.

[234] 何宗慧, 刘艳美. 论外语自主学习在中国文化环境中的适宜性 [J]. 成都大学学报, 2006 (5).

[235] 何宗慧. 论外语自主学习在中国文化的适宜性 [J]. 中国外语,

2006 (6).

[236] 胡文仲. 新中国六十年外语教育的成就与缺失 [J]. 外语教学与研究, 2009 (3): 163 - 169.

[237] 胡文仲, 孙有中. 突出学科特点, 加强人文教育 [J]. 外语教学与研究, 2006 (5): 243 - 247.

[238] 华维芬. 关于建立英语自丰学习中心的调查报告 [J]. 外语界, 2003 (6): 43 - 48.

[239] 华维芬. 试论外语教师在自主学习模式中的定位 [J]. 外语研究, 2001 (3): 76 - 79.

[240] 华维芬. 试论外语学习动机与学习者自主 [J]. 外语研究, 2009 (1): 57 - 62.

[241] 华维芬. "学习者自主" 探析 [J]. 深圳大学学报 (人文社会科学版), 2002 (2): 107 - 112.

[242] 黄光雄, 蔡清田. 课程设计——理论与实际 [M]. 南京: 南京师范大学出版社, 2005.

[243] 黄华. 立体教学模式中的大学英语形成性评估问题研究 [J]. 中国外语, 2010 (5): 15 - 21.

[244] 黄荣怀. 21 世纪的教育理念: 展望 21 世纪的校园 [J]. 开放教育研究, 2007 (12): 57.

[245] 黄荣怀. 从数字学习环境到智慧学习环境 [J]. 开放教育研究, 2012 (1): 75 - 84.

[246] 黄越. 关于提高大学英语教师信息素养的思考 [J]. 当代教育理论与实践, 2011 (3): 70 - 72.

[247] 惠亚玲. 外语教学中自主学习能力的培养 [J]. 西安外国语学院学报, 2003 (4): 24 - 26.

[248] 纪康丽. 外语教学中元认知策略的培训 [J]. 外语界, 2002 (3): 20 - 26.

[249] 加涅. 学习的条件 [M]. 北京: 人民教育出版社, 1985.

[250] 教育部关于全面提高高等教育质量的若干意见 [EB/OL]. 中华人民

共和国教育部网站，2012－03－16.

［251］贾冠杰. 英语教学基础理论［M］. 上海：上海外语教育出版社，2010.

［252］王守仁. 高校外语教学发展报告［M］. 上海：上海外语教育出版社，2009.

［253］蒋丽萍. 基于英语专题学习网站的大学英语自主学习模式研究［J］. 外语与外语教学，2006（3）：39－41.

［254］江庆心. 论教师介入学生自主学习的重要性［J］. 外语界，2006（2）：10－1.

［25］教育部高等教育司. 大学英语课程教学评估［M］. 北京：外语教学与研究出版社，2007.

［256］面向21世纪教育振兴行动计划［EB/OL］. 中华人民共和国教育部，1998－12－24.

［257］关于加强高等学校本科教学工作，提高教学质量的若干意见［EB/OL］. 中华人民共和国教育部，2001－08－28.

［258］金立贤，武尊民. 发展独立性学习者：香港大学生个案研究［J］. 外语与外语教学，2004（6）：26－29.

［259］靳玉乐. 课程研究在中国大陆［J］. 教育学报，2005（3）：8－17.

［260］兰昌勤，曾洁. 对培养我国外语学习者学习自主性的思考［J］. 外语界，2004（4）：24－30.

［261］李成军. 自主性学习方式与学本教材的建构［J］. 中国教育学刊，2001（4）：52－54.

［262］李红. 学习自主性与中国语言教学［J］. 外语与外语教学，1998（10）.

［263］李红美. 网络环境下自主学习模式的探讨［J］. 电化教育研究，2004（4）：45－52.

［264］李红美. 论自主学习的内部机制、模式及其实施［J］. 中国远程教育，2005（1）：40－43.

［265］李健淑. 大学英语口语课堂形成性评估的方法研究［J］. 广东外语

外贸大学学报，2012（2）：94－96.

［266］李岚清．改进外语教学方法，提高外语教学水平［J］．人民教育，1996（10）：12.

［267］李琳琳，高鹏．网络外语教学模式下自主学习能力培养刍议［J］．外语电化教学，2007（6）.

［268］李清华．外语形成性评估的效度理论［J］．外语界，2008（3）：82－90.

［269］李清华．形成性评估的现状与未来［J］．外语测试与教学，2012（3）：1－7.

［270］李瑞，董天．基于计算机和网络的合作式自主学习模式研究［J］．河北大学学报（哲学社会科学版），2006（4）：126－129.

［271］李霄翔．大学英语教材中多维信息流建构研究［J］．中国外语，2009（5）：82－88.

［272］李晓芬．大学英语课程形成性评估研究［J］．高等教育研究学报，2012（2）：55－57.

［273］李学谦．浅析大学英语自主学习能力的培养［J］．教育理论与实践，2009（10）：42－45.

［274］李友良．英语学习策略与自主学习［M］．上海：上海交通大学出版社，2011.

［275］梁红梅．语料库驱动下的外语在线自主学习模式［J］．外语电化教学，2005（6）：29－32.

［276］廖哲勋．课程新论［M］．北京：教育科学出版社，2003：43.

［277］林杰斌，刘明德．SPSS 11.0 与统计模型构建［M］．北京：清华大学出版社，2004.

［278］刘道义．On Evaluateon Criteria of English Teaching Maternals［J］．中国外语，2005（6）：14－23.

［279］刘丽．大学生英语学习需求调查及其对英语教学的影响［J］．外语研究，2008（6）：68－73.

［280］刘萍．教师对网络环境下自主学习的指导、监督与管理［J］．外语

电话教学，2007 (6)：63 -67.

[281] 刘芹. 理工科大学生英语口语形成性评估体系构建与验证 [J]. 外语教学，2011 (1)：57 -61.

[282] 刘向红. 大学英语自主学习理论研究与实践 [M]. 西安：西北工业大学出版社，2010.

[283] 龙芸. 学术英语课程在大学英语应用提高阶段的定位研究 [J]. 外语界，2011 (5)：48 -55.

[284] 楼荷英. 自我评估同辈评估与培养自主学习能力之间的关系 [J]. 外语教学，2005 (4)：60 -63.

[285] 卢梭. 爱弥儿 [M]. 北京：商务印书馆，1978：223.

[286] 陆杨. MCALL 模式下英语教师角色动态发展的实证解析 [J]. 外语电化教学，2010 (1)：65 -68.

[287] 罗尧成，李利平. 发达国家大学课程结构改革：背景、动向及启示 [J]. 现代教育科学，2005，(1).

[288] 马冲宇，孙丽新. 国外研发的虚拟语言学习环境介绍及其应用意义分析 [J]. 中国校外教育，2009 (8)：31 -32.

[289] 马武林，蒋艳. 基于 Second Life 的英语教学途径新探 [J]. 现代教育技术，2010 (2)：51 -54.

[290] 马武林. 大学英语后续课程内容设置探究探究：一 [J]. 外语研究，2011 (5)：15 -21.

[291] 欧阳建平. 自主性英语学习能力培养研究与实践 [M]. 长春：吉林大学出版社，2009.

[292] 庞维国. 自主学习——教与学的原理和策略 [M]. 上海：华东师范大学出版社，2003.

[293] 彭金定. 大学英语教学中的“学习者自主”问题研究 [J]. 外语界，2002 (3)：15 -19.

[294] 彭梅，冯媛. 国外外语课程设置研究对我国大学英语教学的启示 [J]. 外语电化教学，2014 (7)：51 -58.

[295] 戚宏波. 浅析东方文化背景下的学习者自主 [J]. 国外外语教学，

2004（1）.

［296］戚宏波. 自主学习意识与文化背景［J］. 绍兴文理学院学报，2003（5）.

［297］钱媛. 介绍一份教材评估一览表［J］. 外语界，1995（1）：17－19.

［298］秦晓晴. 外语教学问卷调查法［M］. 北京：外语教学与研究出版社，2009.

［299］秦晓晴. 外语教学研究中的定量数据分析［M］. 武汉：华中科技大学出版社，2011.

［300］秦秀白，大学英语教学手段的更新与变革——“大学英语·精读”（修订本）多媒体光盘介绍［J］. 外语界，1998（3）：8－12.

［301］秦秀白. ESP 的性质、范畴和教学原则［J］. 华南理工大学学报，2003（4）：79－83.

［302］秦秀白. 聚焦学习者聚焦文本［J］. 外语界，2008（1）：2－6.

［303］秦秀白. 综合教程［Z］. 上海：上海外语教育出版社，2007.

［304］任继愈. 中国佛教史：第 1 卷［M］. 北京：中国社会科学出版社，1985.

［305］邵惠娟. 培育自主学习能力的外语教学语言哲学新范式研究［J］. 外语研究，2008（1）：64－68.

［306］邵惠娟. 试析网络时代外语自主学习的培养［J］. 中国大学教学，2007（5）：87－89.

［307］沈梅英. 形成性评估在学生自主学习能力评价中作用的实证研究［J］. 天津外国语学院学报，2010（2）：71－76.

［308］施良方. 课程理论—课程的基础、原理与问题［M］. 北京：教育科学出版社，1996.

［309］施晓伟. 走向自主：英语学习策略研究［M］. 杭州：浙江大学出版社，2010.

［310］束定芳. 从一项调查看教材在外语教学过程中的地位与作用［J］. 外国语，2004：56－64.

［311］束定芳. 外语教学改革：问题与对策［M］. 上海：上海外语教育出

版社，2004.

[312] 束定芳，现代外语教学——理论、实践与方法 [M]. 上海：上海外语教育出版社，2008.

[313] 束定芳，华维芬. 中国外语教学理论研究六十年：回顾与展望 [J]. 外语教学，2009 (6)：37-44.

[314] 束定芳. 宁波诺丁汉大学英语教学的成功经验对我国大学英语教学改革的启发 [J]. 外语界，2009 (6)：23-29.

[315] 苏筱玲. 论外语自主学习中自我监控能力的培养 [J]. 四川外国语大学学报，2007 (5).

[316] 孙丙堂. 形成性评估反拨自主学习的效应研究 [J]. 北京第二外国语学院学报，2011 (4)：65-71.

[317] 孙宏安. 自主学习的理论与实践 [M]. 北京：开明出版社，2003：1.

[318] 孙晓青，刘海量. 中国传统文化与外语学习自主性 [J]. 太原理工大学学报，2003 (3).

[319] 孙亚军. “现代私塾”之我见 [EB/OL]. 中国教育在线网站，2005-11-14.

[320] 孙有中. 英语教育与人文通识教育 [M]. 北京：外语教学与研究出版社，2008.

[321] 沈梅英. 形成性评估在学生自主学习能力评价中作用的实证研究 [J]. 天津外国语学院学报，2010 (3)：71-76.

[322] 谭顶良. 学习风格论 [M]. 南京：江苏教育出版社，1995.

[323] 谭红. 浅谈大学生英语自主学习中教师的角色 [J]. 四川外国语大学学报，2001 (3)：104-105.

[324] 陶明星. 我国大学英语教育评 [J]. 湖南大学学报，2001 (4)：149-151.

[325] 佟敏强. 网络多媒体外语教学评估体系的建设与思考 [J]. 外语电化教学，2009 (4)：65-69.

[326] 王笃勤. 大学英语自主学习能力的培养 [J]. 外语界，2002 (5)：

17－23.

［327］王海波，郭艳玲．开发以自主学习为主的外语网络课件的理论与实践［J］．现代教育技术，2007（7）：65－68.

［328］王华．外语教学中形成性评估体系的建立［J］．当代外语研究，2010（6）：48－53.

［329］王华．形成性评估在外语教学中的应用研究综述［J］．外语界，2006（4）：67－72.

［330］王建新．扩招后提高英语大班精读教学效果的对策研究［C］．全国大学英语教学研讨会宣读论文，2002.

［331］王鸣．大学生英语自主学习能力发展策略究［J］．南京工程学院学报（社会科学版），2009（3）：58－61.

［332］王守仁．进一步推进和实施大学英语教学改革——关于“大学英语课程教学要求（试行）”的修订［J］．中国外语，2008（1）：4－10.

［333］王守仁．总结经验，深化改革，开创大学外语教学新局面［J］．外语界，2009（1）：5－8.

［334］王守仁．全面、准确贯彻“大学英语课程教学要求”，深化大学英语教学改革［J］．中国外语，2010（2）：4－7.

［335］王守仁．我国高校大学英语教学现状调查及大学英语教学改革与发展方向［J］．中国外语，2011（5）：4－11.

［336］王坦．合作学习的理念与实施［M］．北京：中国人事出版社，2004.

［337］王小萍，网络外语自主学习及其有效性研究［J］．广东外语外贸大学学报，2006（4）：102－105.

［338］王秀文．大学英语网络中的形成性评估策略［J］．江苏社会科学，2008：182－184.

［339］王雪梅．英语专业研究生教材的编写出版与评估运用［J］．山东外语教学，2012（6）：58－63.

［340］王艳．自主学习者对教师角色的期待［J］．外语界，2007（4）：37－43.

[341] 王燕萍. 多媒体网络环境下大学英语教学的评价体系研究 [J]. 外语界，2006（增刊）：96 - 107.

[342] 王哲，李军军. 大学外语通识教育改革探索 [J]. 外语电化教学，2010（135）：3 - 8.

[343] 魏玉燕. 促进学习者自主性：外语教学新概念 [J]. 外语界，2002（3）：8 - 14.

[344] 吴鼎民，韩雅君. 通识教育视角下的大学英语“三套车”框架构建 [J]. 外语电化教学，2010（135）：9 - 13.

[345] 吴鼎民. 大学英语教学的“三套车”构想与高素质人才培养 [J]. 江苏高教，2005（4）.

[346] 吴鼎民. 大学英语与通识教育 [J]. 镇江高专学报，2003（4）.

[347] 吴鼎民. 通识教育视角下的大学英语“三套车”框架构建 [J]. 外语电化教学，2010（5）：9 - 13.

[348] 吴平. 高等学校双语教学的现状研究和实践探索 [M]. 北京：高等教育出版社，2010.

[349] 吴启迪. 在大学英语教学改革试点工作视频会议上的讲话 [J]. 中国外语，2004（1）.

[350] 吴秀兰. 形成性评价在国内外语教学中的应用研究综述 [J]. 外语界，2008（3）：91 - 96.

[351] 夏纪梅. 现代外语课程设计理论与实践 [M]. 上海：上海外语教育出版社，2002.

[352] 肖川. 论学习方式的变革 [J]. 教育理论与实践，2002（3）：41 - 44.

[353] 肖庚生，徐锦芬. 英语学习中的积极互赖与自主学习能力的关系研究 [J]. 解放军外国语学院学报，2012（3）：47 - 51.

[354] 肖惜. 信息化外语自主学习导航 [M]. 武汉：武汉大学出版社，2010.

[355] 项茂英. 大学英语教师角色多维度研究 [D]. 上海：上海外国语大学，2009：33 - 43.

[356] 谢娜. 论形成性评价在大学英语教学中的应用 [J]. 国家教育行政学院学报, 2010 (7): 74 - 77.

[357] 徐锦芬, 彭仁睦. 非英语专业大学生自主性英语学习能力调查与分析 [J]. 外语教学与研究, 2004 (1): 64 - 68.

[358] 徐锦芬, 吴卫平. 学生自主学习能力模糊综合评价 [J]. 高等工程教育研究, 2004 年 (3): 84 - 86.

[359] 徐锦芬. 自主学习模式下大学英语教师角色探析 [J]. 高等教育研究, 2004 (5): 77 - 79.

[360] 徐锦芬. 非英语专业大学生自主性英语学习能力调查与分析 [J]. 外语教学与研究, 2004 (1): 64 - 68.

[361] 徐锦芬. 大学外语自主学习理论与实践 [M]. 北京: 中国社会科学出版社, 2007.

[362] 徐锦芬. 培养大学新生英语自主学习能力的"三维一体"教学模式 [J]. 外语教学, 2010 (6): 60 - 64.

[363] 许悦婷. 大学英语教师形成性评估知识的叙事探究 [J]. 外语教学理论与实践, 2008 (3): 61 - 67.

[364] 杨虹. 学习者自主与教材建构 [J]. 外语界, 2009 (2): 79 - 85.

[365] 杨惠中. EAP 在中国: 回顾、现状与展望 [R]. 北京: 北京外国语大学, 2010.

[366] 杨文滢. 关于将元认知训练纳入英语教学之研讨 [J]. 外语与外语教学, 2002 (2): 28 - 29.

[367] 杨瑛. 语言知觉与自主学习 [J]. 外语界, 2001 (4): 62 - 66.

[368] 叶云屏. 通用学术英语读写课程教学探索 [J]. 外语界, 2011 (5): 40 - 47.

[369] 印辉. 在大学英语课堂教学中培养学生的学习自主 [J]. 外语与外语教学, 2004 (9): 33 - 36.

[370] 于志浩, 郝妍焱. 基于网络学习共同体的大学英语自主教学模式及实践 [J]. 继续教育研究, 2011 (7): 67 - 69.

[371] 余志远. 英语国家概况 [M]. 北京: 外语教学与研究出版社,

1998：240.

［372］俞建耀. 大学英语自主学习发展的限制因素分析［J］. 广东外语外贸大学学报，2006（1）：81－84.

［373］张朝华. 虚拟现实技术及其在网络教育中的应用［J］. 现代远程教育研究，2006（4）：39－42.

［374］张德时. 地方高校教育信息化建设与应用创新［M］. 南京：东南大学出版社，2011.

［375］张殿玉. 英语学习策略与自主学习［J］. 外语教学，2005（5）：49－55.

［376］张海森. 国外 Second Life 虚拟世界教育应用研究的新进展［J］. 中国电化教学，2011（4）：121－125.

［377］张焕庭. 西方资产阶级教育论著选［M］. 北京：人民教育出版社，1979：366.

［378］张立新，李霄翔. 中国——西欧学生自主学习能力对比调查研究［J］. 外语界，2004（4）.

［379］张玲. EAP 教学模式及策略探讨［J］. 四川外国语大学学报，2007（1）：133－136.

［380］张尧学. 加强实用性英语教学，提高大学生英语综合能力［J］. 中国高等教育，2002（8）：3－6.

［381］张雪梅. 反馈二语习得语言教学［J］. 外语界，2001：2－8.

［382］张雪梅. 关于两个英语教材评估标准［J］. 解放军外国语学院学报，2001（2）：61－64.

［383］张彦君. 通过学习者训练培养学习者自主性的实验［J］. 外语界，2004（1）.

［384］张仰奋. 形成性评估对网络环境下大学英语教学的反拨作用［J］. 广东外语外贸大学学报，2011（3）：92－96.

［385］章国英. 网络环境下学习评价策略的探讨［J］. 外语电化教学，2004（4）：26－29.

［386］章玮. 用多元评价模式培养学生自主性［J］. 中国大学教学，2009

(2)：88－91.

［387］赵鹏. 大学英语形成性评估的实践［J］. 首都师范大学学报，2008（增刊）：112－117.

［388］赵庆红. 学生英语学习需求视角下的大学英语教学［J］. 外语界，2009（4）：14－22.

［389］赵蓉. "细化分类指导"原则下的在线语言学习信息系统建设［J］. 外语电化教学，2011：38－44.

［390］赵祥麟，王承绪. 杜威教育论著选［M］. 上海：华东师范大学出版社，1981：158.

［391］赵勇. 几个国外英语教材评估体系的理论分析——兼谈对中国大学英语教材评估的启示［J］. 外语教学，2006（5）：39－45.

［392］章振邦. 也谈我国外语教改问题［J］. 外国语，2003（4）：1－6.

［393］张中载. 外语教育中的功用主义和人文主义［J］. 外语教学与研究，2003（6）：453－457.

［394］郑丽琦. 大学英语课堂教学现状调查［J］. 煤炭高等教育，2010：112－115.

［395］郑敏. 自主性学习的缘起和发展［J］. 西安外国语学院学报，2000（3）：23－25.

［396］郑双涛. 网络自主学习系统在大学英语形成性评估中的应用［J］. 东南大学学报，2011（6）：232－234.

［397］郑新民. 大学英语教学改革中"教师信念"问题的研究［J］. 外语界，2005（6）：16－22.

［398］郑新民. 大学英语教师认知问题：个案研究［J］. 外语电化教学，2006（4）：32－38.

［399］钟启泉. 文本与对话：教学规范的转型［A］//钟启全，张华. 为了中华民族的复兴为了每位学生的发展——基础课程改革纲要（试行）解读［C］. 华东师范大学出版社，2001：205－206.

［400］钟启泉，汪霞，王文静. 课程与教学论［M］. 上海：华东师范大学出版社，2008：4.

［401］周娉娣. 大学英语教材与学习者自主性培养——“新世纪大学英语系列教材”《综合教程》试用调查［J］. 外语界，2008（2）：78－83.

［402］周娉娣. 形成性评估在大学英语网络教学中的应用［J］. 外语电化教学，2005（4）：9－13.

［403］周雪林. 浅谈外语教材评估标准［J］. 外语界，1996（2）：60－63.

［404］周勇，董奇. 中小学学生自我监控学习能力的结构、发展及影响因素的研究［D］. 北京：北京师范大学，1994，（8）.

［405］中华人民共和国教育部. 义务教育英语课程标准［M］. 北京：北京师范大学出版社，2011.

［406］庄智象. 构建具有中国特色的外语教材编写和评价体系［J］. 外语界，2006（6）：49－56.

［407］庄智象. 试论大学英语教材立体化建设的理论与实践［J］. 外语界，2003（6）：8－14.

［408］曾洁. 外语自主学习策略教程［M］. 上海：上海外语教育出版社，2011.